# 臺灣詩史

廖一瑾(雪蘭)著

臺灣近百年研究叢刊
文史哲出版社印行

國家圖書館出版品預行編目資料

**臺灣詩史** / 廖一瑾（雪蘭）著. -- 初版. -- 臺北市：文史哲, 民 87
面： 公分. --( 臺灣近百年研究叢刊; 6)
參考書目：面
ISBN 957-549-170-X(平裝)

1.中國詩 - 歷史 2.臺灣文學

820.91 870013913

臺灣近百年研究叢刊

# 臺 灣 詩 史

著 者：廖 一 瑾 （雪 蘭）
出版者：文 史 哲 出 版 社
登記證字號：行政院新聞局版臺業字五三三七號
發行人：彭 正 雄
發行所：文 史 哲 出 版 社
印刷者：文 史 哲 出 版 社
臺北市羅斯福路一段七十二巷四號
郵政劃撥帳號：一六一八〇一七五
電話 886-2-23511028 · 傳眞 886-2-23965656

**實價新臺幣四八〇元**

中 華 民 國 八 十 八 年 三 月 初 版



ISBN 957-549-170-X

# 臺灣詩史目錄

## 第八章 日據時期之詩……二八九

# 韋序

廖雪蘭博士著《臺灣詩史》成，遠近傳誦，國外學術機構郵購亦多。臺灣前輩詩人之哲嗣，感廖君之能彰其先德，有以家藏典籍舉贈者，有以先人軼事補告者，函索坊求，相屬於門，數年間書爲之罄；因考訂內容謀再版，特爲進一言，以弁其首。

臺灣先賢連雅堂先生著《臺灣通史》，諸志皆備；語其專精，須俟後賢。章學誠氏以爲「凡欲經紀一方之文獻，必立三家之學，而始可以通古今遺意也。仿紀傳正史之體而作志，仿律令典例之體而作掌故，仿文選文苑之體而作文徵，三書相輔而闕一不可，合而爲一，尤不可也。」臺灣屏障南疆而孤懸海外，承中原文化而自具特色，斯蓋最合章氏方志之旨者。章氏平生於方志用力最勤，其修「和州」、「永清」兩志，皆有「文徵」，詩賦預其選焉。第章氏所謂一方之藝文，須備六義國風一體，使後人知所考據，或可爲館閣讎校取材，斯始不失志乘之選，徒事風雲月露，溺於辭采者無取也。

臺灣歷史之特色，在其境地之特殊，中古之世鮮與外界通。及明鄭以還與清廷爭，道咸以還與外侮爭，日據時期爲重返故國爭，至大陸沉淪，則又爲匡復大業爭矣。近三百餘年中，其爲全臺同胞所力爭不輟者，一言以蔽之，曰民族大義而已。先民生息於斯，或偏師蹈海，不作降臣，或舉家深隱，老而無悔，或宦遊不歸，或避亂內陸，及光復之志甫成，而中興之任又降，故夫全臺同胞，皆我中州之流民，而臺灣之歷史，又不啻爲我中華民族奮鬥以爭生存之縮影也。惟入臺之先民，雖生不同時，而各皆具有孤臣孽子之心，去國懷鄉之痛，發而爲慷慨悲歌之氣，化而爲天風海雨之聲，此非偶然興會之境，蓋爲必然不朽之作應無疑矣。

言方志者臺灣之材質最富，徵之藝文尤可裨益史事，實非溺於辭采者能比。夫藝文內容至繁也，章學誠和州志，分奏議、徵述、論著、詩賦四類，今者廖君雪蘭，取臺灣先民之詩，撰爲專書，上下千餘年而獨詳於近世之作者，著述數百家而獨重其時代之寫眞，識見之卓越，取徑之寬宏，定非徒事抄纂排比者可以並論，宜其爲世人傳寫諷誦也。

惟廖君意猶未足，方且循是以經營臺灣先民之詞，另爲專著，夫詩詞之道，爲文學之至精者也，若廖君之作，非僅可備臺灣史乘之選，抑且有助於中國文學史之研究歟。

中華民國七十八年夏日 **仲公韋蒹堂** 於東吳大學

# 自序

余撰《臺灣詩史》，爲之喟然長嘆！夫詩之爲體，幽深要妙，辭約意繁。數字之微，足以窺宇宙之大；片句之綴，足以盡山川之形。斯蓋語言之最精者也。論其易，兒童之口自然可道；論其難，雖賢者亦有所不能至焉。

詩學之發展，或主言志，或主緣情，余曰皆是。然詩之所以有其獨特之生命者，要不能與生活脫節。情與志乃生活之質素而已。詩爲生活而作，故〈擊壤〉、〈南風〉之什、〈衡門〉、〈秋水〉之篇，皆爲詩人生活之遺痕。至其大者，大旗落日，草低牛羊，則推及爲全民族全時代之心聲。尋其內質，仍爲全民之生活而已。詩而與生活合，然後詩史成。

吾臺孤懸海上，而實與中州合。血脈相接，心靈交融，山川壯麗，詩之貌也。生活艱辛，詩之質也。自明鄭以還，臺灣先民內啓山林，外抗奸宄，有血淚焉，有死生焉。困而不悔者有之，來而不返者有之。遇之所接，感亦隨生。詩不貴刻意之作，故吾臺賢之結社爲詩，志本不在詩也，在以詩爲史，自寫其全時代之群體生活也。

夫詩之優劣何所準乎？曰藝術之境，曰情感之境而已。一句之工，古今共賞，此藝術之境，非盡人可爲。若夫見群生之休戚，存一隅之文獻，雖無藝術之至美，獨具時代之眞情，其詩可以觀矣。本篇採詩，以史爲歸，並擇其與全體之生活有關者爲主。詩不必不佳，亦不必盡佳，足以爲時代之佐證、生活之寫照者，吾有取焉。

我國史學至精，地方之有志，宗族之有譜，皆足爲國史所取資。臺灣詩史，亦地方史志之一也。率爾爲文，豈敢自進於著作之林，而搜羅編輯之勞，倘或有一得之愚，不負臺灣先賢之吟誦也。

方余之讀大學時，在詩學方面即承韋仲公（薌堂）老師教導，獲益良多。及攻讀碩士，先君水旺公時尚健在，庭前勗勉，以爲不負其平生期望。後攻讀博士學位，猶更大喜。先君於臺灣史事鑽研頗深，聞余有志於臺灣詩史之研究，爲之莞爾不置，不意入學之年，先君遽捐館舍。近數年來，余專心述作，午夜青燈，風木悲吟，每念先君志業，不禁涙濟濟下也。又屬稿之初林景伊恩師允予指導，詎林師亦遽歸道山。死生之痛，能無感於余心乎！

本論文承曉公夫子寵錫書名，恩師高仲華教授、成惕軒教授悉心指導，並承潘維和教授、韋仲公教授、黃得時教授、曾迺碩教授、臺灣省文獻委員會謝樂山委員、外子施漢章博士等多所支持，并此致謝。

中華民國七十二年九月 **廖一瑾（雪蘭）** 於華岡

# 第一章 臺灣文學發展情形

## 緒論

臺灣文學之發展，就空間言之，乃是由南至北。最初全集中於臺南一地。以後，由於政治經濟之開拓，南至瑯𤩝（今恆春），北至半線（今彰化），人文薈萃，蔚爲大觀。再後，則延至臺北各區乃至宜蘭平野，成爲新興文化中心。而澎湖亦與臺灣南部同時發展。

張其昀先生著《臺灣史綱》一書，曾以文化層方法來劃分臺灣之歷史時代，並以每一時期活動中心所在地爲各時代之名稱；自隋至今，將千餘年來之臺灣歷史，劃分爲九個時期。即：㈠澎湖期（自隋至明末），㈡安平期（荷西時代），㈢臺南期（明鄭時代），㈣鹿港期（清康熙二十二年至道光二十二年），㈤淡水期（道光二十二年至光緒元年），㈥臺北期（光緒元年至十一年），㈦臺中期（光緒十年至光緒二十一年），㈧基隆期（光緒二十一年至臺灣光復），㈨高雄期（臺灣光復以後）。此亦說明臺灣文化之發展，與臺灣文學之發展，皆由南至北。

就時間言之，明鄭與清初之詩人，多爲遊宦之士，歷任宰官，多有留連風景之作。而臺灣本土人士之崛起，半在嘉道以來，因人才之育成，非短期所能奏效。當時之本土詩人有黃佺、陳輝、黃敬、章甫、林占梅、陳維英、陳肇興、李望洋、蔡廷蘭、施瓊芳、鄭用錫兄弟等，各有樹立。

然臺灣文學發展最盛時期，當在光緒初年。唐維卿所輯之《詩畸》，中有擊鉢吟、詩鐘、燈謎，皆極富藝術之作，而本省名士如施士洁、丘逢甲、許南英等皆在其中。

再者，清代全臺詩文社，當嘉慶至光緒間，計有三十四社，彰化即占十六社，可見中部詩人之盛。而日據時期，詩社更多。連雅堂曰：「海桑以後，士之不得志於時者，競爲吟詠，以寫其抑鬱不平之氣。」又曰：

> 輿圖易色，民氣飄搖，佗傺不平，悲歌慷慨，發揚蹈厲，陵轢前人，臺灣之詩，今日之盛者，時也，亦勢也。①

此正說明臺灣在日據初期，文學之主榦——詩所以盛極一時之原因。當時文人如：林痴仙、林南強、胡南溟、洪繻、連雅堂等，皆爲「悲歌慷慨，陵轢前人」之代表人物。其文其詩，皆充滿思念故國之情懷，富有民族精神，其中尤以詩爲擅長。

日人據臺後，有謂臺灣文學可分三期：

㈠光緒二十二年（西元一八九六年）至日俄戰爭，十年間爲第一期。此時作者以王松、吳德功、李望洋、林朝崧爲代表，而以林朝崧《無悶草堂詩存》五卷爲第一流作品。

㈡光緒末年（一九〇八）至民國十六、七年，以連雅堂之《臺灣詩薈》爲代表。

㈢民國十七年至三十四年臺灣光復前，以林景仁之《東寧草》筆致雄渾爲人所推重。②

臺灣文學發展之流衍大約如上述，而其文學精神之特質則可分爲下列三節敘述之：

## 第一節 以中原文化爲主

臺灣原爲我國福建之一隅，移民多來自閩、粵沿海。臺灣之文化，即隨歷次移民渡海東來之中華傳統文化。因此不論其飲食習慣、衣服被飾、居處建築、農耕工藝，或其社會活動，諸如婚喪祭祀皆與中土無異。在精神文化方面，舉凡宗教信仰、道德觀念、語言文字、學校科舉，亦均爲我中華文化之傳承。

早期先民，篳路藍縷，以啓山林，蓋未暇及於文事，連橫《臺灣通史》云：

> 我先民之拓斯土也，手耒耜，腰刀銃以與生番猛獸相爭逐，篳路藍縷以啓山林，而能宏大其族，艱難締造之功亦良苦矣。我先民非不能以文鳴，且不忍以文鳴也。

洎自明末，鄭延平於明亡之際，獨伸大義於天下，開府思明，經略閩、粵，一時豪傑之士、不二之臣，奔走疏附，爭趨國難；北伐失敗，轉而闢地東都，以延明朔，一時士大夫隨其東渡者，據連雅堂統計約八百餘人。此般遺老，皆爲忠貞之士，國之精粹，如徐孚遠、王忠孝、沈佺期、盧若騰諸人。延平入臺，聞沈光文在，大喜，以客禮見，諸遺老亦以得相見爲幸。

光文於永曆十四年（一六五九），由閩中擬卜居泉州之海口，浮家泛宅，忽遇颶風，舟人失維，飄至臺灣，結茅羅漢門，正逃出異族（滿族）之枷鎖，復陷入異族（荷蘭）之統治，極旅人之困，幾至置之死地，然因其深厚之學養，乃隨遇而安，選擇「傳播文化，以啓窮徼」而後生之路，設帳教授番徒，復濟之行醫，使遐方絕島，得沐大漢之文明，乃至被尊爲「海東初祖」、「臺灣文獻初祖」，……寧非天意？光文晚年曾與宦臺宿儒無錫季麒光等十四人同結詩社，詠歎寄意，以「東山」爲首題，故名曰「東吟社」。此爲臺灣擊缽聯吟之嚆矢。

光文之著作甚多，據全祖望《鮚埼亭集》卷二十七沈太僕傳之記載，有：花木雜記、臺灣賦、東海賦、檨賦、芳草賦、古今詩體等。連橫《臺灣通史》則載有：臺灣輿圖考一卷、草木雜記一卷、流寓考一卷、臺灣賦一卷、文開詩文集三卷等。今多散佚，幸其詩經過收集，仍有一百零四首存世。

光文之後，遊宦諸士亦多著作，孫元衡之〈赤嵌集〉、陳夢林之〈遊臺詩〉、張湄之〈瀛壖百詠〉、郁永河之《稗海紀遊》、楊雪滄之《冠悔堂全集》、吳玉麟之《素村小草》、周凱之《內自訟齋文集》、劉家謀之《海音詩》、王凱泰之《臺灣新詠》、林卓人之《東瀛紀事》、鄧傳安之《蠡測彙鈔》，皆爲宦臺文人之代表作。

永曆十九年，鄭經從陳永華之請，建孔廟、設學校於承天府之鬼子角，又於寧南坊，建明倫堂。二十年，孔廟落成，率文武百官行釋菜之禮，泮宮觀禮數千人。復開科取士，以陳永華爲學院，葉亨爲國子助教，推廣教化，培育人才，爲臺灣文學界初闢規模。連橫曰：

臺灣官學之設，始於永曆二十年，建聖廟，創太學，以勇衛陳永華爲學院，葉亨爲國子助教。各社皆設義學，聘中土之士，以教子弟。一時禮讓彬彬，文風崛起。歸清以後，改設府學，縣有縣學，爲學官者，頗有博雅之儒。③

臺灣早期文人，皆自中土，流寓於茲。其後文士或爲流寓，或爲仕宦，或寄遊蹤，諸如餘杭章太炎、施悅秋、新會梁啓超、廈門辜鴻銘、晉江蘇鏡潭、暨陽王亞南、澳門徐莘田、泉州莊怡華、郁達夫、福州林紓、瀏陽譚嗣同、安溪林輅存等，皆有吟詠之作。至若生長於斯者如：竹塹鄭用錫有《周禮解疑》、《周易折中衍義》。竹塹鄭用鑑有《易經圖解易讀》，關渡黃敬有《周易義類存編》，臺中丘逢甲有《滄海集》，臺南施瓊芳有《春秋節要》，新竹張漢有《漢族姓氏考》，臺南許地山有《中國文學研究》……等書，所闡述者皆爲中原文化之精神，是以臺灣文學以中原文化爲主流。

## 第二節　以海島文化爲輔

清初，明末遺老多已謝世，後輩文人生活於斯，海國山川，波濤壯麗，短笛漁村，鄉土溫情，南方景物，花卉果蔬。可以興、觀、群、怨，可以壯懷，可以怡情，亦可以修身。連雅堂曰：

夫以臺灣山川之奇秀，波濤之壯麗，飛潛動植之變化，可以拓眼界，擴襟懷，寫遊踪，供探討，固天然之詩境也，以故宦遊之士，頗多撰作，若孫元衡之《赤嵌集》，陳夢林之《遊臺詩》，張湄之《瀛壖百詠》，皆可誦也。（通史藝文志）

自康熙至光緒甲午之前，以海島生活入詩者，不計其數，其題材不外下列諸端：

**一、土番風俗**

康熙三十六年（一六九七），仁和郁永河來臺北採硫礦。永河有〈臺灣竹枝詞〉與〈土番竹枝詞〉，其描寫土番之「衣著」云：

生來曾不識衣衫，裸體年年耐歲寒；犢鼻也知難免俗，烏青三尺是圍闌。

此係以中土人代之眼光看當時原住民之生活。

**二、人間淨土**

安徽桐城孫元衡於康熙四十二年任臺灣海防同知。其〈他里霧〉詩云：

翠竹陰陰散犬羊，蠻兒結屋小於箱。年來不用愁兵馬，海外青山屬大唐。
舊有唐人三兩家，家家竹徑自迴斜。小堂蓋瓦窗明紙，門外檳榔新作花。

此詩寫於康熙年間，正是中原文化傳播於本島之始，與本島原有之景觀相互融合，是以詩中有「蠻兒」，亦有「唐人」，甚爲生動。

**三、氣候與詠物**

錢塘張湄於乾隆六年巡視臺灣，著《瀛壖百詠》，其寫臺灣氣候云：

小寒多燠不霜天，木葉長春花久妍；眞個四時皆似夏，荷花度臘菊迎年。

此乃南方島國與中土氣候相異之處，由於張湄之熟諳中土氣候，乃知臺灣氣候之特別。另有〈檳榔〉詩云：

睚眦小忿久難忘，牙角頻爭雀鼠傷；一抹腮紅還舊好，解紛惟有送檳榔。

寫臺灣風俗中之檳榔有息事寧人之功用。

## 四、寫景與地理形勢

康熙三十四年陝西高拱乾，來任臺廈道，延聘文人，創修府志，又築澄臺，日事吟詠，以遣羈愁。於署後修一小亭，名曰：「斐亭」。有〈東寧十詠〉、〈安平晚渡〉、〈沙鯤漁火〉、〈鹿耳春潮〉、〈雞籠積雪〉〈東溟曉日〉、〈西嶼落霞〉、〈澄臺觀海〉、〈斐亭聽濤〉等臺灣八景詩，其後文人效此八景作詩者多矣。所謂之八景，正是以中國傳統文人之生活與眼光來品嘗島國風光之情趣也。〈東寧十詠〉有「天險悠悠海上山，東南半壁倚臺灣」句，寫臺灣地理形勢，眞知卓見。

## 五、海上交通

道光十年，晉江舉人陳淑均，應聘掌教於噶瑪蘭廳之仰山書院。曾修《噶瑪蘭廳志》。其〈蘭陽八景〉中〈石港春帆〉云：

水流天外海孤懸，幸有恩波及福泉。港小能容舟入口，帆低不礙石多拳；斜風撐出濤三尺，細雨收來幅十聯。贏得人裝書畫槳，滿江都喚米家船。

描寫昔日島上港口暨臺閩交通。

## 六、園林生活

道光三年，新竹鄭用錫中進士，官禮部鑄印局員外郎。十七年歸鄉。晚年築「北郭園」自娛。著有《北郭園集》。其北郭園八景詩爲：小樓聽雨、曉亭春望、蓮池泛舟、石橋垂釣、小山叢竹、深院讀書、曲檻看花、陌田觀稼。

小樓聽雨：

南樓凭几座，過雨又瀟灑；有味青燈夜，爲予破寂寥。

## 七、宗教信仰

用錫另有〈塹垣普施極奢觀者如堵感賦〉，寫中元普度云：

勝會盂蘭簇一場，南壇跪拜去來忙；殽堆珍錯羅山海，飯貯籠筐罄稻粱。無主不知誰子姓？有魂何處覓家鄉；年年此夕中元節，赦罪開門禮法王。

寫臺灣民間信仰節慶，與中土相同。

## 八、平亂

由於臺灣地理位置特殊，來臺先民分子複雜，爲爭地盤，日常有械鬥之事發生，如漳泉械鬥、閩粵械鬥，以及反清復明等，歷史變亂亦多，有三年一小反，五年一大亂之俗諺。同治元年，戴潮春之役，竹塹士紳潛園主人林占梅傾家紓難，力保淡北，有〈驚聞戒嚴作〉詩：

腥風吹海嘯長鯨，小醜跳梁敢橫行。毒霧迷漫沉戰壘，大星黯淡落空營；甲溪扼險成天塹，丁汎分防衛石城。莫道黃巾氛甚惡，么魔螻蟻不難平。

## 九、番社

江西龍南譚垣，於乾隆二十九年，任鳳山知縣，有「搭樓社」、「武洛社」、「阿猴社」、「上淡水社」、「下淡水社」、「力力社」、「茄藤社」、「放縤社」等詩寫番社風俗，山青水秀，令人神往，其〈力力社〉云：

晚過力力溪，溪水清可掬；皎月懸林端，修竹如新沐。下馬入番社，番眾一何肅？燈前試細認，爾雅殊被服，諮訪聽語言，通曉更敏熟。聖治開文明，光被及番族，應知久漸摩，秀發此先卜。拱手進番童，經書果能讀，忠信自有期，禮義須涵蓄，勸勉且丁寧，披月前村宿。

## 十、花卉

臺灣花卉頗有南國特色，浙江仁和范咸於乾隆十年任巡臺御史，其寫花卉之詩有〈七月一日宴七里香花下作有考〉、〈鸂花〉二首，〈木蘭花歌〉、〈曇花〉、〈貝多羅花〉、〈七里香〉、〈水仙花〉……等。

貝多羅花：

已兼蝶粉與蜂英，更裹依微紫絳囊。葉以款冬稜較態，花開盛夏氣微香，一叢蓓蕾盈枝發，半卷婀娜小瓣長，可是貝多眞色相，閒書梵宇午風涼。

貝多羅花又名曼陀羅花，來自天竺國，出現於佛教故事中。

## 十一、地震

由於臺灣地殼不穩定，頗多地震，道光戊申（西元一八四八）仲冬，臺地大震，彰嘉一帶城屋傾圮，人畜喪亡。林鶴山有〈地震歌〉云：

天朗氣清日亭午，閒吟散食步廊廡；耳根彷彿隱雷鳴，又似波濤風激怒。清聲乍過心猶疑，忽詫棟樑能動移；頃刻金甑相傾碎，霎時身體若籠篩。廐馬嘶蹶犬狂吠，智者猝然亦愚昧。悲風慘慘日無光，……忙忙眞似喪家狗。更有樓居最動搖，欲下不得心急焦；……相顧人人成土色。地平踏穩相欣告，眾口一時同喧噪。老者無策少者疑，從此夜眠心不怡。……此情回首不堪憶，此身猶自隨沉浮。安得長房縮地法，居吾樂土免煩憂！

鶴山此詩描寫手法，可以媲美杜甫〈兵車行〉。

## 十二、農漁

臺灣四季如春，適宜農作；四面環海，魚產豐富，彰化陳肇興有〈秋田四詠〉、〈海中捕魚歌〉。

秋田四詠：

播種

納稼纔完便糞田，農家六月少閒天。西疇乍見生孫稻，南浦還澆種子泉。浥露香秧爭出水，迎秋翠毯半含烟，何須競說占城穀，早晚三杯各有年。

分秧

不待鳴鳩喚插禾，秋天到處有秧歌。田如畫罫縱橫直，人比承蜩傴僂多。萬束青分龜殼笠，千畦綠刺鴨頭波。耕耘自較三春迫，雨夕風晨爲築坡。

耘田

綠遍郊原白滿溪，趣耘又到柳陰西。涼風拂地驚秋耨，赤日行天病夏畦，稻過蟬鳴將吐穎，人如蛙跳不離泥。伊誰爲賦田頭鼓，我比歐陽望更迷。

穫稻

黃雲重疊畝西東，一歲還逢兩稔豐。萬斛稻粱如阜立，數聲耞拂近年結。雞豚滿地龍蛇蟄，杵臼通宵木葉空。從此賽神兼飲蜡，田家樂事正無窮。

肇興另有〈路旁見村女口占〉詩寫農婦樸實無華，知足常樂之生活，深得其中三昧：

溪邊有女浣新紗，一笑相逢語不譁。蓬鬢亂塗龍舌草，竹釵橫插馬蹄花。使君有婦原無羨，夫壻多情各自誇。到老不知離別苦，憐渠何幸嫁農家。

海中捕魚歌：

北風吹沙寒凍竹，海魚上潮團一簇。葉葉漁舟破浪來，撐杈使梃紛相逐。橫沉巨網截波中，一舉常鱗數百族。小魚戢戢大魚肥，半死半生血猶漉。滿擔挑來到市廛，腥風吹遍夕陽天。得錢沽酒時一醉，不脱蓑衣海上眠。一燈漁火隨潮泊，夜半白魚飛上船。

## 第三節 以時代變化爲心

臺灣在歷史上爲中國人所開發，然因地理位置特殊，歷經荷據、明鄭、清、日據、民國等時代。尤以明鄭至清、清至日據之轉換時期，曾爲文人帶來莫大震撼。

明鄭時代，金門盧若騰（牧洲）之《島噫詩》一集，頗足反映當時戎馬倥傯之社會狀況，其「小引」中云：

詩之多，莫今日之島上若也。憂愁之詩，痛悼之詩，憤怨激烈之詩，無所不有，無所不工。試問其所以工此之故？雖當極愁、極痛、極憤激之時，有不自禁其啞然失笑者，余竊恥之！島居以來，雖屢有感觸吟詠，未嘗作詩觀，未嘗作工詩觀；如痛者之呻，哀者之哭，噫氣而已。錄之赫蹄，寄之同志。異日有能諒余者曰：『此當日島上之病人哀人也』。余其慰己，牧洲自序。

明末盧氏風情豪邁，乃一忠勇之士，捍衛國土，以抗清復明爲職志，其詩足以反映明鄭時期孤臣孽子之心情與民間疾苦，鄭延平發兵赴臺，若騰有〈送人之臺灣〉詩：

臺灣萬里外，此際事紛紜。物力耕漁裕，兵威戰伐勤。水低多見日，涯遠欲無雲。指顧華夷合，歸來動聽聞。

清兵南下，殃及百姓，若騰〈老乞翁〉詩云：

老翁號乞喧，手攜幼稚孫。問渠來何許，哽咽不能言。久之拭淚訴，世居瀕海村。義師與狂虜，抄掠每更番。一掠無衣穀，再掠無雞豚。甚至焚室宇，豈但毀籬藩。時俘男女去，索賂贖驚魂。倍息貸富戶，減價鬻田園。幸得完骨肉，何暇計饔飧。彼此賦役重，名色並雜繁。苦爲兩姑婦，莫肯念疲奔。朝方脫縶圄，夕已呼在門。株守供敲扑，殘喘豈能存？舉家遠逃徙，秋蓬不戀根。渡海事行乞，冀可活晨昏。我聽老翁語，五內痛煩冤。人乃禽獸等，弱肉而強呑。出師律不肅，牧民法不尊。縱無惻隱心，因果亦宜論。年來生殺報，皎皎如朝暾。胡爲自作孽，空負天地心。

明末張煌言尙書，曾與鄭成功北征，敗後入海，成功禮之。煌言生平善治兵，工詩文，著述甚多，後人輯爲《張蒼水詩文集》，蒼水之詩亦多感時之作。

永曆十年（一六五九）七月，鄭成功遣兵攻至南京城外，南京降清總督郎廷佐假降。成功爲郎所欺而敗。成功自瓜洲至金陵途中有詩〈出師討滿夷自瓜洲至金陵〉：

縞素臨江誓滅胡，雄師十萬氣呑吳。試看天塹投鞭渡，不信中原不姓朱。

雄心萬丈，豪氣干雲，可惜大勢已去。

延平世子鄭經，在南京城外遙望孝陵，曾作〈痛孝陵失陷〉詩：

故國山河在，孝陵秋草深。寒雲自來去，遙望更傷心。

故國山河猶在，然物是人非，可望卻不可即，其慟可想而知。

丘逢甲於乙未後所作之詩收入《嶺雲海日樓詩鈔》中，計有一千六百八十五首。此一詩鈔，無一爲其早期之作品，其中至少有一千首爲懷念臺灣或與臺灣有關，故其可謂爲懷臺詩鈔。

**清廷割臺感賦**：

宰相有權能割地，孤臣無力可回天；扁舟去作鴟夷子，回首河山意黯然！

**抗日失敗有感**：

誰能赤手斬長鯨，不愧英雄傳裡名；撐起東南天半壁，人間還有鄭延平。

**謁南京明孝陵**：

鬱鬱鍾山紫氣騰，中華民族此重興；江山一統方新定，大纛鳴笳謁孝陵。

**念臺灣**：

往事何堪說？征衫血淚斑！龍歸天外雨，鰲沒海中山。銀燭麈詩罷，牙旂校獵還；不知成異域，夜夜夢臺灣。

**天涯**：

天涯雁斷少書還，夢入虛無縹緲間。兵火餘生心易碎，愁人未老鬢先斑。沒蕃親故淪滄海，歸漢郎官遯故山。已分生離同死別，不堪揮涕說臺灣。

字字血淚，孤臣孽子無助的呼喊，讀之令人扼腕。

甲午之役，清師敗績，朝廷命北洋大臣李鴻章赴日，於馬關議和，將臺灣割讓於日本，並賠償軍費二萬萬兩。消息傳出，全國民心鼎沸，尤以文人之憤怒更爲激烈。雖然手無寸鐵，然卻有滿腔熱血與千鈞之筆。舊文人轉而為詩，新文人則發起新文學運動。

日人據臺之後，臺灣各地尚有不少進士、舉人、秀才等，為當時最高級知識分子，民族意識特強，深知昔日所學已無用，乃從文字上以求寄託，並藉以維持與發揚中華文化。並以「書房、義塾」與「詩社」為其根據地。

㈠**設立書房、義塾**：書房為臺胞所辦之私塾。以臺語教授漢文，以讀書、寫字為主，重視道德人倫之陶冶。高級者以中國之古典經史文章、詩、詞為主；中級者以書法、作對子為主；初級者以淺顯之書文背誦及習字為主。他如教以珠算、記帳、行儀、灑掃應對。

義塾之設施，一如書房，惟無束脩及酬禮由官紳支付。日據後期，學生多為貧家子弟，經費由地方慈善人士或義倉捐助。日據初期，書房、義塾及學生數，均超過公立學校；因書房義塾為保育民族精神傳統暨傳播中國固有文化之處，故臺胞子弟皆願參加而不願進日語學校。日人有鑑於此，乃於光緒二十四年發佈「書房、義塾規則」，規定須受監督並加日語、算術二科。自是書房、義塾大受限制，數量逐年減少。光緒二十三年書房數有一一二七處，學生數一七〇六六人，然至民國二十八年全臺僅存十七所，學生數九三二人。蓋此時日人加強推行公學校教育，極力壓迫書房、義塾、使其無法存立。迨民國三十二年（日昭和十八年）總督府頒佈廢止私塾令後，書房、義塾乃完全停辦。由於此事，可知文人之作為與效果，已使日人畏懼。

㈡**成立詩社創辦詩刊**：甲午後，清代遺下飽學之士，乃紛紛於全省各地普徧設立詩社，對於發揚民族精神，貢獻極大。首先可藉作詩之機會，將家國之痛與對日人之不滿，或隱或現加以描述。其次，利用詩人集合之機會，對日人暴政，交換意見，徹底批評，激發民族意識。再次，因作詩或學詩，非多讀中國古典名著不可，不知不覺間，體會了中國傳統文化之精髓，乃有發揚光大之決心。最後，深覺身爲中國人之光榮，而不願當日本順民，並自願負起維護中國傳統之重任。

全臺詩社，達一百餘社，最著者爲臺北「瀛社」，臺中「櫟社」、臺南「南社」。《櫟社》詩刊第二集曾因鼓吹民族意識而遭日人查禁、停刊、燒毀；可知詩社之成立，並非無病呻吟，乃藉吟風弄月，表露正氣磅礴之民族精神。

㈢**狂歌當哭之作品與寄懷**：日本侵臺之時，舊文人年紀約在二十至三十歲左右。眼看大好河山白白被異族侵佔，悲憤難抑，乃發爲詩歌，以道其悲痛。

臺籍進士丘逢甲、施士洁、許南英，暨文人王友竹、林維朝、許劍漁、胡南溟、林幼春……等，皆曾留下痛惜臺灣淪陷之哀詩。丘逢甲力戰而敗，離臺內渡時曾作〈弔臺灣〉七絕六首，其中「宰相有權能割地，孤臣無力可回天」，已成家喻戶曉之名句。其內渡一年後作〈晚愁〉云：

春秋難遣強看山，往事驚心淚欲潸。四百萬人同一哭，去年今日割臺灣。

黃得時教授之父黃純青先生，晚號晴園老人。割臺時，年方二十，曾參加樹林地方之抗戰，在陣前作五絕一首，鼓舞士氣，後傳徧全省。云：

唐去民無主，旗揚虎有威。明知烏合眾，抗戰未全非。

鹿港名詩人洪攀桂，字月樵。臺灣淪陷後，易名繻，字棄生，取《漢書》終軍傳「棄繻生」意也，曾作〈臺灣淪陷紀哀〉五古一首，凡一千言。雄沉悲痛之句如：

天傾西北度，地缺東南方，蛟龍積海水，淪沒蓬萊鄉，熬波沸巨浪，白日黯無光。……

……愁緒無由寫，日日登北邙，舉目見蓬蒿，涕泗如逝湟，哀哉亂世內，默默謀爲藏。

棄生此詩敘述乙未臺民對日抗戰之經過，格調雄偉，慷慨激越，可作一篇史書讀。

光緒二十一年，日軍來犯，義士吳彭年殉難於彰化八卦山，陳鳳昌灑酒爲文哭祭，事後，爲吳彭年負骨歸鄉，葬於廣東故里，並慰其年邁父母。鳳昌有〈弔吳彭年六絕〉：（錄三首）

書生戎馬總非宜，自請前軍力不支；畢竟艱危能仗節，果然南八是男兒。

短衣匹馬戰城東，八卦山前路已窮；鐵砲開花君證果，劫灰佛火徹宵紅。

留得新詩作墓銘，九原雖死氣猶生；赤嵌潮水原非赤，卻被先生血染成。

施士洁，臺南人，祖籍晉江，光緒二年進士，乙未後內渡晉江，然對臺灣故土，眷念不已，有〈別臺感賦〉：

一角天南夢蝶園，當年遺老跡猶存；流將鯤島重洋水，幻作鮿生雙淚痕！恨未喪師先失地，問誰揖盜自開門，陽樊到處呼倉葛，何苦強鄰又代原！

恨未喪師先失地，此語極慟。

㈣**從事著作以延續中華之命脈**：日據時期努力於著述之大學者，可推臺南連雅堂與鹿港洪棄生。兩先生皆爲詩人，亦多喜愛記述臺灣史實。兩人不但是朋友，且其著書亦多相似。連氏有《臺灣通史》、洪氏有《瀛海偕亡記》、《中東戰記》。連氏有《臺灣詩乘》，洪氏有《寄鶴齋詩話》。連氏有《大陸遊記》、《大陸詩草》，洪氏有《八洲遊記》、《八洲詩草》。連氏有《劍花室文集》，洪氏有《寄鶴齋詩古文駢文集》等。此外，連氏又有《臺灣語典》、《雅言》、《連雅堂先生餘集》、《雅堂先生集外集》等著作，尤以民國十三年二月至十四年十月所發行之《臺灣詩薈》共二十二期，連氏於〈發刊序文〉中云：

……內之爲正心脩身之學，外之爲齊家治國平天下之道，我詩人之本領固足以卓立天地也。不佞騷壇之一卒也。……互相勉勵，臺灣文運之衰頹藉是而起，此則不佞之幟也。孔子曰：詩可以興，可以觀，可以群，可以怨。尤願我同人共承斯語，日進無疆，發揚蹈厲，以揚臺灣詩界之天聲。

連氏又謂：

鄙人發刊詩薈，原非營業之計，以臺灣今日之漢文廢墜已極，非藉高尚之文字，鼓舞活潑之精神，民族前途，何堪設想？

不佞之刊詩薈，厥有二義：一以振興現代之文學，一以保存舊時之遺書。夫知古而不知今，不可也；知今而不知古，亦不可也。故學術尚新，文章尚舊，採其長而棄其短，芟其蕪而揚其芬，而後詩中之精神，乃能發現。

由上可知雅堂先生爲保存中華民族之命脈於臺灣之苦心積慮，且能新舊兼顧，不愧中庸之道。

以上爲舊文人身遭家國之痛，爲維護中華之傳統文化所作之努力，其維護斯文於不墜之功，千古不滅。至於新文學運動亦於此時與舊文學並駕齊驅，分頭並進。當時新文人所作之努力有：㈠創辦雜誌、報紙，以發揚民族意識。㈡成立文學研究協會，以鼓吹民族意識，並要求民主。㈢以白話文寫小說，用以反映臺胞所受不平之待遇。因限於體例，茲不詳述。

**【附註】**

① 連橫《雅言》。

② 島田謹二〈臺灣文學的過去現在和未來〉。

③ 連橫《臺灣通史》藝文志。

# 第二章　臺灣之詩社

## 第一節　臺灣詩社之淵源

詩人雅集，古已有之。晉·王羲之修禊蘭亭、李白春夜宴於桃李園，傳爲千古美談。至宋末遺民之組詩社以寄故國之思，其義尤爲重大。蓋詩者，志之所之。太平盛世，文人以賦詩興雅；亂世，則賦詩以抒胸臆。詩社之起，亦集體創作之義也。蔡佩香於臺灣文社創立四周年祝文云：「……且文章一道，有盛有衰，當其逢盛世也，則點綴風物，歌頌昇平，以爲一朝之粉飾。至於大道淪亡之秋，巖野之士，無權無勇，則繼先賢之墜緒，續斯文之文脈，冀存五千年文明於將絕未絕之時，此長夜之曙光也。」蔡君爲光緒間安平人，其論臺灣詩社成立之緣由，後者勝於前者乃特殊之環境使然也。

臺灣詩社之盛，冠於全國。溯其淵源，上溯明末之復社、幾社。明鄭時代，海外幾社之徐孚遠、沈佺期、曹從龍皆曾東渡來臺。風化所及，啓發之功甚偉。降及清代，明臣遺老沈光文乃與諸羅縣令季麒光等十四人，於康熙二十四年，創立「東吟社」，是爲臺灣詩社之濫觴。

復社、幾社為東林後緒，杜登春〈社事始末〉云：「倘社局不振，悠悠終古，將復社幾社之血脈一斷，則東林先生講學明道之血脈亦斷矣，可不懼哉！」「諸下第南還，相訂分任社事，昌明涇陽之學，振起東林之緒。」甲申國變之後，清軍南下，文會講學之雅集，遂轉為禦敵救國之運動。杜登春又云：「乙酉、丙戌、丁亥三年之內，諸君子之各以其身為故君死者，忠節凜然，皆復社幾社之領袖也。」細數死難諸公數十人，如史可法、陳子龍、夏允彝、黃道周、左懋第、張名振、張煌言、徐孚遠均在其列。南明三朝之抗清，誠與兩社救國運動結為一體。復社在閩之領袖為黃道周，擁唐王即位福州，其後殉節南京東華門，其精神由門人沈光文傳入臺灣。幾社在閩之領袖為徐孚遠，鄭成功以師禮事之。鄭氏之另一老師錢謙益亦與社盟。浙東沿海及舟山群島一帶，則有張煌言，亦為幾社後勁，擁立魯王監國誓死不屈。

成功之子鄭經，即位之後，以咨議參軍將陳永華輔佐大政，開物成務，奠定立國規模。永曆十九年，開闢大體就緒，永華乃請建聖廟，立學校，聘中古碩儒任教，開科取士，造就人才，文教日盛。永華之父陳鼎，與海外幾社六子之盧若騰為患難之交，故被譽為臺灣木鐸之陳永華，與社盟亦有淵源在焉。

## 第二節　臺灣詩社之發展

臺灣詩社自明臣遺老沈光文於康熙二十四年（西元一六八五）與諸羅縣令季麒光等十四人首創東吟社，至道光六年（西元一八二六），彰化知縣及地方人士陳掄元等成立鐘毓詩社於虎尾之文昌祠，其間一四一年，臺灣未有詩社之創立，考其原因，由於清朝以科舉取士，士之讀詩書而掇科第者，大都浸淫於制藝試帖。然游宦諸士，以詩鳴者不乏其人。康熙年間，臺灣縣令沈朝聘有《郊行集》，諸羅令季麒光有《海外集》、《東寧唱和詩》。其後雍、乾、嘉三朝，後先繼起，孫元衡有《赤嵌集》、陳夢林有《遊臺詩》，范咸有《婆娑洋集》、張湄有《瀛壖百詠》。省籍人士亦頗能詩，黃佺有《草廬詩草》，陳輝有《旭初詩集》，章甫有《半篙集》，林占梅有《琴餘草》，陳肇興有《陶村詩稿》，鄭用錫有《北郭園集》，其詩多寫海國之風光，寄滄洲之逸興，皆屬獨吟寡偶，未有聯吟。

道光、同治年間，新竹士紳鄭用錫建北郭園，林占梅建潛園，延攬海內外名人，詩酒徵逐，提倡風雅，於同治元年創立「潛園吟社」，其後「竹社」、「梅社」相繼在新竹成立。光緒十五年，臺澎道唐景崧在臺南道署創「斐亭吟會」，海國風騷於斯爲盛。十七年，景崧升布政使，移駐臺北，復創「牡丹詩社」，臺灣詩社由南而北，自是始焉。

甲午之役，清廷割臺，臺灣同胞成爲「無天可籲，無人肯援」之孤兒。滄桑之巨變，家國之巨痛，無人無之。昔日努力於科舉之遺儒，此時學已無用，功名無望，生活坎坷，傷古弔今，惟有藉詩酒以消遣平生，於是各地詩社相繼成立，互通聲氣，以期保存國粹。五十年間，詩社數目之多，達於空前，據連橫〈臺灣詩社記〉所載，民國十三年全省詩社有六十六所。《臺灣通志稿》學藝志文學篇則載民國二十五年，全省詩社有一百七十八所，其數目不可謂不多，然實際情形，實不止此數。

臺灣在清代之詩社，以光緒年間（元年——二十年）爲盛。日據時期，以民國八年後，顯著增加，考其原因，實與日本政府在臺所實施之教育政策有極密切之關係。日人愈苛，則詩社愈多。日本奪臺五十年，其教育之變遷，約分三期：

第一期：臺灣教育之試驗期，自光緒二十一年至民國八年（西元一八九五—一九一九），日本政府方致力於殖民政權之建立，教育方針尚未確立，萬事均採隨機應變辦法。

第二期：臺灣教育令公佈之後，自民國八年至三十二年（西元一九一九—四三），日政府全力實施殖民地同化政策。臺灣教育令第二條云：「教育基於教育勅語之旨趣，以育成『忠良國民』爲本義。」第五條云：「普通教育以注意身體之發達，施行德育，傳授普通知識技能，涵養『國民之性格』，普及國民語（日語）爲目的。」臺灣府諭告第一號云：「要之，臺灣之教育，在於觀察現時世界人文發達之程度，啓發島民之智能，涵養德性，普及國語（日語），使之具備帝國臣民應有之資質與本性。」其用心之惡毒，可爲憤慨。

第三期：臺灣教育令修改之後，自民國三十二年至三十四年（西元一九四三—一九四五），時爲第二次世界大戰末期，日本在中國戰區及太平洋戰區節節失敗，局勢不穩，乃積極懷柔同胞，廢除教育差異，以期臺胞效忠日皇，然其特權猶潛存於各級教育中。

日據初期，據《臺灣通志稿》之統計，私塾全省計有一七〇七所。漢文賴此以存。臺灣教育令公佈後，地方政府遂積極從事私塾教育之監督與取締，私塾次第關閉。民國二十八年，全省僅存十七所。民國三十二年，臺灣總督府頒佈廢止私塾令，私塾遂成絕響。詩社之所以普及於日據時期，且鼎盛於民國八、九年之後，時勢使然也。

## 第三節　臺灣詩社之性質

東吟社爲臺灣詩社之濫觴，因時代背景之相異與參加成員之不同，詩社成立之性質可分爲左列數端：

**一、士大夫之雅集**

臺灣文化之興，起於明鄭，來臺文士，謹守中國傳統之精神，其文學內容與形式完全相同。清初以來，遊宦漸集，省籍人士以文名者亦不乏其人。以文會友，詩酒吟唱，乃成時尚。沈光文之東吟社中參加者有諸羅縣令季麒光、臺灣縣令沈朝聘及遊宦諸公。唐景崧創立「斐亭吟會」於臺南，創「牡丹吟社」於臺北，公餘之暇，與僚屬爲文酒之會，實是士大夫之雅集。

**二、林園巨室之雅集**

新竹巨室林占梅，手建潛園①、鄭用錫建北郭園②，海內外高才飽學之士，或爲退隱官吏，或爲詩壇名士，時相過從，詩酒唱酬，乃有「梅社」、「竹社」、「潛園吟社」諸詩社之成立。

## 三、塾師與弟子之雅集

高雄陳梅峰集其弟子陳皆興等創「旗津吟社」，又率女弟子創「蓮社」。臺北稻江礪心齋書房林述三，集其門人創「天籟吟社」。板橋趙一山在其懸壺之稻江永樂市場邊劍樓書房設「劍樓吟社」。臺北「國語（日語）學校」教師劉得三與其塾師林冠文，共創「淡北吟社」，等等，皆爲塾師與弟子之雅集。

## 四、鄉紳與地方人士之雅集

彰化知縣楊桂森，捐資建文昌祠於當時縣屬之虎尾鎭，地方人士林高全、林定寬、陳掄元及各村塾師乃創「鐘毓詩社」，一則主持文昌祭典，一則誘掖後學。臺南諸生許南英，邀集同里人士，於竹溪寺鬥韻敲詩，創「崇正社」。晉江蔡德輝設帳於彰化，集門人及地方人士創「荔譜吟社」。澎湖蔡汝璧、陳梅峰、陳錫如等邀集地方人士創「西瀛吟社」。皆此類也。

## 五、兩地以上人士之聯吟

宜蘭市林星樞與地方人士創「仰山吟社」；時與頭城之「登瀛吟社」、羅東之「東明吟社」及蘇澳詩人聯吟。鹿港許劍漁與苑裡蔡啓運以地爲名，共創「鹿苑吟社」。澎湖宿儒陳錫如，設帳於高雄，廣邀「旗津吟社」、東港「研社」、屏東「礪社」，共設三友吟會。臺北縣雙溪鄉張廷魁邀地方人士創「貂山吟社」、瑞芳九份吳如玉創「奎山吟社」；與基隆「

大同吟社」合組成「鼎社」，復與頭城「登瀛吟社」四季輪值聯吟。而臺南「新柳吟社」則爲新營、柳營兩地詩人所共設。

## 六、滄桑之變家國之痛之反響

臺灣之文士，與大陸同，終年累月，潛心學業，冀能飛黃騰達，得意科場。日人據臺，制度遽變，廢科學，興學校，數百年來士子進身之階段矣；功名路絕，仕宦無望，昔日所習已不能用，失落之情，轉而流連詩酒。林資修於〈櫟社二十年間題名碑記〉中云：「世變以來，山澤宿儒，計無復之，遂相率而遊乎酒人，逃於蓮社，有一倡者，衆輒和之；迄於今，島中社之有聞者以十數。」又云：「櫟社者，吾叔父癡仙之所倡也。叔之言曰：『吾學非世用，是爲棄材，心若死灰，是爲朽木。今夫櫟，不材之木也，吾以爲幟焉，其樂從吾遊者，志吾幟。』連雅堂〈櫟社第一集序〉云：「嗟乎，櫟爲無用之材也，詩亦無用，而眷眷於此者，何也？……海桑之後，士之不得志於時者，競逃於詩，以寫其佗傺無聊之感，一倡百和，南北並起，其奔走而疏附者，社以十數，而我櫟社屹立其間，左縈右拂，蜚聲騷壇，文運之存，賴此一線，人物之蔚，炳於一時，詩雖無用，亦有用之之日，莘莘學子，又何可以其不材也而共棄。」傅鶴亭於《櫟社第一集》中亦云：「滄海栽桑之後，我輩率爲世所共棄之人，棄學非棄人不治，故我輩以棄人治棄學。

由於家國之變，文人學士感於昔日所學盡皆無用，霧峰林癡仙乃成立「櫟社」於萊園。取《莊子》人間世「櫟社樹」爲不材之木之義。

### 七、不齒小人得志轉而遊戲筆墨者

臺中櫟社詩人林少英於民國十二年，創立「樗社」，辦理中嘉南聯吟會，其招募社員啓事云：「今也小人得志，富者爲賢，異說浮言，儼以蠅聲之聽耳，俗氛銅臭，等於瘴癘之中人。僕等名場潦倒，試遍酸鹹，藝苑詞章，別尋況味。」則其立社原因可知矣。

### 八、以切磋詩藝為宗

板橋趙一山在稻江永樂市場邊設「劍樓吟社」，誘掖後學，於每年秋天，師生舉行祀孔盛典，禮成開同窗會，並作文字飲，專作詩學指導，不重擊缽。

嘉義布袋鎮蔡文忠，邀集地方人士創立「鷲社」，於民國十六年附設讀書會，於社址購買各種詩集，以供吟友切磋。

嘉義新港鄉林翰堂，邀集地方青年創「鷇音吟社」，寓意小鳥破殼將出，勉勵青年從早學詩。

高雄鼓山之「鳳毛吟社」，乃由「紅毛港青年研究會」與「大林蒲青年研究會」合併而成，以授詩文爲主要活動。

高雄鳳山之「藏修吟會」，取「蘊藏進修，不敢炫耀」之意。社員均以「修」字爲號。

### 九、為提倡漢文、保存民族正義而結社

臺灣詩社，自康熙二十四年（西元一六八五），沈光文首創「東吟社」，至光緒二十一年（西元一八九五）日人據臺，其間二一〇年，臺灣詩社之成立可考者僅有十二社。然日人

據臺五十年間，詩社成立者卻有二六一社。

考日據時期詩社紛紛成立之主要原因，乃是爲了民族文化之延續。清人割臺，巡撫唐景崧在官紳擁立下，就任「臺灣民主國」總統，建元永清，並檄內外云：

> 今已無天可籲，無人肯援，臺民惟有自主，推擁賢者，權攝臺政，事平之後，當再請命中國，作何辦理。倘日本具有天良，不忍相強，臺民亦願顧全和局，與以利益。惟臺灣土地政令非他人所能干預。設以干戈從事，臺民惟集萬眾禦之，願人人戰死而失臺，決不願拱手而讓臺。

豪商巨室，傾資助軍，臺民捶胸泣血，誓死同守。及日軍登陸，中樞瓦解，宰相有權竟能割地，孤臣卻無力可以回天。唐景崧、丘逢甲相率內渡，劉永福獨撐殘局於臺南，奮戰四月，亦歸內地。殷富之家，紛紛歸籍。據馬關條約第五款云：

> 本約批准互換之後，限二年之內，日本准清國讓與地方人民——願遷居於外者，任便變賣所有產業，退去界外；但限滿之後，尚未遷徙者，酌宜視爲日本臣民。

光緒二十三年五月八日爲「臺民退去」之最後期限。是日，離臺赴內地者，臺北縣一千五百七十四人，臺中縣三百零一人，臺南縣四千零五百人，澎湖八十一人。其中有重返故里重新置產者；亦有因先祖來臺已歷數代，故里之中，未有相識，生活困頓，潦倒回臺者。而世代居臺者，既不甘爲異國臣民，又不得不爲異國臣民，其激情義憤，永世難息。乃藉詩文消遣餘生，一則寫其失落之情，再則未忍斯文廢墜。蔡佩香〈臺灣文社創立四周年祝文〉中可見。

連雅堂於《臺灣詩薈創刊號》有序，敘其〈發行旨趣〉云：

> 臺灣詩學，於今爲盛，文運之延，賴此一線，而眷顧前途，且欣且戚，何也？臺灣因海上荒土，我先民入而拓之；手耒耜，腰刀鎗，以與生番猛獸相徵逐，用能宏大其強，艱難締造之功，亦良苦矣。我先民非不能以詩鳴，固不忍以詩鳴也。……臺灣當鄭氏之時，草昧初啓……我先民固不忍以詩鳴，且無暇以詩鳴也。三百年來，士墜其德，農揖疇，滄桑刼火之餘，始以吟咏之樂，消其抑塞磊落之氣，一唱百和，南北競起，吟社之設，數且七十，臺灣詩學之盛，爲開創以來所未有。……小之爲扢揚風雅之篇，大之爲道德經綸之具，內之爲正心修身之學，外之爲齊家治國平天下之道，我詩人之本領，固足以卓立天地也。

民國二十年十一月二十日，臺北天籟吟社同人創立藻香文藝社，發行《藻香文藝》雜誌，創刊號有黃春潮〈藻香文藝發刊序〉云：「……藉爲鼓舞吾島士氣，若其扶輪大雅之力，續持漢學之功，藝苑諸公必有先我而言者，可更贅乎？因序而歸之。」其餘諸如〈小鳴吟社序〉、〈櫟社之成立宗旨〉，不勝枚舉。此乃創立詩社之先賢，鑒於臺灣之漢學日趨式微，私塾之設又遭限制，不數十年，恐無讀書種子。日人不但無振興之意，且有任其消滅之心。先賢懍於漢學廢絕，故奮而創立詩社，以維國本。然在日人百般摧殘漢文之下，當時文士不能明目張膽伸張民族精神，需執兩端，以避日人之敏感，並圖漢文之生存，是以連横在《臺灣詩薈》二十號有云：「夫漢文爲東洋文明之根本也，中國用之，日本亦用之。」先賢之苦心孤詣可見一斑！

## 十、日人為綏撫省內文士而附會風雅之集會

我國文明，隋唐之時已東傳日本，日人來華朝貢之使節與留學生絡繹於途。此後數百年間，日本之華化運動，並未中斷，明末清初更加擴大仿效中國。直至明治維新之前，中國文化一直爲日本文化之泉源，漢學發展於日本，源遠流長。其中之讀書人皆能博通中國經史。臺灣淪陷之初，寓臺日人，多能詩文。初來官吏，不但能詩，且對各地之士紳詩人，時與唱酬，以圖溝通彼此感情，以懷柔手段佐其政教。又見臺灣之詩社南北競起，乃紛紛參與聯吟，其後日人亦有詩社之創立。

光緒二十四年，加藤雪窗自日來臺，卜居臺北，與臺北民政局長水野大路、陸軍郵政局長土居香國、伊藤天民、白井如海等，創立「玉山吟社」。其後磯貝蜃城、伊藤天民、中村櫻溪等人，與臺籍李石樵、陳淑程、黃植亭暨當時來臺應臺灣日日新報聘爲論說記者之國學大師章太炎等三十餘人，相繼入社。每月會集，擊缽催詩，爲日人設有詩社之始。其後，館森袖海、小泉盜泉與省籍人士另立「淡社」，時相會吟。

次年，臺灣日日新報漢文主筆籾山衣洲，創「穆如吟社」於南菜園。民國十九年，久保天隨來臺，執教於臺北帝大（今之臺大）。久保工漢詩，乃集同好，創「南雅吟社」，每月於梅本亭聚會一次。

【附　註】

①連橫《臺灣通史》卷三十三林占梅列傳云：「占梅工詩書，精音樂。軍興之時，文移批答多出其手。暇則彈琴歌詠，若無事然。築潛園於西門內（按：新竹市），結構甚佳，士之出入竹塹者無不禮焉。文酒之盛冠北臺。……又有潛園唱和集。」

②連橫《臺灣通史》卷三十四鄭用錫列傳云：「……用錫既爲一方之望，尤盡力農畝，家日殖，歲入穀萬石，晚年築北郭園自娛，頗有山水之樂。好吟詠，士大夫之過竹塹者，傾尊酬唱，風靡一時，至今文學猶爲北地之冠。」

## 第四節　臺灣詩社繫年

| 年代 | 公元 | 地點 | 詩社 | 主持人 | 社員及事略 |
|---|---|---|---|---|---|
| 康熙二十四年 | 一六八五 | 嘉義縣 | 東吟社 | 沈光文 | 光文於永曆十四年入臺，康熙二十四年乃與流寓諸公季麒光、華衮、韓琦、陳元圖、趙龍旋、林起元、陳鴻猷、屠士彥、鄭廷桂、何士鳳、韋名渡、陳雄略、翁德昌等十四人，「爰訂同心，結爲詩社」於今之嘉義市。初會，光文以東山爲首題，蓋臺灣之山，在東極高峻，不特人跡罕至，且從古以來無有題詠者，並以晉、謝安重東山，乃以「東吟社」名。爲臺灣第一詩社。 |

| | | | | | |
|---|---|---|---|---|---|
| 道光六年 | 一八二六 | 彰化縣 | 鐘毓詩社 | 林高全等 | 彰化知縣楊桂森，倡文教，捐款六千餘元，建文昌祠於虎尾鎮，當時地方人士林高全、林定寬、陳掄元及各村塾師乃倡設鐘毓詩社，一則主持文昌祠之祭典，一則誘掖後學。 |
| 咸豐年間 | 一八五一—六一 | 新竹縣 | 竹社 | 鄭用錫 | 竹塹士紳鄭用錫建北郭園於新竹，海內外名人時相過從，詩酒酬唱，提倡風雅，乃成立竹社，多爲得意科場之人。 |
| 咸豐年間 | 一八五一—六一 | 新竹縣 | 梅社 | 林占梅 | 竹塹巨室林占梅建潛園，結交海內外之名人，成立梅社。參加者多爲未成名之童生。與竹社會員互相輝映，稱盛一時。 |
| 同治元年 | 一八六二 | 新竹縣 | 潛園吟社 | 林占梅 | 同治元年，戴萬生反，竹塹巨室林占梅餉資臺灣道丁日健。事平，詩酒琴歌於林占梅之潛園，金門舉人林豪、閩縣林亦圖乃創潛園吟社，從之者四十餘人。 |
| 光緒四年 | 一八七八 | 臺南市 | 崇正社 | 許南英 | 武館街諸生許南英，邀集同里人士，於竹溪寺門韻敲詩，創立崇正社，取崇尚正義之意，爲清代臺南市詩社之濫觴。其後雖略有演變，但名異實同，爲臺南市騷壇之中堅。 |
| 光緒十二年 | 一八八六 | 新竹縣 | 竹梅吟社 | 蔡啓運 | 光緒十二年，苑裡蔡啓運喬居新竹市，經過奔走 |

| | | | | | |
|---|---|---|---|---|---|
| | | | | | ，乃將竹社與梅社合併成「竹梅吟社」。二十二年令其子蒐集七絕四百餘首，刊成《臺灣擊缽吟集》，以詠史居多。 |
| 光緒十五年 | 一八八九 | 臺南市 | 斐亭吟會 | 唐景崧 | 廣西灌陽唐景崧，官臺澎道，臺南道署舊有斐亭，景崧葺而新之，自署「鐵馬金戈，萬里歸來眞臘棹；錦袍紅燭，千秋高會斐亭鐘。」時邀僚屬作文字飲，臺士之能詩者，悉禮致之，海國風騷，於斯爲盛。光緒十七年，唐贊袞繼景崧署臺澎道，輯其稿而刊之，爲《澄園唱和集》，今佚。據連雅堂《詩乘》，知有此集。 |
| 光緒十六年 | 一八九〇 | 彰化縣 | 荔譜吟社 | 蔡德輝 | 晉江蔡德輝設帳於彰化，邀集門人及地方人士創「荔譜吟社」 |
| 光緒十七年 | 一八九一 | 臺北市 | 牡丹詩社 | 唐景崧 | 臺澎道唐景崧升布政使，由臺南移駐臺北，公暇時開文酒會，時安溪舉人林鶴年，以榷茶在臺北，曾以曹州牡丹數十盆致諸會，景崧大喜，遂名「牡丹詩社」。臺北初建省會，人文鼎盛，遊宦寓公，簪纓畢至，古來北臺風騷，未有逾此。 |
| 光緒十七年 | 一八九一 | 臺南市 | 浪吟詩社 | 許南英 | 許南英中進士南歸，邀集蔡國琳、趙鍾麒、謝石秋等創社，雅集詩友，興高彩烈。未幾，日軍侵臺，山河易色，社員雲散。南社成立後，有轉入者。 |

| | | | | | |
|---|---|---|---|---|---|
| 光緒二十年 | 一八九四 | 臺北市 | 海東吟社 | 林景商 | 安溪林景商隨其父林鶴年榷茶在臺北，心羨牡丹詩社，乃與三五知友，效其例創「海東吟社」，唱和甚樂。未幾，時勢告急，社員亦因風散。 |
| 日據時期：（光緒二十一年 民國三十四年） | | | | | |
| 光緒二十二年 | 一八九六 | 嘉義市 | 茗香吟社 | 賴雨若等 | 讓臺後一年，賴雨若、蘇朗晨、林臥雲、張秀星、沈瑞辰等五人，鑑於昔日所學已無用，乃於每月夕，煮茗敲詩，聊以自遣。 |
| 光緒二十三年 | 一八九七 | 彰化縣 | 鹿苑吟社 | 許劍漁 蔡啓運 | 鹿港古來爲海上交通要地，地方遺老頗多能詩，許劍漁、苑裡蔡啓運，於光緒二十三年，共創詩社，以地爲名。兩地文人往來酬唱，稱盛一時。 |
| 光緒二十八年 | 一九〇二 | 臺中縣 | 櫟社 | 林癡仙 | 櫟社爲臺中霧峰鄉林癡仙所創，始於光緒二十七年，以林氏萊園爲詞人會集之所。光緒二十八年，與彰化賴紹堯邀集中部各地士子來會，正式結社。採《莊子》人間世「櫟社樹」爲不材之木，因割臺之變，感於昔日所學已無用處。宣統三年（西元一九一一）三月，大會全省詩人於萊園，適梁任公應邀來臺，客於萊園，櫟社詩人遂與唱和，盛極一時。民國十年，刊行《櫟社第一集》，同年秋林幼春撰《櫟社二十年間題名碑記》於萊園，列名者三十二人。此碑至今仍在。櫟社倡自林癡仙，至傅鶴亭規模大具，而提倡最力者則 |

| | | | | | |
|---|---|---|---|---|---|
| | | | | | 爲林獻堂。其後社員多從事民族運動。 |
| 光緒三十一年 | 一九〇五 | 臺北縣 | 詠霓詩社 | 黃純青、王百錄等 | 樹林鎭黃純青（臺大黃得時教授之令先翁）、王百祿、王希達、李石鯨、土城王少濤等所倡。社員有臺北劉克明、蔡信其，桃園葉連三、羅舜卿、呂郁文、羅守寬、林麗卿、黃國棟，板橋鍾上林，苑裡鄭聰楫，大甲莊雲從，新竹魏清德等。因社員散處四方，乃由值東出題，函示各地會員，限期交詩，托詞宗評選，謄錄函寄社員，以資攻玉。後因聯絡不易，二年後即告中輟。部份社員後來加入瀛社。 |
| 光緒三十二年 | 一九〇二 | 臺南縣 | 南社 | 蔡國琳、連雅堂等 | 士紳蔡國琳、趙鍾麒、謝石秋、連雅堂等邀集同志所創。爲南臺詩社中堅。 |
| 宣統元年 | 一九〇九 | 臺北市 | 瀛社 | 洪以南 | 臺日記者謝汝銓、林湘元（臺南市人）倡設瀛社，共推洪以南爲社長，謝汝銓副之，望風掛籍者一百五十餘人。陣容浩大，雄冠全島，臺日報漢文版復鼓吹之，自是詩幟高標，主盟北臺風騷。民國十年，主辦第一屆全省詩人大會，至者百人，此後自北而南，五州輪值。時首任文官總督田健治郎，素喜吟詠，翌日設吟樽於鈴閣，徧邀中日詩人，自吟七絕一章，使座間次韻，得詩編《大雅唱和集》。自是每開詩人大會於臺北，當任 |

| | | | | | |
|---|---|---|---|---|---|
| | | | | | 總督輒宴與會者於官邸。 |
| 宣統三年 | 一九一一 | 嘉義縣 | 羅山吟社 | 白玉簪 | 嘉義白玉簪等創立羅山吟社，設有例會，月恆數次雅集，可與昔日東吟社媲美，然時過境遷，民國十二年乃合於嘉社。 |
| | | 高雄縣 | 鳳岡吟社 | 林靜觀、李冰壺等 | 由林靜觀、李冰壺等邀集地方人士所組成。 |
| | | 嘉義縣 | 羅山吟社 | 蔡汝璧<br>陳梅峰<br>陳錫如 | 蔡、陳等三人邀集地方人士所創立，時假文石書院開擊鉢吟會。 |
| 民國元年 | 一九一二 | 桃園縣 | 桃園吟社 | 簡若川 | 簡若川等人邀集地方人士所創。常與臺北之瀛社、新竹之竹社聯吟。 |
| | | 臺南縣 | 嶼江吟社 | 吳萱草<br>王炳南<br>王大俊<br>等 | 社員均爲北門嶼人，故名「嶼江吟社」 |
| 民國三年 | | 宜蘭縣 | 仰山吟社 | 林星樞 | 宜蘭市林星樞邀集地方人士所創。時與後來在頭城與羅東所成立的「登瀛吟社」、「東明吟社」及蘇澳詩人聯吟。 |

| | | | | | |
|---|---|---|---|---|---|
| | | 臺中市 | 黎江吟社 | 簡揚華 | 簡揚華邀集地方人士所創。 |
| | | 臺南縣 | 蘆溪吟社 | 王炳南<br>王大俊 | 王炳南、王大俊於民國三年自北門移居將軍鄉蘆溪邊，廣募社員而成立。 |
| 民國四年 | 一九一五 | 臺北市 | 研社 | 張純甫、林述三等 | 張純甫、林述三、歐劍窗、駱香林、林仰生、吳夢周、李騰嶽、陳潤生、蔡三恩等所創立。社址設於林述三之礪心齋書房，社員均以「癡」字為別號。 |
| | | 嘉義縣 | 玉峰吟社 | 王殿沅 | 民國四年，嘉義市王殿沅等，邀集地方人士所創。稱盛一時。 |
| | | 臺南市 | 春鶯吟社 | 洪坤益等 | 南社青年社員洪坤益、王芷香、陳逢源、吳子宏等，創立「春鶯吟社」，取「春鶯出谷」之意。洪坤益為當時擊缽能手，十五年後，曾與王開運等創刊「三六九小報」。 |
| 民國五年 | | 嘉義縣 | 青年吟社 | 賴子清 | 嘉義市民賴子清，網羅當地及各地流寓之青年所創立。 |
| 民國六年 | 一九一七 | 臺北市 | 芸香吟社 | | 民國六年，臺北醫學校（今臺大醫學院前身）之省籍學生，糾合同志所創立。作品刊於該校校友會雜誌。社員皆受高等教育，多富詩才，畢業回鄉創業，均為騷壇重鎮。其後又有「嘯洋吟社」 |

| | | | | | |
|---|---|---|---|---|---|
| | | | | | 、「杏社」等成立，然作品不傳，爲芸香吟社之繼起。 |
| | | 彰化縣 | 大冶吟社 | 施家本、莊太岳等 | 重陽節，鹿港籍櫟社詩人施家本、莊太岳等，邀集地方人士所創立。 |
| 民國七年 | 一九一八 | 臺中縣 | 鰲西吟社 | 蔡惠如 | 清水鎮櫟社社員蔡惠如、陳基六，邀集地方人士所創立。時與櫟社舉行櫟鰲聯吟。 |
| 民國八年 | 一九一九 | 雲林縣 | 芸社 | 黃文陶 | 西螺鎮黃文陶、廖學昆等邀集地方人士所創。以赤心報國爲懷抱。次年改稱「菼社」。 |
| | | 嘉義縣 | 尋鷗吟社 | 方輝龍 | 嘉義市民方輝龍邀集地方人士所創立，創立五周年改稱「鷗社」。 |
| | | 臺南縣 | 竹橋吟社 | 陳峻聲 | 七股鄉陳峻聲邀集地方人士所創立。 |
| 民國九年 | 一九二〇 | 雲林縣 | 菼社 | 黃文陶、廖學昆等 | 民國八年所創之芸社，因社員激增，乃改稱菼社；因西螺一帶多產「菼」（鹹草）而名，取其中實而赤，寓意詩人應率眞不諱，丹心報國。 |
| | | 嘉義縣 | 朴雅吟社 | 楊近樗 | 朴子鎮人楊近樗邀集地方人士而創。 |
| | | 嘉義縣 | 崙峰吟社 | 廖心鶴 | 朴子鎮廖心鶴繼朴雅吟社後所創。 |

| | | | | | |
|---|---|---|---|---|---|
| | | 臺南市 | 西山吟社 | 陳璧如等 | 西山書店陳璧如邀集許子文、林連卿、謝少楷等所創。民國二十五年樹「詩魂碑」於開元寺旁，今猶存。 |
| | | 高雄市 | 旗津吟社 | 陳梅峰 | 陳梅峰集其學生陳皆興、董石福、陳春亭、鎮海龍等創立旗津吟社。隔二年又率女弟子創「蓮社」。 |
| 民國十年 | 一九二一 | 基隆市 | 小鳴吟社 | 張一泓<br>蔡凝雲 | 基隆市張一泓、蔡凝雲等邀集地方人士所創。十五年改組爲網珊吟社。 |
| 民國十年 | 一九二一 | 臺北市 | 天籟吟社 | 林述三 | 稻江礪心齋書房林述三，集門人所創立。每星期六於礪心齋書房舉行擊缽吟會。其後社員又繼起成立「劍潭吟社」、「松鶴吟社」等。 |
| 民國十年 | 一九二一 | 臺北市 | 劍樓吟社 | 趙一山 | 板橋趙一山懸壺於稻江永樂市場邊，設劍樓書房，誘掖後學，每年仲冬，師生共祀孔子盛典，禮成開同窗會，並作文字飲。該社不重課題或擊缽，專作詩學指導，故門下濟濟多士。 |
| 民國十年 | 一九二一 | 桃園縣 | 以文吟社 | 吳榮棣 | 中壢吳榮棣邀集地方人士所創立。取「以文會友」之意。 |
| 民國十年 | 一九二一 | 彰化縣 | 香草吟社 | 許存德 | 二林許存德、許稼秋等，邀集地方人士所創。 |

| | | | | | |
|---|---|---|---|---|---|
| | | | | 許稼秋 | |
| 民國十年 | 一九二一 | 雲林縣 | 斗山吟社 | 張淮、林訓承等 | 斗六鎭張淮、林訓承等邀集地方人士所創。 |
| 民國十年 | 一九二一 | 嘉義縣 | 鶯社 | 蔡文忠 | 布袋鎭蔡文忠等，邀集地方人士所創。六年後附設讀書會，於社址購置各種詩集，以供吟友切磋。 |
| 民國十年 | 一九二一 | 屏東縣 | 東港詩社 | 林玉書 | 東港林玉書邀集地方人士所創。 |
| 民國十年 | 一九二一 | 臺東縣 | 寶桑吟社 | 鄭品聰等 | 臺東鎭鄭品聰、吳木德、賴英俊等邀集地方人士所創立。 |
| 民國十一年 | 一九二二 | 臺北市 | 淡北吟社 | 林冠文 劉得三 | 臺北市「國語（日語）學校」教諭劉得三與塾師杜冠文所共設。社員半爲瀛社吟友，半爲林冠文學生。 |
| 民國十一年 | 一九二二 | 彰化縣 | 大成吟社 | 吳澄江 吳冬青 | 大成鄉吳澄江、吳冬青等，邀集地方人士所創立，以鄉爲名。 |
| 民國十一年 | 一九二二 | 雲林縣 | 汾津吟社 | 曾席珍 | 北港鎭曾席珍邀集地方人士所創立。 |
| 民國十一年 | 一九二二 | 臺南縣 | 新柳吟社 | 沈森其 劉明哲 | 新營沈森其、柳營劉明哲，廣邀二庄詩人，共同創立。二庄輪値擊缽吟會。 |

| | | | | | |
|---|---|---|---|---|---|
| 民國十一年 | 一九二二 | 臺南縣 | 月津吟社 | 蔡哲人 | 嘉義玉峰吟社社員蔡哲人，退休歸故里鹽水，設培英塾，專授詩文。並於民國十一年重九日，與蔡和泉、張水波等創社。翌年加入嘉社。 |
| 民國十一年 | 一九二二 | 高雄市 | 蓮社 | 陳梅峰、蔡旨禪等 | 陳梅峰於民國九年創旗津吟社之後，隔二年又集門下女弟子蔡旨禪、蔡月華等十二人，創立蓮社，爲本省最初設立之閨秀詩社。 |
| 民國十一年 | 一九二二 | 高雄市 | 鼓山吟社 | 鮑樑臣 | 鮑樑臣集地方人士陳丁科、蔡鶴儀等創立。 |
| 民國十二年 | 一九二三 | 臺北縣 | 臺北鐘社 | 林景仁<br>林熊祥 | 板橋林景仁歸自金臺，其從弟林熊祥歸自滬上，閒時常邀蘇菱槎、莊瘦民、王貽瑄等人，作文字飲，專作詩鐘，創臺北鐘社，時時雅集。社規甚嚴，拈題之後不許查閱任何書籍。 |
| 民國十二年 | 一九二三 | 臺北市 | 聚奎吟社 | 陳廷植 | 臺北市陳廷植，以訓蒙爲業，設聚奎吟社，社員均爲入門弟子。係爲純粹門徒詩社，期月會集，擊缽催詩，吟題諱涉政事。社址設於稻江陳氏家祠。 |
| 民國十二年 | 一九二三 | 新竹縣 | 耕心吟社 | 鄭家珍 | 新竹市鄭家珍集其門下所設。 |
| 民國十二年 | 一九二三 | 臺中市 | 中州吟社 | 王卿淇 | 臺中市王卿淇邀集地方人士所創。 |

| | | | | | |
|---|---|---|---|---|---|
| 民國十二年 | 一九二三 | 臺中縣 | 樗社 | 林少英 | 櫟社詩人林少英所創，辦理中嘉南聯吟會，會後即行解散。 |
| 民國十二年 | 一九二三 | 臺中縣 | 白沙吟社 | 楊英梧 | 大甲鎮楊英梧邀集地方人士所創立。 |
| 民國十二年 | 一九二三 | 嘉義縣 | 竹音吟社 | 陳春林、周文俊等 | 澎湖陳春林設帳於義竹鄉，與周文俊等十三人共立詩社。義竹鄉多竹，乃以「竹音」爲名。不置社長，周文俊綜理社務。擊缽課題由社員輪值，月會兩次，宿題一次。 |
| 民國十二年 | 一九二三 | 嘉義縣 | 鷇音吟社 | 林翰堂 | 新港鄉林翰堂邀集地方青年所創立。鷇音即雛鳥破殼將出之聲，取其初學之意，以勗勉青年。 |
| 民國十二年 | 一九二三 | 臺南市 | 桐侶吟社 | 吳子宏 | 臺南南社耆舊漸次凋零，青年吟友乃效春鶯吟社之例，另創桐侶吟社，於同裕當舖，取「同裕」之諧音。社長吳子宏，顧問王芷香、趙劍泉、洪鐵濤，社員二十餘員。 |
| 民國十二年 | 一九二三 | 高雄縣 | 三友吟會 | 陳錫如等 | 澎湖宿儒陳錫如設帳於高雄，廣邀旗津吟社、東港研社、屏東礪社，共設三友吟會。 |
| 民國十二年 | 一九二三 | 屏東縣 | 屏山吟社 | | 屏東市舊城庄之地方人士所創立。 |
| 民國十三年 | 一九二四 | 臺北縣 | 雙溪吟社 | 周步蟾 | 周步蟾設於雙溪鄉。 |

| | | | | | |
|---|---|---|---|---|---|
| 民國十三年 | 一九二四 | 臺北縣 | 平溪吟社 | 周步蟾 | 周步蟾設於平溪鄉 |
| 民國十三年 | 一九二四 | 桃園縣 | 陶社 | 邱世濬<br>陳子春 | 端午節桃園龍潭之邱世濬與新竹關西陳子春，邀集兩地人士共創陶社。社址在龍潭，每週末召開吟會，稱「週末吟會」。 |
| 民國十三年 | 一九二四 | 桃園縣 | 崁津吟社 | 呂博琪 | 是年乞巧節，大溪呂博琪集其門生創社。月開擊缽吟會，由社員輪值，地方人士入會者漸多。民國二十年改稱南雅吟社。 |
| 民國十三年 | 一九二四 | 桃園縣 | 東興吟社 | 葉連三 | 是年詩人節，八德鄉葉連三邀集地方人士所創立。 |
| 民國十三年 | 一九二四 | 嘉義縣 | 岱江吟社 | 周鴻濤<br>等 | 布袋鎮地處海濱，青年學子求教無門，民國十三年元旦，周鴻濤、蔡漁笙、蔡元亨等人乃邀集同志創社，敦聘名師指導後學。 |
| 民國十三年 | 一九二四 | 臺南市 | 留青吟社 | 謝少楷 | 謝少楷邀集門人創社，取留名青史之意，律、絕、詩鐘並授。 |
| 民國十三年 | 一九二四 | 高雄市 | 萍香吟社 | 陳春林 | 澎湖宿儒陳春林設帳於高雄，邀集澎湖及高雄地方人士創社。社員多屬萍水相逢，故以「萍香」爲名。因社員散處，會集匪易，乃以通信徵詠。 |
| 民國十三年 | 一九二四 | 屏東縣 | 礪社 | 尤和鳴<br>蘇維吾 | 屏東市尤和鳴、蘇維吾等邀集地方人士創社。取砥礪切磋之意。 |

| | | | | | |
|---|---|---|---|---|---|
| 民國十四年 | 一九二五 | 新竹縣 | 青蓮吟社 | 鄭香圃等 | 鄭香圃、鄭玉田、江尚文、黃植三等人所創立。 |
| 民國十四年 | 一九二五 | 南投縣 | 南陔吟社 | 張玉書 | 南投鎮張玉書邀集地方人士所創。 |
| 民國十四年 | 一九二五 | 雲林縣 | 雲峰吟社 | 林庚宿 | 斗山吟社之社員林庚宿集當地青年，另立雲峰吟社。社員半爲斗山吟友，故可視爲斗山吟社之餘脈。 |
| 民國十五年 | 一九二六 | 宜蘭縣 | 登瀛吟社 | 吳祥輝、陳子經等 | 頭城鎮吳祥輝、陳子經等邀集地方人士所創立。 |
| 民國十五年 | 一九二六 | 基隆市 | 網珊吟社 | 張一泓、蔡癡雲等 | 原小鳴吟社改組。 |
| 民國十五年 | 一九二六 | 基隆市 | 復旦吟社 | 顏受謙 | 基隆市顏受謙本爲「網珊」社員，因志趣不合而另立。 |
| 民國十五年 | 一九二六 | 基隆市 | 月曜吟社 | 李石鯨 | 網珊社員李石鯨集其保粹書房門生，另立月曜吟社，每週一舉行擊缽，指導門下作詩。 |
| 民國十五年 | 一九二六 | 臺中市 | 怡社 | 吳子渝 | 櫟社社員吳子渝，邀集地方人士在其怡園創社。 |

| | | | | | |
|---|---|---|---|---|---|
| | | | | | 參與者頗多櫟社社友。 |
| 民國十五年 | 一九二六 | 彰化縣 | 興賢吟社 | 黃溥造 | 員林黃溥造，邀集地方人士所創立。 |
| 民國十五年 | 一九二六 | 高雄市 | 苓洲吟社 | 陳皆興 | 苓雅區陳皆興邀集地方人士所創。 |
| 民國十六年 | 一九二七 | 臺北縣 | 寄廬吟社 | 洪夢華 | 瑞芳鎮崁腳洪夢華邀集地方人士所創。 |
| 民國十六年 | 一九二七 | 臺北縣 | 灘音吟社 | 陳定國等 | 汐止鎮陳定國、李朝芳等，邀集地方人士所創。每年舉行數次擊缽吟會。汐止原有「峰峙灘音」之名，爲淡北八景之一，乃以「灘音」爲社名。 |
| 民國十六年 | 一九二七 | 臺北縣 | 貂山吟社 | 張廷魁 | 雙溪鄉張廷魁邀集地方人士所創。因地臨三貂嶺，乃名。後曾與「奎山」、基隆「大同」、及頭城「登瀛」吟社輪值聯吟。 |
| 民國十六年 | 一九二七 | 臺北市 | 松社 | 陳復禮 | 松山陳復禮邀集松山、七堵、內湖等地人士創立。 |
| 民國十六年 | 一九二七 | 苗栗縣 | 栗社 | 彭袒興等 | 苗栗彭袒興、鄒子襄與黃運寶、運和、運元三昆仲創立栗社。大湖之湖光吟社聞風亦來合併，社員遂有百餘人，主持苗栗騷壇。 |
| 民國十六年 | 一九二七 | 苗栗縣 | 南洲吟社 | 鄭鷹秋 | 竹南鎮鄭鷹秋邀集地方人士創立。民國二十六年，改稱「薰洲吟社」。 |

| | | | | | |
|---|---|---|---|---|---|
| 民國十六年 | 一九二七 | 彰化縣 | 聚鷗吟社 | 王養源等 | 是年中秋節，鹿港王養源、王成業、施性湍等人，每見前輩吟詠，心殊嚮往，乃邀同志施澄江共同創立。每週例會並課題，兼設書畫研究部，互相切磋。 |
| 民國十六年 | 一九二七 | 臺南市 | 錦文吟社 | 張文選 | 張文選邀集同志所創。 |
| 民國十七年 | 一九二八 | 臺北縣 | 樹林吟社 | 黃得時 | 樹林天籟吟社同人黃得時，邀集地方人士所創立，時與天籟吟社聯吟。 |
| 民國十七年 | 一九二八 | 雲林縣 | 斗南吟社 | 李雲從等 | 斗南李雲從、李茂炎、陳銘津邀集當地青年所創立。 |
| 民國十七年 | 一九二八 | 嘉義縣 | 笑園吟社 | 張進國 | 溪口張進國邀集地方人士所創。笑園爲張氏別業，乃名社。 |
| 民國十七年 | 一九二八 | 臺南縣 | 虎溪吟社 | 王則修 | 新化鎮王則修邀集地方人士所創。取「虎頭碑」之地爲名。 |
| 民國十七年 | 一九二八 | 臺南縣 | 綠社 | 高澄秋 | 是年重陽節，麻豆鎮高澄秋邀集地方人士所創。其後與白鷗吟社共設曾北聯吟會。 |
| 民國十八年 | 一九二九 | 基隆市 | 晶社 | 廖藏奎 | 廖藏奎邀集地方人士所創。 |
| 民國十八年 | 一九二九 | 基隆市 | 鐘亭 | 張一泓 | 基隆張一泓邀集地方人士及臺北縣瑞芳蔡清揚等 |

| | | | | | |
|---|---|---|---|---|---|
| | | | | | 人共設「鐘亭」，專作詩鐘。兩年後又立「大同吟社」。 |
| 民國十八年 | 一九二九 | 臺北縣 | 奎山吟社 | 吳如玉 | |
| 民國十八年 | 一九二九 | 新竹縣 | 讀我書吟社 | 葉文樞 | 晉江葉文樞設帳於新竹市，集其門人所創立。每月集會二次。 |
| 民國十八年 | 一九二九 | 臺中市 | 東敦吟社 | 蔡天弧 | 蔡天孤邀集地方人士所創立。邀請櫟社社員張笏山、林仲衡、王了庵、傅鶴亭等人，分別爲其顧問或社員。 |
| 民國十八年 | 一九二九 | 彰化縣 | 鐘樓 | 王養源 施瀧如 | 鹿港聚鷗吟社之王養源、施瀧如等共創立。專作詩鐘，每夜假雪濤齋刻燭競詩，以繼斐亭韻事。 |
| 民國十八年 | 一九二九 | 彰化縣 | 芸香室吟社 | 王養源 | 王養源設帳於鹿港玲瓏閣，創立「芸香室吟社」。時女弟子黃碧玟等均能詩，每逢十五夜，邀大冶、聚鷗、湖社諸友聯吟。 |
| 民國十八年 | 一九二九 | 高雄縣 | 旗峰吟社 | 蕭乾源 | 蕭乾源邀集地方人士所創立。二十四年，與美濃諸吟友設立旗美聯吟會。 |
| 民國十九年 | 一九三〇 | 臺北市 | 猗蘭吟社 | 黃贊鈞 | 臺北大龍洞聖廟，改建第一期工程竣工，推黃贊鈞爲駐廟管理，發刊《崇聖道德報》，宣揚聖教，刊行初期，黃贊鈞倡設崇聖會猗蘭吟社。社名 |

| | | | | | |
|---|---|---|---|---|---|
| | | | | | 取諸琴曲「猗蘭操」。 |
| 民國十九年 | 一九三〇 | 桃園縣 | 磋玉吟社 | 梁盛文 | 中壢市梁盛文、劉世富、古清雲等，邀集地方人士所創立。以文吟社，社員參加者甚多。 |
| 民國十九年 | 一九三〇 | 彰化縣 | 蘭社 | 魏國楨 | 魏國楨邀集地方人士所創立。 |
| 民國十九年 | 一九三〇 | 嘉義縣 | 揖子吟社 | 楊嘯天 | 東石鄉揖子寮楊嘯天、黃傳心、林眠雲等，邀集地方人士所創立。二十七年併入朴雅吟社。 |
| 民國十九年 | 一九三〇 | 嘉義縣 | 連玉詩鐘社 | 李德和 | 嘉義市李德和女士與蘇孝德、陳景初等，創社於李氏之琳瑯山閣，專作詩鐘。其後又增設書、畫、棋、樂會，極力提倡正當娛樂。 |
| 民國十九年 | 一九三〇 | 臺南縣 | 浣溪吟社 | 王滄海 | 善化王滄海、蘇建琳等邀集地方人士所創立。 |
| 民國十九年 | 一九三〇 | 臺南市 | 秀英吟社 | 石儷玉等 | 石儷玉、蔡碧吟等女士邀集當地閨秀所創立。社員全爲女性，與高雄蓮社爲全省僅有之二女性會員吟社。 |
| 民國十九年 | 一九三〇 | 高雄縣 | 鳳毛吟社 | 歐烱庵 李夢霞 | 鼓山吟社歐烱庵設帳於紅毛港，創立紅毛港青年研究會，專授詩文。福建李夢霞設帳於鄰村大林蒲，創立大林蒲青年研究會。兩會時而聯吟。於民國十九年合併爲一，稱「鳳毛吟社」。 |
| | | | | | |

| | | | | | |
|---|---|---|---|---|---|
| 民國十九年 | 一九三〇 | 澎湖縣 | 小瀛吟社 | 陳世英 | 陳世英、吳爾聰等邀集地方人士所倡立。 |
| 民國二〇年 | 一九三一 | 基隆市 | 華僑鄞江吟社 | 李紹蓮等 | 寓居基隆市華僑李紹蓮、黃景岳等所創立，事務所設於黃氏寓所。社員爲散佈全省之華僑。 |
| 民國二〇年 | 一九三一 | 基隆市 | 大同吟社 | 張一泓 | 張一泓於民國十八年與瑞芳蔡清揚等人，共設鐘亭，專作詩鐘。復於二十年設立大同吟社，時與瑞芳、暖暖、四腳亭之詩人聯吟。 |
| 民國二〇年 | 一九三一 | 臺北市 | 天籟劍潭分社 | 陳鐓厚 | 原天籟吟社社員陳鐓厚於劍潭寺設劍潭分社。其後日政府拆遷劍潭寺於大直，乃與天籟吟社合併。 |
| 民國二〇年 | 一九三一 | 臺北市 | 文山吟社 | 高文淵等 | 景美高文淵、張瀛洲等所創立，社員大半爲永豐煤礦公司職員。未及一年，社員星散。 |
| 民國二〇年 | 一九三一 | 桃園縣 | 南雅吟社 | 呂傳琪 | 原大溪崁津吟社於民國二十年，因入社者漸多，而改稱「南雅吟社」。 |
| 民國二〇年 | 一九三一 | 桃園縣 | 新鶯吟社 | 徐清祿 | 桃園徐清祿邀地方人士所創立。取「新鶯學囀，期待將來」之意。 |
| 民國二〇年 | 一九三一 | 新竹縣 | 竹林吟社 | 謝森鴻 | 新竹謝森鴻邀集地方人士共七人創立竹林吟社，仿竹林七賢而名。 |
| 民國二〇年 | 一九三一 | 臺中市 | 華僑同鄉 | 劉子源 | 由臺中市華僑劉子源、劉晶珊、劉智遠等，邀集 |

| | | | | | |
|---|---|---|---|---|---|
| | | | 吟社 | 等 | 當地華僑所創立。 |
| 民國二〇年 | 一九三一 | 彰化縣 | 書德吟社 | 張振元 | 芬園鄉張振元邀集當地張姓人士創立。 |
| 民國二〇年 | 一九三一 | 嘉義縣 | 六桂吟社 | 蔡清福 | 義竹鄉蔡清福、翁宜蘭等邀集地方人士創立。 |
| 民國二〇年 | 一九三一 | 嘉義縣 | 新鷗吟社 | 蔡清福 | 布袋鎮新塭蔡清福邀集地方人士所創立。 |
| 民國二〇年 | 一九三一 | 嘉義縣 | 石社 | 黃三緘等 | 東石鄉黃三緘、黃傳心、黃謙容等，邀集地方人士創立。 |
| 民國二〇年 | 一九三一 | 屏東縣 | 臨溪吟社 | 許庚墻 | 九塊鄉許庚墻邀集地方人士創立。該地臨下淡水溪故名。 |
| 民國廿一年 | 一九三二 | 新竹縣 | 御寮吟社 | 戴還浦 | 竹北鄉舊港村戴還浦邀集地方人士創立。 |
| 民國廿一年 | 一九三二 | 新竹縣 | 來儀吟社 | 曾秋濤 | 鳳崗人曾秋濤，設帳當地，集其門人創立。取「鳳凰來儀」之意。 |
| 民國廿一年 | 一九三二 | 苗栗縣 | 蓬山吟社 | 陳聯玉等 | 苑裡鎮陳聯玉、王清淵、陳南輝等，邀集地方人士創立。 |
| 民國廿一年 | 一九三二 | 苗栗縣 | 篁聲吟社 | | 竹南鎮民禮聘四川名儒設帳當地，其門人邀集地方人士創立。 |

| | | | | | |
|---|---|---|---|---|---|
| 民國廿一年 | 一九三二 | 彰化縣 | 菱香吟社 | 尤瑞等 | 溪湖鎮尤瑞、陳瑞記、何策強邀集地方人士創立。 |
| 民國廿一年 | 一九三二 | 嘉義縣 | 淡交吟社 | 何木火等 | 嘉義市何木火、李詩全邀集地方人士創立。社址設於何氏中央福客寓。 |
| 民國廿一年 | 一九三二 | 高雄市 | 壽峰吟社 | 高市青年 | 高雄市青年所創立，延聘鮑樑臣指導詩學。 |
| 民國廿二年 | 一九三三 | 臺北縣 | 同勵吟社 | 王子清 | 臺北縣七堵王子清等，邀集當地及基隆人士創立。取「共同勉勵」之意。 |
| 民國廿二年 | 一九三三 | 臺北市 | 北臺吟社 | 歐劍窗 | 劍樓吟社趙一山弟子歐劍窗設帳於稻江城隍廟附近，集其門人創立潛社。民國二十二年改稱「北臺吟社」。歐氏素好演劇，嘗糾合同志，創立「星光演劇研究社」，並自組「鐘聲劇團」，鼓吹民族思想，全省巡迴公演，招致日本政府之注意，民國三十四年，將其投獄拷死。 |
| 民國廿二年 | 一九三三 | 新竹縣 | 南瀛吟社 | 羅南溪 | 關西鎮羅南溪，邀集地方人士創立。 |
| 民國廿二年 | 一九三三 | 臺中縣 | 榕杜 | 蔡衍三 | 沙鹿鎮蔡衍三，邀集地方人士創立。 |
| 民國廿二年 | 一九三三 | 彰化縣 | 淬礪吟社 | 徐天甫等 | 端陽，鹿港徐天甫、許文奎等，邀集地方人士創立。 |

| | | | | | |
|---|---|---|---|---|---|
| 民國廿二年 | 一九三三 | 南投縣 | 東洲吟社 | 柯鐵 | 南投市柯鐵邀集地方人士創立。 |
| 民國廿二年 | 一九三三 | 雲林縣 | 鄉勵吟社 | 黃篆 | 北港黃篆、曾人杰等，邀集當地青年創立。旨在鼓勵青年作詩。 |
| 民國廿二年 | 一九三三 | 臺南縣 | 學甲吟社 | 莊松柏 | 學甲鄉莊松柏、謝斐元等邀集地方人士創立。 |
| 民國廿二年 | 一九三三 | 高雄市 | 高崗吟社 | 陳國樑 | 陳國樑、黃少川等邀集地方人士創立。 |
| 民國廿二年 | 一九三三 | 高雄市 | 屏嵐吟社 | 吳紉秋等 | 高雄市左營地近翠屏山，風光清絕。翠屏夕照，爲鳳山八景之一，吳紉秋、林仁和於民國二十二年邀集地方人士創「屏嵐吟社」。 |
| 民國廿三年 | 一九三四 | 宜蘭縣 | 東明吟社 | 江夢華 | 羅東鎮江夢華邀集地方人士創立。 |
| 民國廿三年 | 一九三四 | 臺北縣 | 鷺洲吟社 | 李種玉等 | 蘆洲鄉李種玉、李聲元、謝尊五等，邀集地方人士創立。 |
| 民國廿三年 | 一九三四 | 臺北市 | 仿蘭亭吟社 | 蔡石奇等 | 萬華蔡石奇、陳子敬等，以龍山寺爲擊鉢中心，創立仿蘭亭吟社，仿晉永和年間山陰蘭亭故事。 |
| 民國廿三年 | 一九三四 | 新竹縣 | 大新吟社 | 藍華峰 | 新埔鄉藍華峰邀集地方人士所創。 |
| 民國廿三年 | 一九三四 | 臺中市 | 萍社 | 林石峰 | 臺中市林石峰邀集地方人士所創。 |

| | | | | | |
|---|---|---|---|---|---|
| 民國廿三年 | 一九三四 | 彰化縣 | 螺溪吟社 | 陳子授 | 北斗陳子授、許燕汀等，邀集地方人士所創。 |
| 民國廿三年 | 一九三四 | 雲林縣 | 共同吟社 | 黃明鉗 | 臺西鄉黃明鉗邀集地方人士創立。 |
| 民國廿三年 | 一九三四 | 臺南縣 | 明仁吟社 | 葉明吉 | 鹽水鎮葉明吉、陳守葉等，邀集地方人士創立。 |
| 民國廿三年 | 一九三四 | 臺南縣 | 登雲吟社 | 郭朝等 | 佳里鎮郭朝、曾煥彰等，邀集地方人士創立。 |
| 民國廿三年 | 一九三四 | 臺南市 | 雞林吟社 | 吳紉秋 | 吳紉秋、張華珍等，邀集初學者創立。 |
| 民國廿三年 | 一九三四 | 高雄市 | 壽社 | 宋義男 | 宋義男邀地方人士創立。 |
| 民國廿三年 | 一九三四 | 高雄市 | 瀨南吟社 | 許君山 | 許君山、施子卿等邀集地方人士創立。 |
| 民國廿三年 | 一九三四 | 高雄市 | 雄州吟社 | 盧耀廷 | 鼓山盧耀廷邀集地方人士創立。 |
| 民國廿三年 | 一九三四 | 澎湖縣 | 文峰吟社 | 鮑迪三等 | 馬公鎮鮑迪三、陳光亮、鮑弼臣等，邀集地方人士創立。與西瀛、小瀛吟社鼎足而三。 |
| 民國廿四年 | 一九三五 | 臺北縣 | 滬江吟社 | 鄭水龍 | 淡水鎮鄭水龍於自宅邀集地方人士創立。 |
| 民國廿四年 | 一九三五 | 新竹縣 | 柏社 | 張純甫 | 新竹市張純甫所創，社員多半爲其門人，作品以「堅白屋」、「世第三孝人家」名義，刊於報端。 |
| 民國廿四年 | 一九三五 | 嘉義縣 | 龍江吟社 | 邱拔山 | 布袋新厝子，舊名龍江庄，邱拔山、蔡笑峰等邀 |

| | | | | | |
|---|---|---|---|---|---|
| | | | | 等 | 集地方人士創立詩學研究社。後改名龍江吟社。 |
| 民國廿四年 | 一九三五 | 臺南縣 | 淡如吟社 | 蘇太虛 | 善化鎮蘇太虛、林玉壺等，邀集地方人士創立。 |
| 民國廿四年 | 一九三五 | 臺南縣 | 將軍吟社 | 吳丙丁 | 將軍鄉吳丙丁、吳王印等，邀集地方人士創立。 |
| 民國廿四年 | 一九三五 | 屏東縣 | 溪山吟社 | 李子儀 等 | 新園鄉越溪村李子儀、吳顯宗等，邀集地方人士創立。 |
| 民國廿五年 | 一九三六 | 臺北縣 | 鼎社 | 張廷魁 吳如玉 張一泓 | 係由貂山吟社、奎山吟社及基隆大同吟社合組而成，由大同吟社發起。其後頭城登瀛吟社亦來加盟，每年四季輪值聯吟，春由大同，夏值貂山，秋屬奎山，冬歸登瀛。 |
| 民國廿五年 | 一九三六 | 臺北市 | 松鶴吟社 | 賴獻瑞 施學樵 | 天籟社員賴獻瑞集其門人施學樵等，創松鶴吟社於其私塾道南堂，聘林述三爲顧問。 |
| 民國廿五年 | 一九三六 | 臺北市 | 稻艋詩鐘會 | 許廷魁 高文淵 等 | 稻江許廷魁、施教堂，萬華高文淵、駱子珊等創立。 |
| 民國廿五年 | 一九三六 | 臺中縣 | 富春吟社 | 廖柏峰 | 豐原鎮廖柏峰邀集地方人士創立。 |
| 民國廿五年 | 一九三六 | 彰化縣 | 道東書院吟社 | 黃文熔 等 | 和美鎮黃文熔、許幼樵等創書社於道東書院。 |

| | | | | | |
|---|---|---|---|---|---|
| 民國廿五年 | 一九三六 | 南投縣 | 櫻社 | 陳占峰等 | 埔里鎮陳占峰、邱榮習等，邀集地方人士創立。並設漢文研習會，聘儒師課授詩文。 |
| 民國廿五年 | 一九三六 | 雲林縣 | 彬彬吟社 | | 北港人士所創立。 |
| 民國廿五年 | 一九三六 | 嘉義縣 | 白水吟社 | 李笑林 | 布袋鎮李笑林等，邀集地方人士創立。 |
| 民國廿五年 | 一九三六 | 嘉義縣 | 麗澤吟社 | 蔡如生等 | 端陽節，羅山吟社蔡如生、鷗社黃南勳、詹鎮卿等，邀集當地青年創立麗澤吟社，研究詩學。 |
| 民國廿五年 | 一九三六 | 臺南縣 | 白鷗吟社 | 吳萱草 | 北門鄉原有蘆溪、竹橋、學甲、登雲、將軍等五吟社，各社吟友會商擬創一全郡性之詩社，白鷗吟社因而產生。吳萱草任社長，王炳南、王大俊爲顧問。 |
| 民國廿五年 | 一九三六 | 臺南縣 | 竹林詩學研究會 | 郭良榮 | 西港鄉竹林村郭良榮邀集地方人士創立。 |
| 民國廿五年 | 一九三六 | 高雄縣 | 藏修吟會 | 林靜觀 | 鳳山林靜觀邀集同志，創立藏修吟會，取「蘊藏進修，不敢炫耀」之意，社員均以「修」字爲號。 |
| 民國廿五年 | 一九三六 | 屏東縣 | 新和吟會 | 薛玉田 | 屏東市薛玉田、蘇維吾等，邀集地方人士創立。 |
| 民國廿六年 | 一九三七 | 臺北縣 | 讀古山莊 | 陳望遠 | 稻江中醫師陳望遠，經營金礦業於瑞芳鄉九份。 |

| | | | | | |
|---|---|---|---|---|---|
| | | | | 李石鯨 | 本年，基隆塾師李石鯨，館於其家，常與地方人士聚於陳氏之讀古山莊，拈題鬥韻，日久積稿漸多，乃以讀古山莊之名刊登。 |
| 民國廿六年 | 一九三七 | 新竹縣 | 聚星詩學研究會 | 徐錫玄等 | 新竹市徐錫玄等邀集地方人士創會。課題與擊鉢吟並重。 |
| 民國廿六年 | 一九三七 | 新竹縣 | 鋤社 | 曾東農 | 由原設鳳崗之來儀吟社改組。 |
| 民國廿六年 | 一九三七 | 苗栗縣 | 中南吟會 | 陳阿金 | 竹南鎮陳阿金、鄭啓賢等，邀集地方人士創立。 |
| 民國廿六年 | 一九三七 | 苗栗縣 | 龍珠吟社 | 黃祉齋 | 後龍鎮黃祉齋、陳如璧等，邀集地方人士創立。 |
| 民國廿六年 | 一九三七 | 臺中市 | 中州敦風吟會 | 林幼春 傅鶴亭等 | 中部詩人林幼春、傅鶴亭等邀集中部詩人創社，社員皆爲詩壇名流。該社實爲櫟社之後勁。 |
| 民國廿六年 | 一九三七 | 南投縣 | 梅社 | 莊南峰等 | 埔里鎮莊南峰、林再添、林水河等，邀集地方人士創立。 |
| 民國廿六年 | 一九三七 | 南投縣 | 集賢吟社 | 劉維新 | 集集鎮劉維新邀集地方人士創立。 |
| 民國廿六年 | 一九三七 | 臺南市 | 珊社 | 林紫珊 | 林紫珊邀集女弟子朱麗貞等創立。 |
| 民國廿六年 | 一九三七 | 臺南市 | 聽濤吟社 | 洪坤益 | 洪坤益、吳子宏等邀集地方人士創立。 |

| | | | | | |
|---|---|---|---|---|---|
| 民國廿六年 | 一九三七 | 屏東縣 | 屏東詩會 | 陳家駒等 | 屏東市陳家駒、薛玉田等邀集全市吟友創會，附近詩人，網羅殆徧。 |
| 民國廿七年 | 一九三八 | 臺北縣 | 萍聚吟社 | 蕭水秀 | 瑞芳蕭水秀創社，因金瓜石產金，淘金客四方來歸，聚散如萍，乃名。 |
| 民國廿七年 | 一九三八 | 屏東縣 | 東林吟會 | 黃靜淵等 | 黃靜淵、蕭永東、陳寄生等，倡議合組東港、林邊兩地之吟會，乃以兩地爲名。 |
| 民國廿八年 | 一九三九 | 基隆市 | 曉鐘吟社 | 黃昆榮等 | 黃昆榮、黃景岳、張一泓等又立曉鐘吟社，詩鐘律絕並課，爲大同吟社之另一生力軍。 |
| 民國廿八年 | 一九三九 | 臺北縣 | 碧潭吟社 | 張碧峰 | 新店明治煤礦礦主張碧峰邀集陳烏龍、高火木、卓周鈕等創社。 |
| 民國廿八年 | 一九三九 | 臺北市 | 龍文詩會 | 高文淵 | 萬華高文淵、駱子珊，稻江林清敦、鄭文治等，以萬華龍山寺、稻江培文詩閣爲中心創會。取龍山寺之「龍」字，培文之「文」字爲名。 |
| 民國廿八年 | 一九三九 | 彰化縣 | 應社 | 陳滿盈 | 彰化市陳滿盈邀集地方人士創社。 |
| 民國廿八年 | 一九三九 | 屏東縣 | 潮江吟社 | 黃福全等 | 潮洲鄉黃福全、尤鏡明、陳雍堂等邀集地方人士創社。 |

| | | | | | |
|---|---|---|---|---|---|
| 民國廿九年 | 一九四〇 | 新竹縣 | 柏社同意吟會 | 洪曉峰 | 洪曉峰邀集地方人士創立。社員泰半爲柏社社員。 |
| 民國廿九年 | 一九四〇 | 彰化縣 | 聲社 | 林振聰<br>周定山 | 林振聰、周定山邀集彰化地方人士創立。 |
| 民國廿九年 | 一九四〇 | 彰化縣 | 新聲吟社 | 蔡梓材<br>施西江<br>等 | 蔡、施二氏等邀集地方人士創立。 |
| 民國廿九年 | 一九四〇 | 彰化縣 | 洛江吟社 | 莊幼岳<br>許一鵬 | 鹿港莊幼岳、許一鵬等邀集地方人士創立。 |
| 民國廿九年 | 一九四〇 | 屏東縣 | 興亞吟社 | 林又春<br>等 | 林邊鄉林又春、陳寄生、陳添加等邀集地方人士創社。 |
| 民國卅年 | 一九四一 | 臺中縣 | 墩山吟社 | 張九疇<br>等 | 豐原鄉張九疇、林其圍、魏錦標等所創立。豐原舊稱葫蘆墩，因以墩山名社。社員泰半爲初學者。 |
| 民國卅年 | 一九四一 | 南投縣 | 集萍吟社 | 蕭紹弓 | 水裡坑詩人蕭紹弓所創立。當地山明水秀，景色宜人，能詩者多屬流寓，萍水相逢，興致尤高，乃以「集萍」爲社名。 |
| 民國卅年 | 一九四一 | 嘉義縣 | 鯤水吟社 | 李笑林 | 布袋李笑林邀集地方人士創社。 |

| | | | | | |
|---|---|---|---|---|---|
| 民國卅年 | 一九四一 | 臺南市 | 集芸詩學研究會 | 方國琛等 | 方國琛、高天厚等邀集市內初學青年創立。 |
| 民國卅年 | 一九四一 | 高雄市 | 在山吟社 | 蔡玉修 | 蔡玉修、林望南邀地方人士創社。 |
| 民國卅年 | 一九四一 | 高雄市 | 高雄市吟會 | | 是年世局混亂，各社吟友星散，旗津、苓洲、鼓山、高崗、壽峰、壽社、在山等八社之主持人聚議，共設此會，以維社局。 |
| 民國卅年 | 一九四一 | 高雄市 | 鯤社 | 陳錫如 | 陳錫如邀集地方人士創立。 |
| 民國卅年 | 一九四一 | 屏東縣 | 二酉吟社 | 張其生連祖芬等 | 里港鄉張其生、連祖芬等邀集地方人士創社。 |
| 民國卅一年 | 一九四二 | 新竹縣 | 竹風吟社 | 高華袞 | 新竹市高華袞、洪曉峰等邀集地方人士創立。 |
| 民國卅一年 | 一九四二 | 新竹縣 | 新竹朔望吟會 | 新竹之各社 | 是年，由於戰事，新竹各社幾頻瓦解，熱心人士乃倡議合組一大社，每月朔望集會聯吟。 |
| 民國卅一年 | 一九四二 | 臺南市 | 臺南市詩會 | 吳子宏等 | 臺南市吳子宏、方國琛等邀集市內各社吟友開擊缽吟會於開元寺，成立臺南市詩會；是延平詩社之前身。 |
| 民國卅一年 | 一九四二 | 高雄縣 | 岡山吟社 | 李劍峰 | 岡山李劍峰邀地方人士創立。 |

| | | | | | |
|---|---|---|---|---|---|
| 民國卅一年 | 一九四二 | 高雄市 | 鵬社 | 曾大 | 左營曾大邀集地方人士創立。 |
| 民國卅二年 | 一九四三 | 桃園縣 | 大東吟社 | 劉石富等 | 中壢市劉石富、黃坤松、謝雷明等邀集地方人士創立。以文吟社社員來參加者甚多。 |
| 民國卅二年 | 一九四三 | 嘉義縣 | 小題吟會 | 賴惠川等 | 嘉義市賴惠川、賴柏舟、譚瑞貞等邀集地方人士所創立。詩詞並行。 |
| 民國卅二年 | 一九四三 | 屏東縣 | 蕉香吟室 | 鄭玉波 | 林邊鄉鄭玉波、林榮祥等邀集地方人士所創立。 |
| 年代不詳 | | 宜蘭縣 | 蘭社 | 連碧榕 | |
| 年代不詳 | | 宜蘭縣 | 敏求吟社 | | 社址位於宜蘭市，創立者不詳。 |
| 年代不詳 | | 宜蘭縣 | 光文社 | | 創立者不詳。 |
| 年代不詳 | | 宜蘭縣 | 羅東吟社 | 江夢華 | |
| 年代不詳 | | 臺北縣 | 鶯社 | | 址設鶯歌鎮，創立者不詳。 |
| 年代不詳 | | 臺北縣 | 淡社 | | 址設淡水鎮，創立者不詳。 |
| 年代不詳 | | 臺北縣 | 櫻社 | | 址設新莊鎮，創立者不詳。下同 |

| | | | | | |
|---|---|---|---|---|---|
| 年代不詳 | | 臺北縣 | 萃音吟社 | | |
| 年代不詳 | | 臺北縣 | 瀛東小社 | | 詠霓詩社之部份社員所創立。 |
| 年代不詳 | | 臺北市 | 汲古書屋吟社 | | 創立者不詳。下同。 |
| 年代不詳 | | 臺北市 | 捲簾軒吟社 | | |
| 年代不詳 | | 臺北市 | 榆社 | | |
| 年代不詳 | | 臺北市 | 雙蓮吟社 | | |
| 年代不詳 | | 臺北市 | 芝蘭吟社 | | 址設士林，創立者不詳。 |
| 年代不詳 | | 臺北市 | 嘯洋吟社 | | 臺北醫學校（今臺大醫學院）之省籍學生所創，爲芸香吟社之繼起。 |
| 年代不詳 | | 臺北市 | 杏社 | | 臺北醫學校之省籍學生所創，爲芸香吟社之繼起。 |
| 年代不詳 | | 臺北市 | 潛社 | 歐劍窗 | 北臺吟社之前身，趙一山之弟子歐劍窗集其門人設於稻江城隍廟附近。 |
| 年代不詳 | | 新竹縣 | 敦風吟會 | | 址設新竹市，創立者不詳。 |

| | | | | | |
|---|---|---|---|---|---|
| 年代不詳 | | 臺中縣 | 梧津吟社 | | 址設梧棲鄉，創立者不詳。 |
| 年代不詳 | | 苗栗縣 | 湖光吟社 | | 址設大湖，後與栗社合併，主持苗栗騷壇。 |
| 年代不詳 | | 臺中縣 | 豐源吟社 | | 址設豐原市，創立者不詳。 |
| 年代不詳 | | 臺中縣 | 霧峰吟社 | | 址設霧峰鄉，創立者不詳。 |
| 年代不詳 | | 臺中縣 | 大雅吟社 | | 址設豐原市，創立者不詳。 |
| 年代不詳 | | 臺中市 | 篁山吟社 | | 址設臺中市，創立者不詳。下同。 |
| 年代不詳 | | 臺中市 | 沙鷗吟社 | | |
| 年代不詳 | | 臺中市 | 碧山吟社 | | |
| 年代不詳 | | 臺中市 | 友聲吟社 | | |
| 年代不詳 | | 臺中市 | 他山吟社 | | |
| 年代不詳 | | 臺中市 | 一新詩文研究會 | | |
| 年代不詳 | | 臺中市 | 決勝吟社 | | 址設臺中市，創立者不詳。下同。 |

| | | | | | |
|---|---|---|---|---|---|
| 年代不詳 | | 彰化縣 | 白沙吟社 | 洪以倫 | 址設彰化市，下同。 |
| 年代不詳 | | 彰化縣 | 卦山吟社 | 陳渭雄 | |
| 年代不詳 | | 彰化縣 | 彰化吟社 | | 址設彰化市，創立者不詳。下同。 |
| 年代不詳 | | 彰化縣 | 麗澤會 | | |
| 年代不詳 | | 彰化縣 | 古月吟社 | | |
| 年代不詳 | | 彰化縣 | 白華吟社 | | |
| 年代不詳 | | 雲林縣 | 汾溪吟社 | | 址設北港鎮，創立者不詳。下同。 |
| 年代不詳 | | 雲林縣 | 民聲吟社 | | |
| 年代不詳 | | 雲林縣 | 西螺吟社 | | 址設西螺鎮，創立者不詳。 |
| 年代不詳 | | 嘉義縣 | 鴻社 | | 址設嘉義市，創立者不詳。 |
| 年代不詳 | | 嘉義縣 | 石津吟社 | | 址設東石鄉，創立者不詳。 |
| 年代不詳 | | 臺南縣 | 北門吟社 | | 址設北門鄉，創立者不詳。 |

| | | | | | |
|---|---|---|---|---|---|
| 年代不詳 | | 臺南縣 | 敦源吟社 | | 址設歸仁鄉，創立者不詳。 |
| 年代不詳 | | 臺南縣 | 新營吟社 | | 址設新營鎮，創立者不詳。 |
| 年代不詳 | | 臺南縣 | 青柳吟社 | | 址設柳營鄉，創立者不詳。 |
| 年代不詳 | | 臺南縣 | 溪心吟社 | | 社址、創立者不詳。下同。 |
| 年代不詳 | | 臺南縣 | 新雅吟社 | | |
| 年代不詳 | | 臺南縣 | 雅社 | | |
| 年代不詳 | | 臺南縣 | 靜修吟社 | | |
| 年代不詳 | | 臺南縣 | 振文吟社 | | |
| 年代不詳 | | 臺南市 | 崁南研究會 | | |
| 年代不詳 | | 臺南市 | 捲濤吟社 | 施梅樵 | 民國十三年左右，捲濤閣主人鹿港施梅樵在臺南市教授詩文時成立。 |
| 年代不詳 | | 高雄縣 | 美友吟社 | 曾廷論 | 址設美濃鎮。 |
| 年代不詳 | | 屏東縣 | 六和吟社 | 陳芳元 | 址設屏東市。下同。 |

| | | | | | |
|---|---|---|---|---|---|
| 年代不詳 | | 屏東縣 | 東山吟社 | 郭芷涵 | |
| 年代不詳 | | 屏東縣 | 東津吟社 | 蕭永東 | 址設東港鎮。 |
| 年代不詳 | | 屏東縣 | 研社 | | 址設東港鎮，創立者不詳。 |
| 年代不詳 | | 花蓮縣 | 蓮社 | | 址設花蓮市，創立者不詳。 |

# 第三章　明鄭及其以前之詩

## 第一節　荒服時期之歌謠

幾千年來，臺灣已有島民（山地同胞）居住，性格好勇善鬥，在亞熱帶之大自然中求生存，其歌謠簡單生動，反映出島民樸拙之生活與性格。

上淡水社力田歌：

此時係耕田之候，天今下雨，及時耕作，卜秋鋤草，好雨節次來了，播田明白好來飲酒。

力力社飲酒捕鹿歌：

來賽戲，種了薑，去換糯米，來釀酒，釀成好酒，請士官來飲酒，酒足後，去捕鹿，捕鹿回，復來賽戲。

放縩社種薑歌：

此時是三月天，好去犂園，不論男女老幼，同去犂園，好種薑，候薑出後再來飲酒。

這些歌謠，只有韻文的原始形式，沒有經過文人的藻飾，其農耕項目爲卜秩、犂田、鋤草、種薑，農暇入山捕鹿。此與中國史前先民生活方式，並無歧異。歌謠中可看出島民和諧合作，以及靠天吃飯之情形。又如：

蕭壠社種稻歌：

同伴在此，及時播種，要求降雨，保祐好年冬，到冬熟後，都須備祭品，到田間謝田神。

武洛社頌祖歌：

先時節，我祖先能敵傀儡，聞風可畏，如今傀儡尚懼，不敢侵越我界。

下淡水社頌祖歌：

請爾等坐聽，論我祖先如同大魚，凡行走必在前，何等英雄，如今我輩子孫不肖，如風隨舞，請爾等坐聽。

求雨謝神，皆爲中原先民早期之文化活動。其歌頌先祖，最特出者是先祖們能打敗敵人，使其不敢越界，一方面對做子孫者提出指責與反省，頗符合中國傳統文化精神。

## 第二節　明鄭以前之詩

### 一、唐施肩吾之澎湖詩

施肩吾〈島夷行〉與澎湖之關係，一直是被人爭論之問題。肩吾字希聖，浙江吳興人。

唐憲宗元和十年（八一五）進士，性好遊，爲詩奇麗，隱洪州之西山，終身不仕，著有《西山集》十卷。其〈島夷行〉詩首見於《全唐詩》。

島夷行：

腥臊海邊多鬼市，島夷居處無鄉里，
黑皮少年學採珠，手把生犀照鹹水。

南宋王象之《輿地紀勝》、明弘治三年黃仲昭《八閩通志》、光緒二十年之《澎湖廳志》，及《臺灣縣志》卷八、《鳳山縣志》卷十二、陳漢光《臺灣詩錄》，均將此詩首列，並題爲「澎湖嶼」。連橫《臺灣通史》、黃得時《臺灣文學史序說》、彭國棟《廣臺灣詩乘》，均曾引施肩吾曾率其族遷居澎湖事。李絜非民國三十四年版《臺灣》第五章「中國早期經營臺灣史略」云：「唐人施肩吾（第九世紀初）曾率人墾殖澎湖」，亦同引此詩爲證。

另有一說，認爲此詩所指非爲「澎湖」，而是鄱陽湖之小嶼者。近人梁嘉彬教授曰：「唐施肩吾題澎湖嶼一詩，係指今之江西鄱陽湖之小嶼而言，與今澎湖風馬牛不相及，前尤讀黃玉齋先生著臺灣史百講，於此頗有未加詳解，希爲一言，蓋施肩吾係終隱於鄱陽湖側之西山（今南昌山），其詩以在其所著之西山集（即南昌山集）內，施肩吾安知海外尚有澎湖列島也？至鄱陽湖之亦作澎蠡、澎澤、及澎湖等稱，但查辭海、辭源等書便可，若查江西通志更佳，今人不知中國有『同名異地』或『同地異名』之例，故每誤考也。」然根據其詩句所寫「海邊」、「黑皮少年」、「鹹水」考之，顯非指鄱陽湖。

按：肩吾性喜遊歷，清乾隆三年謝道承《重修福建通志》錄其送人南遊詩，曾提及「閩縣」、「泉州」等東南沿海地名。張籍〈再送肩吾東歸詩〉云：「知君本是烟霞客，被薦因來城闕間，世業偏臨七里瀨，仙遊多在四明山。早聞詩句遍人傳，難得科名到處閒。惆悵灞亭相送去，雲中琪樹不同攀。」四明山在鄞縣西南，距澎湖不甚遠，其或偶至澎湖，或僅聞風興詠，皆屬可能。又肩吾不僅以詩名，亦精道家言，故稱「華陽眞人」，後蜀何光遠《鑑戒錄》謂其及第後遊南楚，且有走山魅之事，則肩吾乃雲遊客也。固不可以肩吾隱洪州之西山，即指澎湖爲彭蠡。而漢人之抵澎湖可考者，最早爲隋大業中曾遣虎賁將陳稜略地至澎湖，則肩吾之抵澎湖並非全不可能。

但有一點値得一說，肩吾既係煙霞之客，又爲道家高人，中唐以降，時局雖非最好，神州尚多名山勝景可供隱居，史既稱肩吾隱於洪州，又何以會率其族人墾殖於偏處遠海之澎湖，此事殊不可能，錄此以待確考。

## 二、「舟人指點說流求」之詩

延平開臺之前，漢族人氏雖自宋、元時期已移居於澎、臺二地，然皆屬勞力百姓。而中土文士多未嘗登臨臺灣本島，當其遊踪抵達東南沿海，遙望海東之流求（臺灣），往往心存嚮往，於是有所吟詠以描寫之。較早者有宋代之陸游、元代乞臺薩理與洪希文。分述於左：

陸游，字務觀，號放翁。浙江紹興人。宋賜進士，官至樞密院編修。著有《南唐書》及

《劍南詩鈔》等等。其〈感昔〉詩云：

行年三十憶南游，穩駕滄溟萬斛舟。
嘗記早秋雷雨後，柁師指點説流求。

另有〈步出萬里橋門至江上〉詩云：

久坐意不懌，掩卷聊出遊。一笻吾事足，安用車與騶。浮生了無根，兩踵踏百州。常憶航巨海，銀山卷濤頭。一日新雨霽，微茫見流求。……。

遊自注云：「在福州泛海東望，見流求國。」按宋之流求，即今臺灣。

乞臺薩理，謚通敏。通佛學，元至元中任釋教部總統，後遷咨德大夫統制使，封趙國公。其〈送亨藏主歸朝〉詩頗涉東南諸域，所云「彭山」即指今之澎湖：

日輪起處海東頭，有國生林處九州。上古民風存彷彿，大唐佛法慕參求。七閩先向彭山住，兩浙親從定水遊。幾萬里程相思動，神龍應爲護歸舟。

洪希文，字汝賢，號玉華山人。元福建莆田人，官訓導，工詩，著有《續軒渠集》十卷。其〈題湄洲嶼聖墩妃宮〉詩有「……，平湖遠嶼天所劃，古廟不獨誇黃灣」之句，平湖遠嶼即今之澎湖。

王弼，字存敬，浙江黃巖人。明孝宗弘治三年（公元一四九〇）任福建興化知府。其〈海上點兵觀海有作〉詩云：

平生狹量等蝸牛，今日雞冠隘九州。大地茫茫寧有外，百川浩浩總歸流，雲收島嶼依稀見，日煖魚龍自在遊。極目大東青一點，問人云是小琉球。

鄭舜功，廣東新安人，明嘉靖間曾奉使諭日本國，返國後編撰《日本一鑑》行世。其〈萬里長歌〉中有「一自回頭定小東，前望七島白雲峰，或自梅花東山麓，雞籠上開釣魚目。延迴大小琉球曲，神光導引歸盤古。」並自注自金門經澎湖、臺灣、釣魚臺、琉球至日本之航海路線。詩中「雞籠山」即今大屯火山彙。

蕭崇業，字允修，浙江臨安人。明隆慶進士，由庶常授戶部給事，官至南京右僉都御史。與謝杰合著《使流求錄》。其〈見山謠〉有「平嘉嶺已踰，雞籠嶼安在？花瓶隱不浮，釣魚沉翠黛」句，詩中所指「平嘉嶺」，「雞籠嶼」、「花瓶」、「釣魚」，均係臺灣附屬島嶼。

以上諸家之詩，對臺灣之描述，均屬「舟人指點說流求（臺灣）」之性質，止於遠眺，而未近觀。

## 三、歌頌靖海武功之詩

明代中葉以後，臺灣倭患頻仍，神宗萬曆三十年（公元一六〇二）寧海將軍沈有容東征奏捷，武功鼎盛。閩、浙兩省之政要，紛紛以詩酬贈，歌頌之詩尤多。沈有容乃輯其詩名曰《閩海贈言》。足見明中葉以前中國人在東南沿海誇武揚威之情景。稍早，江蘇太倉人施德政於萬曆二十五年（公元一五九七），任南路參將，駐軍中左所（廈門），有〈征倭詩〉題壁於醉仙巖云：

偏師春盡度澎湖，聖主初分海外符。鼙鼓數聲雷乍發，舳艫百尺浪平鋪。爭傳日下妖氛惡，那管天邊逆旅孤……。

萬曆三十四年，李楷接任南路參將，有〈和前韻（征倭詩）〉亦題於醉仙巖壁云：

樗才自分老江湖，襪線深慚佩虎符。舳艦森森鯨浪靜，旌旗獵獵陣雲鋪。風生畫角千營壯，月照舟心一劍孤，主德未酬倭未滅，小臣何敢輒思鱸。

李楷之後，徐爲斌亦爲萬曆南路參將，駐中左所，亦和前韻，詩云：

閩南要行險澎湖，元將專擔靖海符。萬里艅艎瑩斗列，蔽空旗旆彩霞鋪。魚龍吞氣烟波定，蜃螘馳魂窟穴孤。天子綸音勤借箸，那思蓴菜與江鱸。

三位「參將」，武而能文，征倭史事，遂垂史冊。

征倭之詩，所涉止於澎湖，五年之後（即萬曆三十年，一六〇二）宣城沈有容，字士弘，時任浯嶼（即金門）總戎。臘月，率舟師至臺灣剿倭。以除夕班師。連江陳第從行，歸撰《東番記》及《舟師客問》。屠隆有《平東番記》，陳學伊有《題東番記後》。皆詳載此役。有容家世清華，而獨以武功著，慷慨好士，所交皆一時勝流，其征東番奏捷，諸友紛紛以詩賀誦。皆錄存於有容及其弟有則所編之《閩海贈言》中。此書久不傳世，後經方豪教授從日人求得，計文三卷詩二卷。其中林有標〈沈寧海將軍自淡水奏捷兩汛無警小詩賦贈〉云：

受降城築未經秋，搗穴宣威自淡流。一戰機神除虎豹，百年波靜臥貔貅。從知劍氣無前敵，果定天驕樹遠猷。投筆功名元不薄，竚看承寵拜封侯。

荷蘭人在明時稱紅夷，萬曆二十九年，據澎湖。沈有容諭退之，陳建勛有〈諭退紅夷詩〉以歌誦此事云：

艨艟百丈勢如山，矯汎揚帆泊海灣。黑齒紅毛驚異類，輕裘緩帶破愁顏。一尊立解他年釁，寸呑能教即日還。猶戀將軍眞感泣，無勞飛雁落弓彎。

沈有容《閩海贈言》所輯錄諸詩，可爲漢族經營臺澎海上諸役史事之重要參考資料。

## 四、敍述荷人行蹤之詩

荷人之據臺灣，雖志在略地互市，然不無開創之跡；蓋臺灣在荷人入侵之前，幾全爲榛狉之野，自荷人至，耕鑿闤闠，始有城廓宮室。《明史》雞籠及荷蘭列傳有載。高兆《固齋集》有〈荷蘭使舶歌〉云：

乙巳冬十月，鈴閣日清秘。撫軍坐籌邊，頗及荷蘭事。幕下盛才賢，共請窺其使。連騎出城隅，江聲來淵濞。橫流蔽大船，望之若山墜。千重列樓櫓，五色飄幡幟。飛廬環木偶，層檻含火器。畫革既彌縫，丹漆還塗塈。叩舷同堅城，連轡足馳騎。佇足望崇高，眞非東南利。某也亦賓客，絙藤許登跂。番兒候雀室，探首如鬼魅。攝衣升及半，火攻炫長技。煙霧橫腰合，雷電交足至。譯使前致詞，此其事大義。其上容千人，方車矧並轡。其人各垂手，周行若沉思。中央匱指南，樞紐浮天地。鐵軸夾其間，凌雲百丈植。七帆恒並張，八風無定吹。沓施如網羅，坐臥引猿臂。下觀空洞底，委積於焉寄。懸釜熾飲食，戴土滋種蒔。但可觀博厚，那能測遠邃。帕師亦國臣，逢迎慰臨蒞。坐我臥榻旁，氍毹足明媚。雕櫺障玻璃，懸桁垂卣觶。登笥云葡萄，洗箋注翡翠。高瀉成貫珠，傳飲勸霑醉。銀盤薦瓜蔬，風味頗浸漬。豈欲傾其釀，因之窮審視。

明明簪筆邊，半卷有文字。繪事江海跡，水道可大備。島嶼分微茫，山川入詳委。觀圖見飽藏，寧惟一驕恣。上馬大橋頭，目送增憂喘。嗚呼通王貢，詎可忘窺伺。周防勿逡巡，公其戒將史。颶去勢已形，禮義不足餌。

此詩備見荷人當時樓船之盛，武力之強，非中華所及。作者窺探結果，發現傳統之國防政策値得商討：「禮義不足餌」，可爲徒恃文治而忽略武功者戒。

高兆，號雲客，侯官人，諸生，爲清初閩中平遠臺十子之一，詩中所稱乙巳爲康熙四年，距鄭成功入臺才數歲，其時荷蘭使船尙徘徊於閩海，其意當不忘情於臺灣。鄭荔鄉稱雲客此詩見微知著，可作一篇籌邊策讀。

荷蘭曾於康熙六年入貢，其意欲藉淸廷之力，以規畫臺灣，兼爲互市之地；陳其年《湖海樓詩集》。有〈荷蘭國入貢歌〉，勞之辨《靜觀堂詩集》有〈荷蘭入貢詩〉，朝鮮使臣洪良皓於乾隆末來朝，有〈保和殿參宴見荷蘭貢使詩〉，皆載荷蘭入貢事。余文儀《續修臺灣府志》引《三藩紀事》云：「康熙元年，成功卒。二年，天子銳意南征，遣人約紅夷合力攻搗，大兵既入，兩島（按：指金、廈）之賊爛焉。」可知荷人曾有助清攻鄭之事。迨清平臺灣，荷人乃無所施其技，然猶不絕貢使。

## 第三節　明鄭時期之詩

自鄭成功收復臺灣，至鄭克塽降清，鄭氏經營臺灣計二十三年，即清順治十八年（明永曆十五年，一六六一年）至清康熙二十二年（明永曆三十七年，一六八三年），其對臺灣之影響，除民國三十四年由日本手中光復以後，別無倫比。最重要者：

一、漢族移民之有領導中心、有嚴密組織自此開始。

二、漢族高度文化之傳入，亦自此始。

三、臺灣漢族移民與大陸密切相關，從此開始。

四、漢族移民之領導土著族，由此開始。

漢族移民入臺，固可能始於宋、元時代，大批移民則自顏鄭來臺之後；惟移民之有領導中心，則在鄭成功收復臺灣以後。成功奉明正朔，足以招攬人心，尤其此時明室已亡，明末遺老紛紛依附鄭軍，文士耆儒跟隨來臺者大有人在。漢族之民族精神文化，亦隨之移植臺灣。當時避亂之士，心繫故國，憑弔山河，抒寫酬唱，語多激楚。永曆三十七年（一六八三）六月，清軍破澎湖，王孫貴胄，毅然殉節，慷慨赴義，永垂青史。就地緣而言，此一時期之活動範圍，金、廈而外，皆在澎湖與臺南。

## 一、寧靖王之絕命詞與五妃

寧靖王朱術桂，字天球，別號一元子。明太祖九世孫遼王之後。始授輔國將軍，永曆元年，帝令居鄭鴻逵軍中，二年復命監成功師。次年，成功已開府思明，禮待避亂宗室，術桂遂居金、廈，成功待以王禮，永曆十八年春三月，鄭經奉術桂來臺，築宮西定坊，供歲祿，術桂見臺灣初闢，土壤肥美，就萬年縣竹滬墾田數十甲，歲入頗豐，有餘則賜諸佃。已而，元妃羅氏薨，葬焉。術桂狀貌魁偉，美鬚眉，善文學，書尤瘦勁。承天（臺南）廟宇匾額多所題，至今寶之。三十二年，聞降將施琅請伐臺，鄭氏諸將無設備，輒暗自痛哭。三十七年（西元一六八三）夏六月，清軍破澎湖，克塽議降，術桂自以天潢貴胄，義不可辱，召妻妾而告曰：「孤不德，顛沛海外，冀保餘年，以見先帝先王於地下，今大事已去，孤死有日，若輩幼艾，可自計也。」皆泣。對曰：「殿下既能全節，妾等寧甘失身？王生俱生，王死俱死，請先驅狐狸於地下。」遂於六月二十六日，冠笄被服，同縊於室。於是術桂大書於壁曰：「自壬午（一六四二）流寇陷荊州，携家南下。甲申（一六四四）避亂閩海，總爲幾莖頭髮，保全遺體，遠潛國外，今已四十餘年，六十有六歲。時逢大難，全髮冠裳而死，不負高皇，不負父母，生事畢矣，無愧無怍。」次日，冠裳束帶，佩印綬，以寧靖王印交克塽，再拜天地列位祖宗之靈，招耆舊從容領別。附近老幼皆入拜，各以家財贈之。乃書〈絕命詞〉曰：

艱辛避海外，總爲數莖髮，

於今事畢矣，祖宗應容納。

書畢，自縊死，侍宦二人亦從死。臺人哀之曰：

王孫與北地爭烈矣！

自是明朔遂亡。越十日，葬之竹滬（今高雄湖內鄉湖內村），與元妃合，不封不樹。而姬妾別葬於承天郊外桂子山，臺人稱爲五妃墓；五妃者，袁氏、王氏、荷姑、梅姑、秀姐也。

清軍入臺後，施琅將寧靖王之宮宅改爲天妃宮，即今臺南市大媽祖廟。季麒光有〈題天妃宮〉詩。

永曆十八年，術桂渡臺，修屋，沈光文有〈題寧靖王齋壁〉詩：

修得一間屋，坐來身與閒。
夜深常聽月，門閉好留山。
但得棲息意，無嗟世路艱。
天人應共仰，愧我樂題蠻。

自術桂與五妃殉節，至今近三百年，其間騷人墨客或題其墓，或哀其事，「詩」不絕書。其節烈事跡，千古同悲，茲選列於下：

過寧靖王墓　宋永清

刮地西風古墓門，馬蹄衰草感王孫！
道旁密布桄榔樹，竹裏深藏番檨園。

滄海無情流夜月，乾坤有恨弔忠魂！
深秋尚有啼鵑血，十里紅花染泪痕。

按：宋永清，山東萊陽人，康熙四十三年，任鳳山知縣。善察民情，雅意文教，頗有宦績；工詩，著有《溪翁雜草》。見清周元文纂《重修臺灣府志》。

過寧靖王故宮　楊宗城

浮雲仰視亦須臾，長嘯從容合院徂。
臣節不磨天地老，世風雖遠紀綱扶。
西山叩馬兩高士，東海懸樑一丈夫。
自是求仁無怨悔，奚煩遺叟重嗟吁。

按：楊宗城，康熙間，福建同安人。見《臺灣縣志》。

弔殉五妃墓　施東慶

五妃殉節報明君，曠代流芳天下聞，
烈魄共吞東海月，英風齊撼西山雲。
啼残蜀帝心中血，拖盡湘靈水上裙。
塵土何干悲粉黛，一朝憂戚與誰分？

按：施東慶，康熙年間，臺灣諸生。見《鳳山縣志》

輓寧靖王詩　陳元圖

匿居文身學楚狂，飄零故國望斜陽。
東平百世思風度，北地千秋有耿光。
遺憾難消銀海怒，幽魂淒切玉蟾涼。
荒墳草綠眠孤兔，寒雨清明堪斷腸。

按：陳元圖，康熙間，浙江會稽人，著有《明寧靖王傳》，見清、劉良璧編《重修福建臺灣府志》。

## 寒食過五妃墓　何宜惜

寒煙衰草暗離披，隱隱高原見古碑。
謾說從人皆妾婦，應誇死義是男兒。
投繯不解王孫恨，奕世猶聞鬼子悲。（桂子山又叫鬼子山）
異域天荒開世運，五常還是五人持。

按：何宜惜，康熙間，福建惠安諸生。見清、陳文達纂《臺灣縣志》。

## 過寧靖王墓　郭必捷

萋萋芳草憶王孫，碧水丹山日照門。
弔月蟪蛄悲故府，號風松柏泣忠魂。
一枝聊借猶堪托，四海無家豈獨存。
歷盡艱辛逃絕域，但留正氣塞乾坤。

按：郭必捷，臺灣縣（今臺南）人，康熙四十八年歲貢，官福建寧祥訓導。見《臺灣縣志》。

輓寧靖王　　張方高

欲挽狂瀾媿弗勝，孤忠百折有誰朋？
酬恩一縷江天曉，脫跡兩間箕尾乘。
不汙汗青辜皦日，彌堅貞白謝高陵。
春秋大義昭今古，芳草萋萋氣厲稜。

按：張方高，康熙間諸生，見《臺灣縣志》。

寧靖王祠　　陳　輝

間關投絕域，遺廟海之濱。
古殿山雲暮，空堦野草春。
鴟鴞啼向客，杜宇咽迎人。
自立千秋節，英風起白蘋。

五妃墓　　陳　輝

精誠歸弟子，大節凜冰霜。
慷慨同千古，從容共一堂。

按：陳輝，字旭初，號明之；清乾隆三年（一七三八）臺灣縣舉人，善工文詩。見清、范咸《重修臺灣府志》。

五妃墓　張湄

瘞玉埋香骨未塵，五妃青塚草長春。

雲凝孤島魂相伴，直抵田橫五百人。

按：張湄，字鷺洲，號南漪，又號柳漁；浙江錢塘人。清雍正十一年進士，由詞垣改御史，乾隆六年（一七四一）巡視臺灣，嚴稽冒籍，校士公明，官至兵科給事中。工詩，有《瀛壖百詠》、《柳漁詩鈔》等著作。見范咸《重修臺灣府志》。

五妃墓　范咸

天荒地老已無親，肯爲容頻自愛身。

遙望中原腸斷絕，傷心不獨未亡人。

纍纍荒墳在海濱，魂消骨冷爲傷神。

須知不是經溝瀆，絕勝要離塚畔人。

又逢上已北邙來，宿草新澆酒一杯。

自古宮人斜畔土，清明可有紙錢灰？

田妃金鷙留遺穴，何以貞魂聚更奇？

三百年中數忠節，五人個個是男兒。

可憐椎髻文身地，小字人傳紀載新。

卻恨燕宮翻泯滅，英風獨顯費宮人。

按：范咸，字貞吉，號九池，浙江仁和人；清雍正元年（一七二三年）進士。十年，任巡臺御史，著有《婆娑洋集》，並纂《重修臺灣府志》。

**五烈墓** 朱仕玠

百年荒塚在，寧比玉鈎斜。
漫墮三春淚，驚摧五朵花。
瘴鄉空葬骨，絕海竟無家。
應化虞兮草，臨風共怨嗟。
遙念叢蒿地，王孫烈骨憑。
未能依竹滬，猶勝望西陵。
髣髴青螭駕，依稀赤豹乘。
佩璫紛侍從，愁霧夜長痴。

按：朱仕玠，字壁豐，福建邵武拔貢，清乾隆二十八年（一七六三）任鳳山縣教諭，翌年以丁內艱去。善文工詩，著有《小琉球漫誌》，士林稱道。

## 二、鄭氏父子之詩

鄭成功，初名森，字明儼，號大木（連橫《臺灣通史》云錢謙益字之曰大木）。福建南安石井人。父芝龍娶日本士人女田川氏，於天啓四年（一六二四）七月十四日出生。明福王在位時，入國子監肄業。隆武稱帝，賜姓朱；自此稱國姓爺。

成功少志學業，嘗執贄求學於虞山錢謙益（牧齋）之門，而問詩於徐孚遠（闇公），眷懷君國，望切中興。時借吟哦，以抒憂憤忠懇之志，唯流傳極少，連雅堂嘗嘆曰：「豈當玄黃之際，王之子孫閟而不發歟？」其五言雅近選體，七言直寫胸臆，不刻意求工，而忠義之氣溢於言表，作品收錄於《延平二王集》。

**春三月至虞謁牧齋師同孫愛世兄同遊劍門**：

西山何其峻，巉巖豎穹蒼。藤垂澗易陟，竹密徑微涼。烟樹綠野秀，春風草路香。喬木倚高峰，流泉挂壁長。仰看仙岑碧，俯視菜花黃。濤聲怡我情，松風吹我裳。靜聞天籟發，忽見林禽翔。夕陽在西嶺，白雲渡石梁。巘崿爭崚屼，青翠更蒼茫。興盡方下山，歸鳥宿池傍。

此詩寫於隆武元年（一六四五），成功二十二歲，純爲遊覽名勝之作，此時成功猶在「志於學業」階段，國仇家恨之苦痛尚未遭遇。乃能以悠閒之心情爲詩。十日之後復作一詩〈越旬日復同孫愛世兄遊桃源澗〉，桃源澗爲常熟之名勝，其師錢謙益評之曰：「聲調清越，不染俗氛，少年得此誠天才也！」同年，隆武被害，成功由一儒生，蛻變爲一「招討大將軍」、「罪臣國姓」。永曆十三年（西元一六五九）七月初旬，鄭成功率兵至南京城外，有〈出師討滿夷自瓜州至金陵〉詩：

縞素臨江誓滅胡，雄師十萬氣吞吳，試看天塹投鞭渡，不信中原不姓朱。

此詩猶對時局深具信心，另有成功自序云：「陳吏部逃難南來，始知今上幸緬甸，不勝悲憤；成功僻在一隅，勢不及救，抱罪千古矣」。又有詩云：

聞道吾皇賦式微，哀哀二子首陽薇。頻年海島無消息，四顧蒼茫淚自揮。

天以艱危付吾儔，一心一德賦同仇，最憐忠孝兩難盡，每憶庭闈涕泗流。

此詩應是寫於永曆十四年，「吾皇」係指永曆帝，「二子」係指督師瞿式耜、孫騰蛟。當時瞿、孫並未殉節，是成功不知其下落，乃出此語耳。第二首寫亂世之孤臣孽子，忠孝不能兩全之悲痛與盡忠之決心。另有〈無題〉詩一首，《延平二王集》未收，傳自日本平戶（成功出生地），此詩亦爲遊覽之作，與其遊劍門詩風調類似：

破屋荒畦趁水灣，行人漸少鳥聲閒。偶迷沙路曾來處，始踏苔岩常望山。樵户秋深知露冷，僧扉晝靜任雲關。霜林獨愛新紅好，更入風泉亂壑間。

成功之世子鄭經，乳名錦，字式天，號賢之，亦作元之。生於明思宗崇禎十六年（一六四三），卒於永曆三十五年（一六八一）正月，年三十九。十七歲隨父北征，成功歿，嗣王位，繼承抗清大業，經營臺灣，轉戰金、廈，雖未得償其志，然其耿耿忠心，足與乃父同垂不朽。經亦能詩，多涉史事，流傳不多，《延平二王集》錄有九首。

經於永曆十三年七月隨父北征，時年十七，至南京城外，遙望明孝陵，有〈痛孝陵失陷〉詩：

故國山河在，孝陵秋草深，寒雲自來去，遙望更傷心。

十七歲而有此詩，頗見氣節。另有〈滿酋使來，有不登岸、不易服之說，憤而賦之〉詩云：

王氣中原盡，衣冠海外留，雄圖終未已，日日整干戈。

兩百年後丘仙根詩「撐起東南天半壁，人間還有鄭延平。」對鄭氏二子延續明朝正朔有公正之描述。

經嘗讀張蒼水〈建夾宮詞〉（按：經誤稱爲「滿州宮詞」），並依其所聞滿州宮中之事續之云：

十二欄干月色鮮，百花爛漫自逞妍，昭陽殿裏妝初罷，喜道名王著意憐。

九王舊好漫相尋，椒室沉沉月色侵。宮監忽驚見故王，頻聞悲怨到更深。

元旦后王入廟門，深宮寂靜祀祆神，狂淫大像巍然立，跪畢登盤裸體陳。

亭亭婉嫕蕙蘭花，氈帳承恩莫謾誇，嚴詔忽頒俾骨醉，鐵牌前跪猶鞭撾。

經自序云：「讀張公煌言滿州宮詞，足徵其雜揉之實。李御史來東都，又道數事，乃續之。」此爲醜化清宮之事，自係意在洩憤耳。其仿古詩十九首之〈傚行行重行行〉、〈傚迢迢牽牛星〉、〈傚涉江采芙蓉〉頗爲溫柔蘊藉，錄一首以概其餘。

傚行行重行行：

昔與君別離，楊柳綠依依。今我來相思，雨雪已霏霏。歲月易如馳，音書一何稀。相隔萬餘里，何從知音徽。朝愁南浦雲，暮驚孤雁飛。思君寢不寐，皓月透素幃。中夜起躑躅，自屋霜四圍。芳年度華月，良人歸不歸。

## 三、海外幾社諸君子與明遺臣之詩

明末在閩、臺二地，與延平同心協力，力圖恢復明室諸臣中有王忠孝、盧若騰、沈佺期、張煌言、徐孚遠等人。其中盧、沈、張、徐爲「海外幾社六子」中之四子，王忠孝亦與之唱酬。連橫於《臺灣詩乘》云：

> 闇公（徐孚遠）寓居海上，曾與張尚書煌言、盧尚書若騰、沈都御史佺期、曹都御史從龍、陳光祿士京爲詩社，互相唱和，時稱海外幾社六子，而闇公爲之領袖。余讀其集，如贈張蒼水、沈復齋、辜在公、王愧兩、紀石青、黃臣以、陳復甫、李正青諸公，皆明季忠義之士而居臺灣者，事載通史。

### ㈠徐孚遠

徐孚遠，字闇公，晚號復齋。江蘇華亭人，明崇禎十五年（一六四二）舉於鄉。與邑人夏允彝、陳子龍結幾社。文章氣節彪炳一時，南都破，慨然而起，周旋義旅間，魯監國授左僉都御史。辛卯舟山破，從監國浮海入廈門，延平客之。初，延平在南京國學，嘗欲學詩於闇公，以是尤加禮敬。尋入覲永曆帝，失道安南，不得達而還，同延平入臺，延平亡，臺軍漸削，乃復入中土，卒於粵，完髮以終。遺著有《釣璜堂存稿》二十卷，收古今體詩二千七百多首，末附〈交行摘稿〉一卷，連橫選有《徐闇公詩鈔》一卷，編入《東寧三子詩錄》。

闇公交遊廣濶，復爲海外幾社六子之領袖，故其詩多爲唱酬之作，其對時局之感懷多寄託其中矣。

**桃花**：

海山春色等閒來，朶朶還如人面開；千載避秦眞此地，問君何必武陵回！

**春柳**：

閒吟澤畔弄春暉，不見牽絲作絮飛；可是閩南之絕地，應無攀摘送人歸！

咏桃花以武陵爲意，既入桃源，又復出山，自係時局縈心，不忍撒手不管也。至春柳之作，感慨極深。蠻荒瘴癘之鄉，人所不到，故柳亦無絮，而作者卻於此中流離，爲最後之奮鬥，其悲哀可知矣。

其〈送張宮保北伐詩〉曰：

上宰揮金鉞，還兵樹赤旗。留閩紓勝略，入越會雄師。制陣龍蛇繞，應天雷雨垂。一戎扶日月。群帥奉盤匜。冒頓殘方甚，淳維種欲衰。周時今大至。漢祚不中夷。賜劍深嗚躍，星精候指麾。兩都須奠鼎。十亂待非羆。煙閣圖形偉，般廷作楫遲。獨傷留滯客，落魄未能隨。

此詩係於永曆十四年張蒼水與鄭延平北伐時，闇公以詩贈之，盛贊張宮保北伐，稱爲「一戎扶日月，群帥奉盤匜」，其勢固壯，而「冒頓殘方甚」之情形，自不能無慮。

**贈曾則通**：

一自中臺折，僑居又幾春。病須枚叔發，家似史雲貧。故國風塵暗，遺編氣澤新。授逋雖各島，同是作逋臣。

曾則通，曾二雲之子。二雲名櫻，隆武時閣部，時對國計民生頗多建議。沈光文亦有〈東曾則通借米詩〉，是知當時諸遺老，時相往還矣。

闇公與王忠孝遊，有〈訪王愧兩先生〉、〈懷王先生〉、〈再懷王先生〉三次贈詩。其〈再懷王先生〉云：

生平二老髮俱華，執手徘徊歎路賒。適野於今方失道，臨河往日亦回車。清音未絕彈流水，紫氣全消感莫邪。相見勿言人世事，溪邊依舊種桃花。

中原板蕩，故國蒙塵，詩人之希望本寄託於鄭氏，而鄭氏竟不能如人意，世局日非，「相見勿言人世事，溪邊依舊種桃花。」其於「紫氣全消」失望之情，正是反映遺老莫可奈何之心情。

### (二)王忠孝

王忠孝，字長孺，號愧兩，福建惠安人。明崇禎元年（一六二八）進士，隆武元年，授兵部侍郎，總督軍務，已而福京被，延平郡王在廈門設諸賢館，禮待避難諸縉紳，時遺老多往來廈門，而忠孝與辜朝薦、沈佺期、盧若騰等皆爲座上賓，軍國大事，時詢問焉。永曆十八年（一六六四）忠孝與若騰東渡臺灣，鄭經厚待之，然不圖宦達，日與流寓諸人肆意詩酒，居臺四年而卒。遺作散見《惠安縣志》、《臺灣府志》中。

忠孝有〈感時〉、〈將赴紹興不果舟中作〉詩，述其早年遭遇與當時之感，而〈東寧友人貽丹荔枝十顆有懷〉，當係渡臺前，得臺人送荔枝而作，此詩載於高拱乾《臺灣府志》之藝文志，詩云：

海外何從得異果，於今不見已更年。色香疑自雲中落；苞葉宛然舊國遷。好友寄械嫌少許；老人開篋喜多緣。餘甘分啖驚新候，遙憶上林紅杏天。

荔枝一物，歷來爲無數人所喜愛，古今皆然。其色丹而艷，其味醇似蜜，香似花，難怪文人要大書特書矣。

忠孝之詩不多見，然友人與其唱酬之作卻不少，沈斯庵有〈謝王愧兩司馬見贈詩〉，徐孚遠之三贈詩，前已述及，其人緣之佳，可以想見矣。

### (三) 盧若騰

盧若騰，字閑之，一字海運，號牧洲，又號留菴，福建同安金門人。崇禎八年舉於鄉，十二年成進士。十三年授兵部主事，後遷浙江布政使。潔己愛民，興利除弊，兩郡士民有「盧菩薩」之謠。福王時召爲僉都御史。唐王立，授都察院右副都御史。後奉魯王監國，加兵部尚書。連氏《臺灣通史》盧傳云：「……，方是時，招討大將軍鄭成功開府思明，招徠遺老，若騰依之，禮爲上客，軍國大事，時諮問焉。永曆十八年春三月，與沈佺期、許吉燝等同舟入臺，至澎湖，遂寓太武山下（按：今湖西鄉），臨終，命題其墓曰：『有明自許先生盧公之墓』，年六十有六。嗣王經臨其喪，以禮葬於太武山南，今猶存。」著有《島居隨錄》、《島噫詩》。亡佚及未刊之著作尚有：《留菴詩文集》、《方輿互考》、《與畊堂執筆》、

《與畊堂學子》、《與畊堂印擬》、《島上閒情偶寄》、《浯洲節烈傳》等。

牧洲之墓今已湮沒，連氏《詩乘》、近人賴鶴洲著《古代詩文社》皆提及牧洲為海外幾社六子之一。其詩文甚多，泰半為詠史之作，頗有老杜風格。其〈殉衣篇為許爾繩妻洪氏作〉詩云：

> 妾為君家數月婦，君輕別妾出門走。從軍遠涉大海東，向妾叮嚀代將母。妾事姑嫜如事君，操作承歡毫不苟。驚聞海東水土惡，征人疾役十而九。猶望遙傳事未眞，豈意君訃播人口。茫茫白浪拍天浮，誰為負骨歸邱首。君骨不歸君衣存，攬衣招魂君知否。妾惟一死堪報君，那能隨姑長織留。死怨君骨不同埋，死願君衣永相守。骨可灰兮怨不灰，衣可朽兮願不朽。妾怨妾願只如此，節烈聲名妾何有。

此詩不假修飾，一片眞情，頗有古樂府之風。牧洲之詩多寫忠烈史實，對時局與民生之艱困，每抱悲天憫人胸懷，如〈番薯謠〉云：

> 番薯自番邦來，功均粒食亦奇哉。島人充飧兼釀酒，奴視山藥與芋魁。根蔓莖葉皆可啖，歲凶直能補天災。奈何苦歲又苦兵，徧地薯空不留荄。島人泣訴主將前，反嗔細事浪喧豗，加之責罰罄其財，萬家饑死孰肯哀？嗚呼！萬家饑死孰肯哀！

這是風土詩，最有史料價值。鄭氏入臺，以兵屯田，然兵亦有擾民情形，島民陳情，為損其財，雖未至萬家餓死，確為一時之弊。另有〈烏鬼〉詩，描述其所見之黑人，頗為有趣兼具歷史價值，詩云：

烏鬼烏肉烏骨骼，鬈髮旋捲雙眼碧。習沒鹹水啖魚蝦，腥臊直觸人鼻嗌。汎海商夷掠將來，逼令火食充廝役。輾轉鬻入中華土，得居時貴之肘腋。出則驅辟道上人，入則誰何門前客。濟濟衣冠誤經過，翩翩車蓋遭裂擘。此輩殊無驍勇材，不任戰鬥揮戈戟。獨以猙獰鬼狀貌，使人見之自辟易。厚糈豢養作爪牙，威嚴遂與世人隔。如此威嚴眞可畏，棄人用鬼亦可惜。

「烏鬼」即黑奴，黑奴在臺灣之記載，散見於官方志書及私人筆墨，多稱爲「烏鬼番」，亦即所謂「紅毛奴」也（稱荷蘭人爲紅毛）。此在外人著作中，曾有瓦連特（F. Varentyn）者，於一七〇〇年前半年，布教荷屬東印度各地，其記錄曾謂臺灣山地中有一種叫做「遮拉摩斯克」族黑人，這種黑人並不屬馬來系統云。

按：過去臺灣南部，曾有好幾處「烏鬼」遺跡。即「烏鬼井」，「烏鬼埕」，「烏鬼渡」，「烏鬼橋」，「烏鬼埔山」等。《臺灣縣志》云：「烏鬼井在鎭北坊，水源極盛，雖旱不竭。烏鬼，番國名，紅毛奴也。其人偏體純黑，入水不沉，走海而若平地。先是，紅毛命烏鬼鑿井，砌以菻茶，亦名菻茶井（按即林投）今改甃磚甓。舟人需水，咸取汲焉。」（余文儀《續修臺灣府志》同）

《臺南古跡志》云：「烏鬼埕在東安坊，爲烏鬼聚居之處。又有烏鬼渡，在鎭北坊，旁一井，亦烏鬼所鑿。烏鬼、即黑奴，非洲人，晳種隸而使之，以開闢荒裔，賤若牛馬。而臺灣烏鬼之跡，僅存其名，傷已！」這是臺灣愛國史家連雅堂所記，有考證，有論斷。

又，《臺灣縣志》謂：烏鬼橋「在永康里，烏鬼所築。後圮，里衆重建」。又謂：「烏鬼，即紅毛奴也。」

《鳳山縣志》謂烏鬼埔山在鳳山「縣東北十五里，與橫山綿續，相傳紅毛時，爲烏鬼居於此，今遺址尚存，樵採者常掘地得瑪瑙奇石諸寶，蓋荷蘭時所埋也。」

《鳳山採訪冊》云：「小琉球嶼天臺澳石洞，……相傳舊時烏鬼番聚族，後泉州人乘夜放火燔斃之。」

照上引文獻看來，烏鬼曾被稱爲國名、地名，又爲族名。而臺灣之有烏鬼，又偏於南部，且均在荷據時期。以烏鬼番活動地區，除鳳山外，都在橋梁、井泉附近，可知其爲荷人奴隸，似無疑義。而遠至小琉球嶼，亦有遺跡，當爲荷人去臺後所遺。至依上列記載而概括言之，則當時烏鬼番在臺分佈之地域，南面從小琉球嶼到鳳山之觀音里。北面從臺南城內及於永康里之間。其體質，爲皮膚黑色，頷下有異徵，慣于入水。而其遺物，則有瑪瑙珠、奇石等類之發見。（據昔時東港人洪占春之言，由小琉球嶼遺跡上獲得古土器片及白螺錢）另外，又有烏鬼番作爲荷人奴隸，及其中一部分曾被華人虐殺之說法。

牧洲於永曆十六年壬寅（一六六二）九月五日夜在家遇盜，有〈暴客行〉記之，其詩頗用散文句法：

青燈熒熒照讀書，暴客惠然入吾廬。吾廬蕭索何所有，兩篋敝衣盡贈渠。主人不恕客不喜，一場得失僅爾耳！人言廉士祇虛聲，今日幸有君知己。按劍相盼戲耶眞，我本非君之仇人。

壬寅年間，正是成功死後，明鄭內政最紛亂之時期。閩南又因永曆之崩，議復奉魯王監國；清藩院亦頻頻遣員至金、廈勸降。經濟方面，又因臺灣初闢，少生產多消耗，是故如牧洲之尊位，仍難免門庭蕭索。「主人不怒客不喜」，一則以所失僅為兩簍衣物，盜故不喜，一則以牧洲悲天憫人之胸襟，故主人不怒也。「人言廉士祗虛聲，今日幸有君知己」。平日無人有機會瞭解牧洲之窘困，今日終於讓偷兒了解，牧洲之豁達與風趣可見一斑。

## ㈣張煌言

張煌言，字玄著，號蒼水；浙江鄞縣人，與沈光文同鄉。明崇禎十五年（一六二四）舉人。從魯監國，為諸臣中武功最高、最為忠貞之人。監國敗，率殘兵數百飄海上，延平招之，至思明，表為兵部尚書。與成功合力抗清於東南沿海，一北一南交相輝映，極盡孤忠節烈。二人曾兩度會師，進兵長江，一在永曆十二年，遇風災而罷。一在永曆十三年，兵臨南京城下，因成功誤中清人緩兵之計，敗出長江，煌言則孤軍困於蕪湖，全軍覆沒，九死一生，跋涉千里，逃回海上。煌言志在進取，雖死無憾，成功取臺，以臺灣初定，休兵養士，暫無西進之意。煌言乃遣部將羅自牧（子木）赴東都，並遺書於王司馬忠孝、沈御史佺期、徐中丞孚遠，皆在延平軍中，請其同勸延平移師西指，未果。王薨，子經立，益鬱鬱不樂，遂散舊部，隱於浙江海上，為清吏所得，與健僕楊貫玉、愛將羅自牧同被執，慷慨授命，其墓在杭州南屏山麓。煌言生平善治兵，工詩文，著述甚多，且多關臺灣史事及鄭氏軍事，與沈佺期、盧若騰等結爲詩社，稱「海外幾社六子」。著《奇零草》四卷，徐孚遠嘗爲之序於廈門，後人將其著作輯爲《張蒼水全集》。

蒼水有關北伐詩有：〈王師北伐草檄有感〉、〈姑熟即下，和州無爲及高淳溧水溧陽建平盧江舒城含山巢縣諸邑相繼來歸〉、〈師入太平府〉、〈師次觀音門〉、〈師次蕪湖〉、〈驛書至偏師已復池州府〉、〈師入寧國時徽郡來降留都尚未克〉等詩。及延平之師敗于南京，蒼水亦自祁門山中走天臺入海，有〈生還四首〉。

王師北伐草檄有感：

似聞天地悔瘡痍，片羽居然十萬師，走檄故嫌阮瑀拙，射書正覺魯連遲。丸中但說明三表，麾下寧忘試六奇，要識遺民垂涕處，當年司隸有威儀。

姑熟既下和州無爲及高淳等邑相繼來歸：

千將一試已芒寒，赤縣神州次第安，建業山川吳帝闕，皖城戈甲魏軍壇。東來玉帛空胡虜，北望銅符盡漢官，猶憶高皇初定鼎，和陽草昧正艱難。

師次觀音門：

樓船十萬石頭城，鍾阜依然拱舊京，弓劍秋藏雲五色，旌旗夜渡月三更。中原父老還扶杖；絕塞山河自寢兵，不信封侯皆上將，前茅獨讓棄繻生。

生還：

落魄鬚眉在，招魂部曲稀，生還非眾望，死戰有誰歸。蹈險身謀拙，包羞心事違，江東父老見，一一問重圍。

張尙書力主西圖，對延平驅荷偏安之事，有〈感事四首〉以諷之：

箕子明夷後，還從徼外居；端然殊宋恪，終莫挽殷墟！青海浮天濶，黃山裂地虛。豈應千載下，摹擬到扶餘！

聞說扶桑國，依稀弱水東：人皆傳燕語，地亦闢蠶叢。華路曾無異，桃源恐不同。鯨波萬里外，倘是大王風！

田橫嘗避漢，徐福亦逃秦；試問三千女，何如五百人！槎歸應有恨，劍在豈無嗔！慚愧荊蠻長，空文採藥身。

古稱曰白狄，今乃記紅夷；蠻觸誰相鬥，雌雄未可知！鳩居初得計，蜃市轉生疑。獨惜炎洲路，春來斷子規。

陳漢光先生曰：「此詩反映鄭成功東渡驅荷，字裏行間，幾乎全部是譏諷之詠句。如果再以盧若騰當時作品，如『海東屯卒歌』等互相印證，即當時鄭成功之轉進臺灣，大部份反清復明志士均持反對意見。」另有〈得故人書至自臺灣二首〉亦持同樣態度，其次首云：

杞憂天墜屬誰支，九鼎如何繫一絲？鰲柱斷來新氣象，蜃樓留得漢威儀。故人尚感寒裳夢，老我難忘伏櫪詩。寄語避秦島山客，衣冠黃綺總堪疑！

蒼水在廈時曾命羅自牧致書延平，勸其罷兵，移師西指，再圖中原。延平未從，蒼水乃

有〈致書羅子木〉之詩云：

中原方逐塵，何暇問虹梁。欲攬南溟勝，聊隨北雁翔。颿帆天外落，蝦島水中央。應笑清河客，輸君是望洋。

永曆帝、魯監國、延平郡王相繼逝世，蒼水益棲遲無地，家國兩傷，有〈甌行志感〉、〈驚聞行在之變，正値虜庭逮余親屬，痛念家國，心何能已〉、〈悲憤二首〉、〈傳聞閩島近事〉及〈感懷兼悼延平王〉詩，其感懷云：

疑將威斗卻居延，捧罷珠盤事渺然，龍鬥幾人開具闕，鶴歸何處問芝田！引弓候月爭相賀，掛劍寒雲轉自憐。想到赤符重耀日，九原還起聽鈞天。

蒼水在廈時，與徐闇公、盧牧洲、王愧兩、沈復齋諸公相唱和，故其集中頗有贈答之什；而闇公亦有送張宮保北伐之詩，是其道義之交，寓於辭藻，固不以生死易節也。蒼水被執後，有〈述懷〉、〈放歌〉等詩，沉鬱悲壯，足與文山、石齋比烈。放歌云：

于嗟乎，滄海揚塵兮日月昏，神舟日沉兮陵谷崩。藐孤軍之屹立兮。呼癸呼庚。余憫此子遺兮。遂息機而寢兵。方壺員嶠兮。聊稅駕以埋名。神龍魚腹兮。罹此豫且之罾。余生則中華兮。死則大明。寸丹爲重兮。七尺爲輕。維彼文山兮。亦羈絏於燕京。黃冠故鄉兮。非余心之所馨。欲慷慨而自裁兮。既束縛而嚴更。學疊山以絕粒兮。奈群喙之相並。等鴻毛於一擲兮。何難談笑而委形。憶唐臣之嚙齒兮。甘鼎鑊其猶冰。念先人之踐土兮。愧忠孝之無成。繫嗣子之牢籠兮。痛宗祀之云傾。已矣夫。荀瓊謝玉兮。亦有時而凋零。余之浩氣兮。化爲風霆。余之精魂兮。變爲日星。尚足留綱常於萬祀兮。垂節義於千齡。夫何分孰爲國祚兮。孰爲家聲。歌以言志兮。肯浮慕乎箕子之貞。若以擬乎正氣兮。或無愧乎先生。

陳景鐘清波小志云：蒼水成仁前所著詩詞，貯一布囊，悉爲邏卒所焚，有遺在僧寺及民家者數篇，臨刑前占四語云：

我年適五九，偏逢九月七，大廈已不支，成仁事始畢。

最後兩句轉結，可知其臨死之心境。卒後，陳退庵（文述）《頤道堂集》有〈南屏弔兵部尚書張忠烈公煌言墓〉詩，敍蒼水事頗詳。曹莪岜曾於市中偶得張蒼水舊硯，亦有長詩足爲史家參考。陳文述詩曰：

甲申以後南都亡。魯王監國先唐王。錢沈兩公已前死。孤臣獨有滃洲張。公心奉魯兼和唐。丹忱耿耿惟高皇。頒詔通使禮所有。隆準支派皆天潢。魯王兵敗入閩境。誰其主者張名振。唐王前死鄭帥驕。餽饋惟修寓公敬。公心奉魯乃和鄭。海上聯軍軍始盛。終挾鄭師泝江上。一夕烽連京口鎭。上游郡縣紛來歸。控扼江楚橫旌旗。王師不來鄭不走。孝陵雲樹生光輝。豈料師熸挂帆去。江督屯兵扼歸路。孤軍無繼士卒散。夜走空山倦徒步。入險出險歸天臺。舊時部曲還歸來。桂王立滇名更正。監國去號歸祠姓。鄭師取臺休士卒。兩島孤懸待天命。滇中既陷蛟龍升。鄭帥繼死魯亦薨。從此孤臣更無望。痛哭天地悲山陵。散軍歸去居懸嶴。海上寒潮共悲嘯。昔爲匡山今首陽。古今忠義同憑弔。夜深故校潛縛公。從容就義全孤忠。門生參軍及舟子。感君忠義皆相從。

遺詩自愛青山色。思葬于墳岳墳側。可憐遭際視兩公。憑藉無資心更惻。沈公完節金陵城。歸骨無地悲同盟。錢公有墓在黃蘗。三忠海上垂其名。我尋公墓南屏下。朱鳥招魂淚盈把。長松風捲怒濤來。彷彿雲旗與風馬。

## 四、臺灣文獻初祖沈光文

沈光文，字文開，號斯庵，明末浙江鄞縣人。生於明神宗萬曆四十年（一六一二年），卒於清康熙二十五年左右（連橫《通史》云：卒於康熙二十七年），享壽約七十五歲。光文爲萬曆間文恭公一貫暨布政使九疇之族孫。少受家學，以明經貢太學。明代太學即國子監，光文初入北京國子監，後轉南京國子監。是時北都危急，人才集中江南，南京素爲講學論道砥礪名節之中心，至此更甚。崇禎十七年，福王即位南京，光文以明經參與楊文驄「畫江之師」。弘光元年五月八日，清兵乘霧渡江，文驄敗走蘇州。後隨鄭鴻逵，奉唐王入杭。六月十四日，杭州淪陷，光文乃返故里，與董志寧等拜刑部員外郎錢肅樂爲帥，集義旅數萬，扼守錢塘江南岸，迎立魯王監國，拜授太常博士。

未幾，清兵渡江，光文再奉魯王浮海，依張名振於舟山。是時，鄭芝龍立唐王於福州。清兵壓境，芝龍出降，族子鄭彩據廈門，並奉魯王監國入閩，光文參與琅江諸軍事。永曆元年（魯監國二年）晉光文工部郎中。永曆二年，閩師潰而北，扈從不及，閩粵中方舉事，乃走肇慶，累官太僕寺少卿。

永曆五年，由潮陽航海至金門，閩都李率泰方招徠故國遺臣，密遣使以書幣招之，光文焚其書、返其幣。時粵不可支，光文遂思卜居於泉之海口，挈家浮舟，過圍頭洋口，颶風大作，舟人失維，遂飄泊至臺灣。

當光文傳奇性地飄泊至臺時，荷人侵臺已二十八載，光文初抵臺灣居於何地，有何事蹟，文獻缺詳。唯載：「受一廛以居，極旅人之困。」當時僅有今之安平及臺南二處爲邑，是知光文居其一焉，當時由於郭懷一起義事件，加以成功北征失敗，頻傳征臺之謠，荷人戒備愈嚴，對我國移民之管制愈酷。光文以太僕寺少卿監軍潮陽，曾隸鄭部，荷人對其監視，當更嚴酷。光文羈留海外，同志之儔，才人罕遇。徒寂處於荒野窮鄉之中，混跡於雕題黑齒之社，爲避荷人怨嫌，日以登山問水，賦詩寄意，以抒旅中之困。自是音耗久絕，中土人士，亦無以知其生死者。

永曆十五年，成功克復臺灣，知光文在，大喜。以客禮見，贍文以田宅，而遺老亦多人入臺，各得相見爲幸。光文在臺教授生徒，又行醫。明鄭亡後，不及歸里，嘗自嘆曰：「吾廿載飄零絕島，棄墳墓不顧者，不過欲完髮以見先皇帝於地下爾。而卒不克，命也夫！」乃與流寓諸公無錫季麒光、鄭廷桂、華袞，金陵趙龍旋、林起元，福州陳鴻猷、翁德昌、何士鳳，會稽陳元圖，上虞屠士彥，泉州陳雄略，武林韋渡，宛陵韓又琦等結「東吟社」，爲臺灣詩社之始祖。裒而成集，所稱《福臺新詠》者也，卒葬於諸羅（今臺南善化）。後人居臺蕃衍成族，光文居臺三十餘年，目見荷蘭暨鄭氏三世盛衰，前此寓公，著述多佚於兵火，惟光文獨保天年，以傳斯世，海東文獻推爲初祖。著有《臺灣輿圖考》一卷、《草木雜記》一卷、《流寓考一卷》、《臺灣賦》一卷、《文開詩文集》三卷，乾隆間邑人全祖望刊印之於《甬上耆舊詩》。季麒光題其《雜記詩》云：「斯庵學富情深，雄於詞賦。浮沉於蠻煙瘴雨中者，二十餘年，凡登涉所至，耳目所及，無鉅細皆有記載。其間如山水，如津梁，如佛宇僧寮，禽魚果木，大者記勝尋源，小者辨名別類，斯庵眞有心人哉。」

又曰：

> 從來臺灣無人也，斯庵來而始有人矣；臺灣無文也，斯庵來而始有文矣。

實爲千古之論。民國二十六年陰曆正月初二日，善化街蘇東岳倡祭沈光文。爲臺灣詩人對沈光文之首次祭典。民國三十七年蘇東岳、洪調水、蘇建琳合併善化之浣溪社及淡如詩社爲「光文吟社」，並舉行第二回祭典。其祭文頗能道出光文生平：

> ……詩傳麗島，文獻臺瀛。焚書卻幣，不肯仕清，賦詩遭謗，變服爲僧。結茅隱逸，避世逃遁，重瞻天日，設帳授生。遺詩留賦，大啓文開……。

光文居臺前之詩甚多，然皆焚失，今存之詩皆係隆武以後之作品，共計一百零四首。（七言四十一首，五言六十三首）。隆武元年，光文追隨魯王，其後魯王入海，光文逃至普陀山，有〈普陀幻住菴〉詩云：

> 磬聲飄出半林聞，中有茅菴隱白雲。幾樹秋聲虛檻度，數竿清影碧窗分。閒僧煮茗能留客，野鳥吟松獨遠群。此日已將塵世隔，逃禪漫學誦經文。

此係文獻中較早之詩，其後之作品皆寫於閩、浙沿海及臺灣。綜觀其詩，有感時寄懷、反映艱苦生活、臺灣風物、與友人唱酬等，皆可見光文三十四歲（即隆武元年）後生平之一斑。

一、**感時寄懷**：光文自離開故鄉追隨魯王，渡海時寫〈感憶詩〉，思念子女。在顛沛流離時寫〈有感漫賦〉，在回鄉無望時，寫〈望月〉、〈歸望〉以排遣。

**感憶**：

暫將一葦向南溟，來往隨波總未寧。忽見遊雲歸別塢，又看飛雁落前汀。夢中尚有嬌兒女，燈下惟餘瘦影形。苦趣不堪重記憶，臨晨獨眺遠山青。

**有感漫賦**：

蒿徑難安仲蔚居，且同咄咄向空書。瞻天望切嗟無路，陟屺悲深悔絕裾。如鬼未堪譏謁者，寡親只合賦歸歟。飄搖風雨棲難定，豈是吾家乏敝廬。

**望月**：

望月家千里，懷人水一灣。自當安蹇劣，常有好容顏。旅況不如意，衡門亦早關。每逢北來客，借問幾時還。

**歸望**：

歸望頻年阻，徒歡夢舞斑。在原嗟鳥散，杖策效鱗攀。鏡裏頭多白，風前淚積殷。用堅飢餒志，壯士久無顏。

光文有〈感懷八首〉與〈隩草八首〉（戊戌仲冬和韻），其中五首相同，但尚有五十三字相異，皆寫其有家不得歸，觸景傷情之作。居臺十年，寫〈思歸六首〉，其二三云：

颯颯風聲到竹窗，客途秋思更難降。霜飛北岸天分界，月照家園晚渡江。荒島無薇增餓色，間庭有菊映新缸。夜深尋友沿溪去，怕叩柴門驚吠尨。

我貴何妨知我希，秋山閒看倚荊扉。濤聲細細松間落，雪影搖搖荻上飛。詩瘦自憐同骨瘦，身微卻喜共名微。家鄉昔日太平事，晚稻香新紫蟹肥。

詩同骨瘦，其病可知。晚稻香新，故鄉可念，此等詩不以辭勝，而情自深。

**二、艱苦歲月之反映**：光文飄泊至臺，受一廛以居，家無恆產，但以教授生徒度日，不足，則濟之以醫。其窮困情形，往往見諸筆墨。

有感：

所恨餓而不死，人情無怪其然。久當困厄知鬼，日逐清虛若仙。謂爾乘車可羨，嗟余彈鋏堪憐。從今只安時命，夫亦何敢怨天。

柬曾則通借米：

邇來乞食竟無處，饑則驅我亦不去。甑中生塵輿索然，飧風吸露望青天，窮途依人仍不足，自顧已忘榮與辱。何當稱子困餓啼，絕不欲我作夷齊。勉學魯公書新帖，呼庚未免爲臣妾，嗟！嗟！苦節尤難在後頭，一日不死中心憂。

盧若騰曾以朱薯贈光文，光文賦謝之云：

隔城遙望處，秋水正依依，煮石烟猶冷，乘桴人未歸。調饑思飽德，同餓喜分薇。舊德縈懷抱，於茲更不違。

**三、臺灣風物之描寫**：光文雖然「極旅人之困」，而時時「思歸」，然其對臺島之一景一物，亦能以輕鬆心情，細心體察，頗具意義。

**番婦**：

社裏朝朝出，同群擔負行。野花頭插滿，黑齒草塗成。賽勝纏紅錦，新粧掛白珩，鹿脂搽抹慣，卻與麝蘭爭。

**釋迦果**：

稱名頗似足誇人，不是中原大谷珍，端爲上林栽未得，祇應海島作安身。

**公孫橘**：

枝頭儼若掛疏星，此地何堪比洞庭。除是番兒尋得到，滿筐攜出小金鈴。

**椰子**：

箇裏凝肪徑寸浮，誰教番子製爲油。窮民買向燈檠用，祇爲胡麻歲不收。

以上所詠皆中土所無，而其〈番柑〉、〈野菊〉、〈詠籬竹〉則別有所指；末者云：

分植根株便發枝，炎方空作雪霜思，看他儘有參天勢，只爲孤貞尚寄籬。

此詩咏籬竹，亦自況也。

**四、唱酬**：光文始來臺時，生活窘迫，有借米詩，有謝人贈食物詩，有〈貸米於人無應者〉詩，有贈別詩，亦曾與詩友雅集，其唱酬中總隱約透露出去國懷鄉之無奈。

郊遊分得青字：

和風吹我出郊去，好鳥還宜載酒聽。草色遙聯春樹綠，湖光倒映遠峰青。歌喉潤處花初落，詩韻拈來醉欲醒。逸興強尋豁目處，頹然獨立望滄溟。

天風吹不盡，憔悴復舒英，似有催詩意，還多望酒情。會當枯亦發，是乃困而亨。愛惜饒眞賞，休將境遇評。

由於當時臺島草萊初闢，光文雖有遊覽之詩，但僅兩首：一寫金門嘯臥亭，一寫寧靖園。其〈重九登嘯臥亭〉詩云：

重陽節至客心悲，託興登臨酒一巵。健挽石梁看沒羽，醉摩字影讀殘碑。當年運數終窮九，廿載憂危共此時。爲問生涯在何處，黃花知以晚爲期。

綜光文之一生，經歷明、荷、鄭、清四代，雖早期作品焚失，今所見之篇，爲研究臺灣早期大陸來臺先民生活情形之重要素材，篳路藍縷以啓山林，光文於開發臺灣精神資源之功，可謂巨大。

連橫於《通史》藝文志曰：

臺灣當鄭氏之時，草昧初啓，萬眾方來，而我延平以故國淪亡之痛，一成一旅，志切中興。我先民之奔走疏附者，兢兢業業，共揮天戈，以挽虞淵之落日。我先民固不忍以文鳴，且無暇以文鳴也。

按：連氏之語，係指當時普徧之民情，至昔明末遺老，於顚沛流離之際，感懷平生，百感交集，乃不得不發之爲詩，以消胸臆中之苦痛。是以明鄭時期之詩，率多家國之痛也。

# 第四章 康雍年間之詩

## 第一節 康熙前期詩人

### ——東吟社與遊宦詩人：陳元圖、季麒光、施世綸、王善宗、齊體物、高拱乾、郁永河、孫元衡

明鄭三代至永曆三十七年降清，延明正朔二十有三年。清於康熙二十三年領臺，詩人皆爲渡臺之仕宦與流寓文人。光文已老，猶於康熙二十四年出而結社，時年七十四。爲臺灣詩社之濫觴。該社雖僅以詠物遺懷爲旨，但對於臺灣的文學影響所及，遂至清末臺灣淪陷五十年間，由於詩社林立，乃能扶持正氣，維斯文於垂絕。詩社原名「福臺閒咏」，合省郡而爲名，然於第一次吟會，以「東山」爲首題，意謂臺灣之山在東極高峻，不特人跡罕到，且從古至今絕無題詠之者，諸羅縣令季麒光乃更名爲「東吟社」。詩集名《福臺新詠》，一名《東吟詩》。連氏《通史》存目云：「福臺新詠一卷沈光文輯」。復於「詩乘」云：「福臺新詠亦久失傳。余於志中，僅得陳易佩輓寧靖王一首，吉光片羽，誠是珍貴。」光文有〈東吟

社序〉存世。

考其社員十四人之中籍地、字號如下：

浙江　會稽（紹興）陳元圖字易佩
浙江　上虞居士彥字仲英
浙江　武林（杭州）韋渡字念南
浙江　寧波沈光文字斯菴
江蘇　無錫季麒光字蓉洲
江蘇　無錫華袞字蒼崖
江蘇　無錫鄭延桂字紫山
江蘇　金陵趙龍旋字蒼直
江蘇　金陵林起元字貞一
福建　福州陳鴻猷字克瑄
福建　福州何士鳳字明卿
福建　福州翁德昌字輔生
福建　泉州陳雄略字雲卿
安徽　宛陵（宣城）韓又琦字震西

江、浙、閩沿海各省由於地緣關係，與臺島交通頻仍，東吟社員乃以沿海省份流寓者居多。斯菴之詩已於上章述及，其餘社員除季麒光曾爲諸羅令，林起元爲府經歷，陳元圖存詩一首外，生平事蹟多已失傳。

## 一、陳元圖

陳元圖，會稽人，號易佩。在東吟社中其詩文聲望頗高，爲時所重。其〈輓寧靖王〉詩云：

匿跡文身學楚狂，飄零故國望斜陽。東平百世思風度，北地千秋有耿光。遺恨難消銀海怒，幽瑰淒切玉蟾涼。荒塚草綠眠孤兔，寒雨清明枉斷腸。

## 二、季麒光

季麒光，字昭聖，號蓉洲。江蘇松江府無錫人。康熙十五年進士，二十三年任初代之諸羅知縣，斯時文教不振，麒光引以爲憾，遂自設教授文，成績優秀者禮遇之；所以受教之人如坐春風，在任雖只一年有餘，而縣治甚著，尙文禮士之功也。麒光甚好文學，博覽群書，工書道，精詩文，在任時編《臺灣郡志》，包括山川風物、戶口土地等，惜未竟去職，至康熙三十五年副使高拱乾，整理其原稿，編纂《臺灣府志》。該志可謂始自麒光之手而成於高拱乾。東吟社能在麒光到任之次年成立於諸羅縣，麒光之功不可沒。麒光之著述甚多，詩僅存〈題天妃宮〉一首，見《臺灣府志》。天妃宮爲明寧靖王朱術桂之故宅，清兵入臺後，施琅改爲天妃宮，麒光與陳元圖同爲東吟社員，元圖之詩尙對明朝抱有同情之態度。麒光此詩已說明末遺老故國之痛之風格，可爲明清之際詩風因時局之轉換而有所改變作一註腳。

**題天妃宮：**

補天五色漫稱祥，誰向祁陽祝瓣香？幾見平成踰大海，自知感應遠重洋。遐方俎豆尊靈遠，聖代絲倫禮數莊。是處歌恩欣此日，風聲潮影共趨蹌。

## 三、施世綸

施琅之仲子世綸，亦隨父征臺，有〈克澎湖〉詩：

獨承恩遇出征東，仰藉天威遠建功。帶甲橫波摧窟宅，懸兵渡海列艨艟。煙消烽火千帆月，浪捲旌旗萬里風。生奪湖山三十六，將軍仍是舊英雄。

世綸此詩對其父親勳業之崇拜形之紙上。

## 四、王善宗

康熙二十九年山東諸城人。善宗來臺任臺灣水師協左營守備。有〈臺灣八景詩〉；齊體物於康熙三十年，高拱乾於康熙三十一年來臺履職，亦皆有臺灣八景詩，此爲「臺灣八景」最早見諸典籍者，連橫於《臺灣詩乘》云：

臺灣八景之詩，作者甚多，而少佳構。余讀舊志，有臺廈道高拱乾之作，推爲最古。

連氏之推論，不知何據？然考王、齊、高三人在臺時間不相上下，三人皆詠八景，足見當時文人對此一南國之風景印象深刻。王詩爲七言，餘皆五言。茲錄王善宗〈臺灣八景〉絕句於下：

**安平晚渡：**　王善宗

滄海安平水不波，扁舟處處起漁歌；西山日落行人少，帆影依然晚度多。

沙崐漁火：

長沙一帶積如山，碧海分流水自潺；數點寒星歸遠浦，清光永夜照人間。

鹿耳春潮：

鹿耳門中碧海流，潺湲滾滾幾時休？波瀾不斷春光好，潮信聲聞鷹鳥啾。

雞籠積雪：

雞籠一派海汪洋，寒氣相侵曠野涼；冬至絮飄深谷裏，玉龍戰退耐風霜。

東溟曉日：

滄溟不測水濛濛，曉山扶桑幌海東；一望無涯紅日近，龍光射目碧天空。

西嶼落霞：

夕照西山尚未昏，落霞倒影碧天痕；風飄草木殘紅映，月色依稀上晚村。

澄臺觀海：

巍峨臺榭築邊城，碧海流波水有聲；濟濟登臨供嘯傲，滄浪喜見一澄清。

斐亭聽濤：

華亭藻稅接詞場，碧水長流遍海疆；滾滾波濤聲不息，斐然有緒煥文章。

其後以「臺灣八景」作詩者，史不絕書，五言、七言，律、絕皆有。八景之安平、沙崐、鹿耳，皆今臺南所屬地名。雞籠似泛指臺灣北部之七星、大屯等高山。西嶼即今澎湖之西嶼。

斐亭、澄臺皆在臺南市內，惜已圮壞。東溟，待考。

據朱景英《海東札記》敍述由廈門至臺灣，澎湖爲必經之路，若不泊澎湖，則：「然必視澎湖以定向。若舟不收澎，或飄越臺之南北而東，則渺不知其所之。」又云：

澎湖在汪洋大海中，錯落五十嶼，巨細相間，坡壠相望，迴環五十五澳。凡可泊船之澳，澳即在嶼中也。舊稱三十六島，指著名者言之耳。由西嶼頭外塹、內塹泊天后澳，乘小舟登岸達天后宮前，廛里環列，爲澎湖正面。……（海東札記）

鹿耳門爲抵臺之主要門戶，朱氏又云：

鹿耳門，全郡之門戶也，四周皆海。海底鐵板沙線，排列如鑄。南曰北線尾，北曰加老灣，又西南曰隙子港；兩岸沙腳環抱，中通一徑，狀如鹿耳，故名鹿耳門。

## 五、齊體物

齊體物亦有《臺灣八景詩》。體物，正黃旗人。清康熙十五年進士，三十年任臺灣海防同知。其〈澎湖嶼〉云：

海外遙聞一島孤，好風經宿到澎湖，蟶含玉舌名西子，蚌吸冰輪養綠珠；蕩漾金波浮玳瑁，連環金網出珊瑚，登臨試問滄桑客，猶有田橫義士無？

以田橫比之延平，雅堂頗有所感，於《詩乘》云：

延平郡王闢東都，保持明朔，忠義之氣，萬古長存。故沈斯庵〈東吟詩序〉謂：「鄭延平視同田島，志效扶餘」。朱景英《海東札記》非之。然齊司馬體物抵澎湖詩，其結句云：「登臨試問滄桑客，尚有田橫義士無」？是直以延平爲田橫矣。司馬滿州人尚作此語，視彼漢人之自殲其種，而稱爲「僞鄭」、誣爲「海寇」者，其人之賢不肖爲何如也！

齊司馬尚有〈臺灣雜詠〉，描寫番俗，今日讀之，猶覺入木三分，清雅可誦，詩云：

疑是羲皇上古民，野花長見四時春。兒孫滿眼無年歲，頭白方知屬老人。

春盤綠玉薦西瓜，未臘先看柳長芽；地盡日南天氣早，梅花終放見荷花。

紀叟山中浪得名，何如蠻海撥醅清。寧知一醉牢愁解，幾費香肥釀得成？

藥溪流水碧差差，不擬天寒出浴遲；卒歲無衣赤雙膊，負暄巖下曝孫兒。

釀蜜波羅摘露香，傾來椰酒白如漿；相逢歧路無他贈，手捧檳榔勸客嘗。

生年十五鬢鬖鬖，招得兒夫意所甘；豈但俗情偏愛女，草中都不長宜男。

燕婉相期奏口琴，宮商諧處結同心；雖然不辨求鳳曲，也有泠泠太古音。

露濃滋得麥苗肥，草長還憂豆莢稀；心境兒夫桑柘下，日斜相望荷鋤歸。

傀儡番居傀儡深，豈知堯舜在當今？含哺鼓腹松篁下，盛治無由格野心。

巢樓穴處傍巖阿，薜荔爲衣帶女蘿；要向眾中誇俠長，只論誰最殺人多。

## 六、高拱乾

高拱乾於康熙三十一年（一六九二）任分巡臺廈兵備道，三十四年秩滿升浙江按察使。任內曾纂修《臺灣府志》，爲臺灣官修志書之始。拱乾，號九臨，陝西榆林人。其〈東寧詠〉

云：

天險悠悠海上山，東南半壁倚臺灣。敬宣帝澤安群島。愧乏邊才控百蠻；瘴霧掃開新氣宇，風沙吹改舊容顏。敬辭遠跡烟波外，博望曾經萬里還。

東寧即今臺灣，明永曆十八年，鄭經改東都爲東寧。今之臺南有東寧路以紀念此一名稱。拱乾以軍人眼光來看臺灣，稱臺灣爲我國東南半壁安危之所繫，頗具眼光，且又首先纂修《臺灣府志》，其人雄才遠略可想而知。

明末王忠孝之侄孫璋，籍隸臺南，於康熙三十二年中舉，掌分修《臺灣府志》，旋出任雲南宜良縣令，累遷至監察御史。其臺灣八景之〈東溟曉日〉云：

東生滄海日，眞景正無邊；未出光韜焰，將離勢燥然；金輪浮綠水，靈曜漾青天。讀說烟波遠，恩暉島上懸。

視曉日爲恩波，一則對大自然心存感恩，一則亦爲科舉制度下士人之普徧思想形態。

## 七、郁永河

浙江仁和郁永河於康熙三十五年（一六九六）冬，奉派赴臺採硫磺於北投。永河，字滄浪，性喜遊歷，足跡徧及閩中山水，乃於康熙三十六年（一六九七）元月從廈門乘船，三月抵安平。四月初七北上，途經各番社，當時雲林以北皆荒蕪未開，森林蔽天，麋鹿成群，番人有負矢爲永河嚮導者。永河抵淡水，命通事張大先赴北投築屋，五月二日，永河乘船溯淡水河而上，經關渡再轉北投，張大與番酋飲酒，並告以採礦之事，相約以一筐硫磺換七尺布。

永河居臺半載，足跡徧歷本島西岸，著有《稗海紀遊》、《番境補遺》、《海上紀略》等書。其〈臺灣竹枝詞〉與〈土番竹枝詞〉最爲膾炙人口，茲摘錄如左：

雪浪排空小艇橫，紅毛城勢獨崢嶸；渡頭更上牛車坐，日暮還過赤嵌城。

紅毛城即今安平城，當時渡船往來絡繹，皆在安平、赤嵌二城之間。由於沙壓水淺，雖小艇不能達岸，必藉牛車挽之。

耳畔時聞軋軋聲，牛車乘月夜中行；夢迴幾度疑吹角，更有床頭蝘蜓鳴。

月夜以牛車搬運百物，一則足見先民於開臺之時夙夜匪懈，努力生產之精神；二則或由於臺灣氣候炎熱，乘月工作，可免日晒之苦。

蔗田萬頃碧萋萋，一望蘢蔥路欲迷；細載都來糖廍裏，只留蔗葉餉群犀。

取蔗漿煎糖處曰「糖廍」，則當時製糖業已發達。

肩披鬢髮耳垂璫，粉面紅唇似女郎；馬祖宮前鑼鼓鬧，侏離唱出下南腔。

馬祖宮即天妃廟，此宮臺南天妃廟前，酬神唱戲皆以「下南」腔調爲之，閩以漳、泉二郡爲下南，下南腔亦閩中聲律之一種。此爲中原民俗轉至臺灣南部之情形。〈土番竹枝詞〉又云：

生來曾不識衣衫，裸體年年耐歲寒；犢鼻也知難免俗，烏青三尺是圍闌。

烏青乃黑布名，全身僅以三尺黑布蔽體，今日蘭嶼雅美族人仍沿此習。

胸背斕斑直到腰，爭誇錯錦勝鮫綃；冰肌玉腕都文徧，只有雙蛾不解描。

描寫臺灣原住民婦亦知愛美，全身紋徧，卻不知「畫眉之樂」。惜哉！

銅箍鐵鐲儼刑人，鬥怪爭奇事事新；多少丹青摹變相，畫圖那得似生成？

此亦寫居民喜愛披掛金屬裝飾品，有如手鑄腳鐐一般。此係為世界各原始民族之通性。

深山負險聚遊魂，一種名為傀儡番；博得頭顱當户列，髑髏多處是豪門。

以上自永河〈土番竹枝詞〉二十四首中摘錄，為公元一六九六年，永河居臺半年所見番俗。永河離臺後二載，亦即康熙三十八年正月十八日，吳鳳誕生於諸羅縣（嘉義縣）。永河以一「遊覽客」之眼光描寫當時所見，不但入木三分，且使吾人對三百年前臺島先民之生活情況感到盎然生動。

## 八、孫元衡

清初，臺灣宦遊之士，頗多能詩，而孫湘南司馬之《赤嵌集》為最著。湘南，名元衡，安徽桐城人，以拔貢生出仕。康熙四十二年，任臺灣海防同知，慈惠愛民。其《赤嵌集》四卷，為詩三百六十篇，宦臺之目覽耳聞，皆歸篇什，張實居於序中云：

《赤嵌集》者，湘南使君宦臺灣而作；其地有赤嵌城，因取以名集。夫臺灣孤懸島嶼。……及康熙二十二年，乃入版圖。針路萬里，計程以更。凡山川、風俗、民物皆典策所未載，前聖所未聞。歲己丑，使君來守東郡，出是集命實校閱，恍如乘風破浪，越澎湖，渡鹿耳，覩乍闢之乾坤，耳目為之一新，不祇可以侈一統無外之勝，抑以廣天下後世之聞見，使之多識鳥、獸、草、木之名也。然風雅所咏，如鳩、鵲、麟、鸙、以及細草、夭蟲，不過十五國之土產，人得而知，非若集中之蕃草、藜花、海鳥、蠻獸，率皆爾雅、山海經所遺，管夷吾、張茂先之所問而失對者也。因悟作詩之道，每以所遇進，其得之遊覽之助者正自不少。……

其詩內容之梗概張序中已敘及。茲錄數首：

㈠草木

刺竹：

潤綠編青上拂雲，下枝勾棘最紛紜。到門卻步遙成趣，未負生平愛此君。

羞草：

草木多情似有之，葉憎人觸避人嗤。也知指佞曾無補，試問含羞卻爲誰？寸莛孤立勢亭亭，直似纓櫚有覆青。留得世間眞面目，羞人豈獨勝娉婷。

石榴花：

臘月紅榴似曉霞，青潮白海照天涯。他時掛序移根去，應勝廬山頂上花。

羨子：

千章夏木布濃陰，望裏纍纍羨子林。莫當黃柑持抵鵲，來時佛國重如金。

羨子即檬果。羞草，即含羞草。刺竹偏佈臺省各地，郁永河〈臺灣竹枝詞〉中亦有寫刺竹之詩，然其心境與湘南不同，滄浪之詩云：

惡竹參差透碧霄，叢生如棘任風搖，那堪節節都生刺，把臂林間血已漂。

郁、孫二人抵臺年代相差不遠，其寫刺竹卻有不同看法，似以湘南較能欣賞刺竹之野趣。

詠荔枝：

頗怪繁星謫軟塵，筠籠將出故鮮新。味含鮮意空南國，姿近天然是美人。舟崙潛胎珠玓瓅，脂膚滿綻玉精神。一時喚起狂奴興，萬事灰心渡海身。

不受塩欺與蜜侵，騷人新摘自沉吟。輕紅照肉白凝齒，芳氣襲魂寒沁心。笑後左車生小慍，望中飛騎更相尋。南楊麤醜北盧拙，迴避顆珠出寶林。（註云：山谷題楊妃病齒圖，多食側生，損其左車。）

明陳繼儒跋王仲遵《花史左編》曰：「……有野趣而不知樂者，樵牧是也；有果窳而不及嘗者，菜傭牙販是也。……」清代張潮論山水云：「荔枝爲果中尤物」。孫湘南乃一懂得生活藝術文武全才之士。

㈡蛇：

湘南有〈鈎蛇吞鹿歌〉，註謂北路有巨蛇名「鈎蛇」，能以尾取鹿吞之，因爲作歌曰：

一島三千麋鹿場，甡甡出谷如牛羊。臺山不生白額虎，族類無憂爪牙傷。野有修蛇大如斗，颼颼草木腥風走。氣騰大啖噴黃雲，八尺斑龍入巨口。九歧橘角橫其喉，昂霄下咽膏涎流。獰番駭獸不相賊，奔竄林莽爭逃鈎。我聞巴蛇吞象不須齩，三歲化骨何陰狡。爾鹿爾鹿甚微細，此蛇得之應未飽。

㈢番俗：

湘南有《裸人叢笑篇》十五首，王漁洋見而稱之曰：「蓋以奇人奇事，詩亦奇也。」其詩曰：

皇威懾海若，崩角革頑凶。昔從倭鬼役，今爲王者農。酋長加以冠，族類裸其躬。震驚鞭撻威，嬉戲刀劍鋒。臺郎出守羅星宿，云是大唐王與公。五十二區山百里，南極蜈蜞北雞籠。渾沌不鑿天年終。（註：南夷類稱中國曰唐，官曰國公。）

齒耳夫何以皓爲？又奚取於漬汁而漆頤？厲骨碎穢芳其脂，墨氏毋寧悲染絲。（註：雕題黑齒，非生而黑也，取草實染成，能除穢惡。）

鼉鼓轟林人野哭，舉屍焮炙昲以燠。蠅蚋不敢侵，螻蟻漫相逐；埋骨無期雨頹屋，安置鬼牛與鬼鹿。鬼殘日月傷幽獨。（註：番死，鳴鼓而哭，火炙令乾，露置屋中，屋傾而後掩所遺，皆稱鬼物，無敢取者；號其婦爲鬼殘，衆共棄之）。

王漁洋評之曰：可作裸人風土記，自爲一書，與溪蠻叢笑並傳。

㈣秋日：

湘南有〈秋日雜詩〉十二首，亦佳構也，詩如後：

八月渾如夏，冰紋枕簟斜。渴虹淹溽暑，毒霧莽風沙。破夢無名鳥，傷心未見花。自憐情漫浪，更擬著浮槎。

「八月渾如夏」，此係與中土氣候殊異之處，在湘南看來亦是新鮮奇事。

㈤遊覽：

湘南《赤嵌集》中多遊覽之作，可備一方文獻。〈遊樣子林〉詩云：

杪秋似初夏，和風正輕靡。從遊四五人，出郭二三里。細路入幽篁，平沙渡寒沚。槺木行行直，崇岡面面起。故葉凝冬青，新枝垂暮紫。茅店寂無人，遠望洵足美。門前百尺陰，添此一溪水。

〈大武郡登高〉云：

過海重行五百里，到山更上一層臺。地留歸路還非客，秋在中原不用哀。霜葉似花何處有，瘴雲撥墨幾時開？固應未落詩人手，判卻鴻荒待後來。

㈥禽魚

飛藉魚：

入海微禽能變化，秋來巢燕已爲魚。番飛應悔留雙翦，誤學燈蛾赴火漁。

湘南注云：疑是沙燕所化，兩翼尚存，漁人伺夜深時懸燈以待，乃結陣飛入舟中，甚至舟力不勝，滅燈以避。

新婦啼：

泔魚未學易牙方，軟入銷爲水碧漿。廚下卻憐三日婦，羹湯難與小姑嘗。

新婦啼，魚名，狀本鮮肥，熟則拳縮，意取新婚未諳、恐被姑責也。臺灣之茼蒿又名打老婆菜，其因與新婦啼同。此則顯示封建社會下巧婦難爲之意。

㈦颱風

湘南有〈颶風歌〉、〈海吼吟〉、〈乙酉三月十七渡海遇颶，天曉覓澎湖不得，回西北帆，屢瀕於危，作歌以紀其事〉等詩。連橫稱之爲「健筆凌空，蜚聲海上，足爲臺灣生色」。〈颶風歌〉云：

九瀛怪事生微茫，瘴母含胎颶母長。虹蓬出水勢傾墜，雲車翼日爭廻翔。須彌山下風輪張，獰悍熛怒天爲盲。堬然於扶桑之木末，呑吐夫天池之巨洋。訇哮簸蕩鼓神力，不崇朝而周廻於裸人之絕國、黑齒之窮鄉。颱颸颫颫無不有，一一堁堀塵飛揚。突如神兵交萬馬，崩若秦家天地瓦。旋飇起中央，沙礫盡飄灑。鰲身贔屭挂坤軸，羲轂軒軒欲回輮。怒鯨張齒鵬奮飛，涸鱗陸死鹽田肥。嗟哉！元龜入㲉避武威，伏蟲盡蹂躪，植物將誰依，東門大鳥何時歸。我聞山頭磬石墜海水，夔鼓轟騰五百里；戰舸連檣吹上山，乖龍罔象迫遷徙，萬人牽之返於沚。嗚呼！海田幻化良如此。又有麒麟之颶火爲妖，颮颮爚爚如焚燒。黃髮遺民一再見，閤門堅壁逃蒸熇。青青者黃黃者黑，死海破塊山枯焦。飛廉狂癡肆其虐，祝融表裏夫誰要。帝天不下聽，仰首空雲霄，舉筆用紀其事爲長謠。昨者估客歸，爲言落漈事。遭此四面風，淜滂無由避。連山波合遠埋空，湧嶂劃開驚裂地。木龍冥鬱叫幽泉，桅不勝帆柁出位。閃閃異物來告凶，鬼蝶千群下窺伺。赤蛇逆浪掉兩頭，白鳥掠人鼓雙翅。天妃神杖椎老蛟，攘臂登檣叱魔祟，事急剗水爭求仙，披髮執箸虛搖船。牛馬其身蹄其手，口銜珠勒加鞍韉。雷霆一震黃麻宣，金雞放赦天所憐。扶欹盡仗六丁力，中原一髮投蒼烟。芒刺在背鉗在口，自量歸渡霜盈顚。爲舉一杯酹南斗，胡爲乎職司喉舌而箕張其口。聖人御極不鳴條，噫此厲氣胡能久。雄兮雌兮理則均，強為區別楚人狃。花信何妨廿有四，扶搖不礙萬盈九。利物神功齊雨暘，南風薰兮慍何有？願箕察所好、剛柔用其中；城威自艾安爾宮，三年不波、萬國來同。吾將乘查貫月，歷四荒八極徜徉而東。

朱景英《海東札記》云：

具四方之風謂之颶，字從具。……字書無颱字，亦土人臆撰者，呼為臺音，風大而烈，尤甚者為颱。颶倏發倏止，颱常連日夜。正、二、三、四月發者為颶，五、六、七、八發者為颱。……颶將至，則天邊斷虹，先見一片如帆者，曰「破帆」；稍及半天，如鱟尾者，曰「屈鱟」，此其驗也，颱無定期，必與大雨同至，至必拔木壞垣，飄瓦裂石，久而愈勁。舟雖停泊，常至粉碎，海上人甚畏之。惟得雷聲即止。……

古代科學不發達，不知大風乃由於高低氣壓之急遽對流而產生，每當其來臨，心生畏懼，然卻十分留意其現象，湘元以「瘴母」、「雲車」、「風輪視之」。而其對颶風來勢洶洶，物毀人避，山頹海嘯之描寫，猶使人怵目驚心。

連橫於《詩乘》中論及湘南之詩集曰：

臺灣屹立海上，山川多秀，氣候如春；眼底風光，足供吟料，而臺人士未知收拾，寧不可惜！余讀《赤嵌集》，宏篇巨製，既載於前，而斷句之可采者，如『十洲徧歷橫洋險，百谷同歸弱水沉』（黑水溝）；『歸營戍卒春逃瘴，閱世山翁夜咤霜』（春興）；『林下學占爭喚鳥，檻邊閒譯最深山』（春興）；『四時氣有三時夏，一日風生半日陰』（病中）；『兩乳燕投孤壘宿，四時花共一瓶開』（海上）；蠻嶂高低雲亦險，鯨潮咫尺路方艱（留滯海外，追維所歷）。以上數聯，皆爲臺灣詩界別開生面，所謂文章天成，妙手偶得者也。

湘南之友虞山蔣陳錫將湘南之詩比之韓昌黎與蘇東坡，推崇備至，謂韓、蘇二人嶺海諸作，奧博奇暢，而孫氏在臺之詩不下於韓、蘇，其於《赤嵌集》之序中云：

……繼而讀晚近之詩，心折於兩公（韓、蘇），始知其本自風騷，出入漢魏。……孫子雖不世才，亦資天地自然之感觸，臺灣盛事，待以表章。而當日潮州、惠州猶在疆域之內，嚮使起兩公於今日，置兩公於海外，其才情之奔放，亦當不過如是而已矣。……

《赤嵌集》因孫氏宦臺而作，因赤嵌城而得名，爲臺灣詩史上早期詩集之代表。

## 第二節　康熙後期詩人

### ——陳文達、鄭應球、周鍾瑄、陳夢林、李欽文、林秀民、阮蔡文、藍鼎元、黃叔璥、卓夢采

康熙後期之詩，以臺灣南部爲中心。詩人有隸籍臺灣之陳文達、鄭應球、卓夢采、李欽文與遊宦於臺之周鍾瑄、阮蔡文、陳夢林、黃淑璥等人。此期因周鍾瑄於諸羅知縣任內延聘

漳浦陳夢林來臺纂修《諸羅縣志》，文風爲之一振，故臺灣詩壇中心乃從前之臺南轉移至嘉義。

## 一、陳文達

陳文達，臺南人。康熙四十六年（一七〇七）歲貢。善文工詩，曾纂修《臺灣縣志》（臺南）及《鳳山縣志》（高雄）。其〈蓮潭夜月〉詩，足爲文獻參考，詩云：

清波漾皓月，沉璧遠銜空。山影依稀翠，荷花隱現紅。潭心浮太極。水底近蟾宮。莫被採蓮女，携歸繡幕中。

蓮潭，即蓮池潭，在今高雄市之左營，其畔有春秋閣、孔廟等名勝，今日每歲之端陽競渡皆在此舉行。

陳文達之詩，爲生長於斯之「本省人」詩中較早備於文獻者，本地詩人，從此之後，漸露頭角於臺灣詩壇。此乃中原文化種子播種於本島後，在本省土地土生土長所產第一顆果實。

## 二、鄭應球

較陳文達稍晚有高雄鄭應球，字桐君，康熙五十二年（一七一三）歲貢生。性耿介，尚氣節。掌書院教席十餘年，卒年八十，其〈龜山晚眺〉詩：

龜山日色冷長空，竹杖行吟醉晚風。詩句都從閒裏得，物情好向靜時窮。清潭照影澄雲白，老樹雕霜墜葉紅。可是逢秋悲宋玉，暮蟬環照蘂珠宮。

其〈和宋明府村夜原韻〉云：

世事浮沉付酒尊，海蟾高挂到衡門。身依竹節常分影，夢繞花鬚欲斷魂。燈下書聲乾宿蠹，耳中蛩語失悲猿。憐才獨有伎君在，頻檄詩篇過章垣。

宋明府，即山東萊陽宋永清，於康熙四十三年任鳳山知縣。

## 三、周鍾瑄

周鍾瑄，字宣子，貴州貴筑人。康熙三十五年（一六九六）舉人。五十三年（一七一四）任諸羅（今嘉義）知縣。六十一年任臺灣縣（今臺南）知縣。任內捐俸興水利，諸羅陂圳皆其所經畫；又雅意文教，延名宿陳夢林纂修《諸羅縣志》，人民稱頌之。

諸羅初建，轄地遼廣，北至三貂嶺。當時自斗六以北，皆榛莽，少民居。宣子特往巡之，有〈北行紀事〉云：

羅山山水海東雄，綿亘千里踪難窮。朝盤赤日三千丈，浩氣直與海相烘。南抵蔦松北半線，宛然塊玉橫當中。職方禹貢雖未載，厥壤上上將毋同。惜哉大甲與中港，逼窄將次入樊籠。後壠吞霄勿復道，犢車犖确走蛟宮。天低海濶竟何有，環山疊裏如群蜂。坡陀巨麓一再上，劃然軒豁開心胸。竹塹分明在眼底，千頃萬頃堆芊茸。從此地老無耕鑿，下巢鹿豕上呼風。北鄰南嵌亦爾爾，淡水地盡山穹窿。東有礦山西八里，銀濤雪浪爭喧豗。雞籠小甕堅如鐵，紅夷狡獪計非庸。蠻煙瘴雨晝亦暗，谷寒砌冷鳴霜蛩。中有烏蠻事馳逐，狂奔浪走眞愚蒙。可憐作息亦自解，但知順則難名功。我來經過聊紀載，慚非椽筆徒雕蟲。他年王會教圖此，留取長歌付畫工。

此詩所言諸羅以北之景象，荒穢未治，悉爲曠土。閱今二百數十年，已成文物富庶之邦，則我先民艱難締造之力也，居其地者能不念哉！按半線則今之彰化，竹塹則新竹，淡水則臺北，後皆建設府縣。大甲、中港、後壠、呑霄皆番社，今爲市鎭。礦山則北投，八里在淡水觀音山下，與滬尾（竹圍）隔海相望。

宣子又有紀游諸詩，並錄於後：

〈曉發他里霧〉云：「一枕清輝覺夢頻，披雲驅犢散清塵。投分南北依誰定，螺列東西認未眞（路經南北投、東西螺四社）。向道但饒椎髻客，前呵不用放衙人。平明好逐東昇上，我亦從今莫問津。

〈呑霄觀海〉云：「浩渺無因溯去程，仙槎客泛正須評。輕浮一粒須彌小，包括恒沙色界清。世外形骸杯可渡，空中樓閣氣噓成。情知觀海難爲水，更有紅輪向此生」

〈登八里坌山〉云：「褰裳直踞千峰上，萬里蒼茫一色同。遠矚但餘天貼水，近聞惟覺浪號風。巨鰲有首低擎地，瘴雨無根直漫空。寂寞斗牛誰再犯，好將消息問嚴公。

〈干豆門苦雨〉云：「無賴陰雲拂地垂，客愁如緒一絲絲。那堪更向秋風裏，臥聽黃梅細雨時」。

〈淡水砲城〉云：「海門一步地，形勢可全收。欲作圖王想，來成控北謀。臺荒摧雪浪，砌冷老邊秋。試問滄桑事，痲姑尚黑頭」。

按干豆門即今關渡，爲昔日臺北通海之道。淡水砲臺，明季西班牙人所建，號羅泯古城；鄭氏修之，以防北鄙。

埔裏社處萬山之中，平原千頃，舊爲土番所居，屬水沙連堡。內有水社湖，亦名日月潭，周圍八、九里。水分兩色。中有小山，昔稱珠嶼（今光華島）。山水奇秀，景冠全臺。藍鹿洲《東征集》所謂「世外桃源不是過」也。周宣子有〈水沙浮嶼〉詩，則指其地，詩曰：「雲根不墜地，半落東山頭。天風與海水，爭激怒生疣。斷鰲足簸揚，支祈任沉浮。狀若銀河翻，迴星漂斗牛；又若乘杯渡，一粒亂中流。山水有常性，動靜安足求？呼龍與之語，掀髯嗔我尤。靜極而思動，天地一浮漚。大笑揮龍去，浮沙雲未收。」

宣子於諸羅知縣任滿，曾撰〈羅山誌別〉，黯然神傷之情流露，足見宣子對諸羅縣之縣治曾付出許多心血，亦頗獲愛戴，其詩云：

從宦無功已自羞，那堪別緒更綢繆！簡書只許三年住，去志難將十日留。重疊雲山當客路，迷離烟樹繞新愁。牽衣稚子痴於我，把錯周侯作細侯。

## 四、陳夢林

宣子於康熙五十五年（一七一六）諸羅知縣任內，聘福建漳浦諸生陳夢林來臺纂修《諸羅縣志》。夢林，字少林。擅文工詩，縣志，連雅堂嘗推之爲「善本」。少林有〈玉山歌〉云：

須彌山北水晶宮，天開圖畫自玲瓏。不知何年飛海東，幻成三箇玉芙蓉。莊嚴色相儼三公，皓白鬚眉冰雪容。夾輔日月挂穹窿，俯視眾山皆群工。帝天不許俗塵通，四時長遺白雲封，偶然一見杳難逢。雖有霜寒月在冬，靈光片刻曜虛空，萬象清明曠發蒙。須臾雲起碧紗籠，依舊虛無縹緲中。山下螞蟥如蟻叢，蝮蛇如斗捷如風；婆娑大樹老飛蟲，攢肌吮血斷人蹤。自古未有登其峰。於戲！雖欲從之將焉從？

按：玉山在嘉義縣東北，與南投縣交界處，長年積雪，其狀如玉，海拔三九五〇公尺，爲世界著名高山。少林有〈望玉山記〉，載《諸羅縣志》中。

## 五、李欽文、林秀民

與少林同修《諸羅縣志》者尚有李欽文、林秀民等人。李欽文，字世勳，鳳山歲貢生，曾分修臺、鳳、諸三縣志，後任福建南靖訓導，工詩文。少林與李、林二君於丙申（康熙五十五年）秋九月九日曾至北香湖觀荷，李、林二君曾有〈九日北香湖觀荷〉詩，李詩云：

九日湖光好，紅蕖一望奢。嘉名初有錫，勝地倍增華。國色臨秋水，香風落彩霞。歲寒須共保，切莫妬黃花。

林詩云：

湖上秋光老，君子意何遲。似有東籬約，來吟招隱詩。綠葉濃寒露，紅衣淡水湄。高山不可到，斯會寧易期。

按：北香湖在嘉義之北，距城里許，廣三、四畝，長數十倍，溉田數百甲。北風之時，荷花盛開，度臘乃盡。少林有記謂丙申重九與李君世勳、林君秀民偕遊觀荷，因爲命名，二君各系以詩。此湖自賜名後，遂爲勝地，題詠者多；惜今已夷爲稻田矣。

## 六、阮蔡文

臺灣開闢以後，風會所趨，自南而北。諸羅、淡水之間，尚多曠土，草莽瘴深，漢人猶少至者。康熙五十二年（一七一三），北路營參將阮蔡文自携糗糧，歷番社，日或於馬上賦詩，夜則燃燭紀所過地理山溪風土，爲文以祭戍亡將士，往返匝月。蔡文字子章，號鶴石，福建漳浦人。以名孝廉說海寇陳尚義歸誠，朝廷嘉其功，授知府。是年春調北路營，後陞福州城守營副將。著《淡水紀行詩》一卷，凡八首，爲載於後。足爲文獻參考。

虎尾溪：

東螺虎尾之分派，北流西折而聯界。去年虎尾寬，今年虎尾隘；去年東螺乾，今年東螺澮。大宗盛時支子依，支子若大大宗壞。餘流附入阿拔泉，虎尾之名猶相沿。阿拔之泉阿里山，虎尾之源水沙連；譬如兄弟鬩墻變，卻於異姓共週旋。水有源頭木有本，不信但看棠棣篇。

大甲溪：

蓬山萬壑爭流潝，溪石團團馬蹄縶。大者如鼓小如拳，溪面誰塡遮疏密？水挾沙流石動移，大石小石盪摩澀。海風橫刮入溪寒，故縱溪流作鬱㠥。水方沒脛已難行，水至攔腰命呼吸。夏秋之間勢益狂，瀰漫五里無從測。往來溺此不知誰，征魂夜夜溪旁泣。山崩巖壑深復深，此中定有蛟龍蟄。

大甲婦：

大甲婦，一何苦！爲夫饁餉爲夫鋤，爲夫日日績麻縷。績縷須淨亦須長，撚匀合線緊雙股。斷木虛中三尺圍，鑿開一道兩頭堵。輕圓漫捲不支機，一任玄黃雜成組。間形頗似虹霓生，綻花疑落仙姬舞。吾聞利用前民有聖人，一器一名皆上古。況茲抒軸事機絲，制度周詳供黻黼。土番蠢爾本無知，制器伊誰遠近取。日計苦無多，月計有餘縷；但得稍閒餘，軋軋事傴僂。番丁橫肩勝綺羅，番婦周身短布袓。大甲婦，一何苦。

吞霄道中：

來時北渡正二更，歸日微明復到此。過港應須及退潮，稍緩須臾徒延企。以茲來往不成眠，雞鳴夜半行裝起。平時擁被五更寒，今夜忽忽胡乃爾。風捲濤飛天雨急，從人盡是征衣濕。

按：吞霄，即今苗栗通霄鎮。

後壠港：

雙溪奔流西入海，海勢吞溪溪氣餒。銀濤翻逐綠波廻，遂使溪流忽然改。番丁日暮候潮歸，竹箭穿魚二尺肥。少婦家中藏美酒，共夫倒酌夜爐圍。得魚勝得獐與鹿，遭遭送去頭家屋。

按：後壠港在今苗栗縣。

後壠：

去縣日以遠，風俗日以變。顧此後壠番，北至中港限。音語止一方，他處不能辨。頭髮頂上垂，當額前後剪。髮厚壓光頭，其形類覆盌。亦有一二人，公然戴高冕。黑絲及紅絨，纏之百千轉。大有古人風，所惜雙足跣。男女八九歲，牙前兩齒剗。長大手自牽，另居無拘管。父固免肯堂，翁亦無甥館。是處兩三間，村居何蕭散。高廩置平原，黍稷有餘輓。所慮濕氣蒸，駕木如連棧。巨匏老而堅，行汲絡藤瓣。溪水漲連旬，利涉身焉綰。豐年百禮偕，疾病顛危罕。飲酒即高歌，其樂何衎衎？

竹塹：

南嵌之番附淡水，中港之番歸後壠。竹塹周環三十里，封疆不太介其中。聲音略與後壠異，土風習俗將無同。年年捕鹿邱陵比，今年得鹿實無幾。鹿場半被流氓開，藝麻之餘兼藝黍。番丁自昔亦躬耕，鐵鋤掘土僅寸許。百鋤不及一犂深，那得盈倉畜妻子。鹿革爲衣不貼身，尺布爲裳露雙髀。是處差徭各有幫，竹塹煢煢一社爾。鵲巢忽爾爲鳩居，鵲盡無巢鳩焉徙？

按：竹塹即今新竹。

淡水：

瀠水北盡頭，番居之所紀。遠者旬日期，近者一望止。內地閩安洋，揚帆旦暮抵。全臺重北門，鎖鑰非他比。聞昔王師來，負固猶未已。懼發陰平師，先截長江水。降旗出石頭，鐵鎖亦奚裨？空亡五鎮兵，鬼隊陰風裏。大遯八里坌，兩山自對峙。中有干豆門，雙港南北匯。北港內北投，磺氣噴天起。泉流熱勝湯，魚蝦觸之死。浪泵痲少翁，平豁略可喜。沿溪一水清，風被成文綺。溪石亦帆奇，高下參差倚。踰嶺渡雞籠，蟒甲風潮駛。周圍十餘里，其番稱姣美。風俗喜淳良，魚鹽資互市。南顧蛤仔難，北顧金包裹，突入紅毛城，頗以東流砥。南港武勝灣，科藤通草侈。擺接發源初，混混水之沚。隔嶺南龜崙，南嵌收臂指。雞柔大遯陰，金包傍山磯。跳石以爲梁，潮退急如矢。山鹿雖無多，海菜色何紫。又有小雞籠，依附在密邇。凡此淡水番，植惟狗尾黍；山芋時佐之，原不需大米。近日流氓多，云欲事耘耔。苟其願躬耕，何處無桑梓？竄身幽谷中，毋乃非常理。大社雖八名，小社更纍纍。各以近相依，淮泗小侯擬。通事作頭家，土官聽驅使。通事老而懦，諸番雄跅弛。何以盡傾心，聖朝聲教底。我行至此疆，俯伏而長跪。羊酒還其家，官自糗糧峙。殷勤問土風，豈敢厭俚鄙？

按：據陳漢光先生考證：大遯，即今陽明山側之大屯山。內北投在今臺北北投區。浪泉即大浪泉，今臺北大同區。麻小翁在今士林。雞籠今之基隆市。武勝灣在新莊。擺接在板橋。龜崙在桃園龜山鄉。雞柔在淡水。金包即金包里，在臺北縣金山鄉。小雞籠在今臺北縣三芝鄉。

子章〈淡水紀行〉詩所寫係康熙五十二年（一七一三），由臺灣南部向北行沿途所見，皆爲番社，其後不久，周鍾瑄於康熙五十三年來臺後，亦嘗北巡，有《北行紀事》，詩已於稍前述及，二人之詩皆寫沿途所見之番俗。阮爲五言，周爲七言，二者不相上下。二百七十年後之今日，景象已全部改觀，番人或與漢人同化或皆遷至山中。

## 七、藍鼎元

康熙六十年（一七二一），朱一貴之役，藍鼎元（鹿洲）參南澳總兵藍廷珍幕渡臺，善談論，有卓見，著《平臺紀略》、〈東征集〉。有〈臺灣近詠〉十首，其一云：

臺灣雖絕島，半壁爲藩籬。沿海六七省，口岸密相依。臺安一方樂，臺動天下疑。未雨不綢繆，侮予悔噬臍。或云海外地，無令人民滋。有土此有人，氣運不可羈。民弱盜將據，盜起番亦悲。荷蘭與日本，眈眈共朵頤。王者大無外，何畏此繁蚩。政教消頗僻，千年拱京師。

「臺安一方樂，臺動天下疑」對臺灣地位之重要有其獨到之見解。

鹿洲又有〈臺灣近詠〉二首，亦不易得之作，并錄於此，詩曰：

內山有生番，可以漸而熟。王化棄不收，獷悍若野鹿。穿菁截人首，飾金誇其族。自古以爲常，近者乃更酷。我民則何辜，晨樵夕弗復。不庭宜有征，振威寧百谷。土闢聽民趨，番馴賦亦足。如何計退避，畫疆俾肆毒。附界總爲戕，將避及床褥。

其二：「鳳山東南境，有地曰瑯璚。港澳通舟榭，山後接崇爻。寬曠兼沃衍，氣勢亦雄驍。茲上百年後，作邑不須龜。近以險阻棄，絕人長蓬蒿。利在咼可絕，番黎若相招。不爲民所宅，將爲賊所巢。遐荒莫過問，嘯聚藏鴟梟。何如分汛弁，戒備一方遙。行古屯田策，令彼伏莽消。」

## 八、黃叔璥

朱一貴之役既平，清廷以臺灣孤懸海外，吏治、軍制均須整飭，命滿、漢御史駐臺監察。

滿御史吳達禮、漢御史黃叔璥自北京來。叔璥，直隸大興人，字玉圃，康熙四十八年（一七〇九）進士，授編修。時大兵之後，閭閻凋敝，巡視各地，頗有興革，誌稱「善政」。著《臺灣使槎錄》。其〈詠次半線〉詩云：

憶昔歷下行，龍山豁我情。今茲半線遊，秀色欲與爭。林木正蓊鬱，嵐光映映晴。重巒如廻抱，澗溪清一泓。里社數百家，對宇復望衡。番長羅拜跪，竹緥兒童迎。女孃齊度曲，頫首款噫嗚。瓔珞垂項領，跣先舞輕盈。鬪捷看麻達，飄搖雙羽橫。薩豉聲鏗鏘，奮臂爲朱英。王化眞無外，裸人雜我氓。安得置長吏，華風漸可成。

半線，番社名，在今彰化市。叔璥此詩可見番人歡迎清吏出巡之熱情場面。難怪叔璥有「王化眞無外」之得意。其〈過斗六門〉云：

墻陰蕉葉依然綠，壠畔桃花自在紅。冬仲向殊春候暖，蠻孃嬉笑竹圍東。

叔璥另有〈詠水沙連社〉、〈沙轆漫記〉、〈武洛社〉、〈番社雜詠〉等，率皆描寫番社之詩。蓋其對當時異於中土之番俗，格外注意之故也。

## 九、卓夢采

康熙後期，尚有鳳山卓夢采，字狷夫，縣之庠生，性孝友，精醫術。康熙六十年，朱一貴陷縣，慕夢采之名，羅致再三，堅辭不赴，遁跡鼓山，吟詠自娛，有詩皆寫鳳山景物。〈秋步龜山〉（迴文詩）云：

飛還倦鳥翠烟迷，曲徑芳草蕪拂堤，微綠動時翻蝶舞，靜林幽處住鴉啼。衣迎落葉秋風冷，洞鎖斜陽夕照低。揮麈話僧閒白鶴，依依影映碧雲栖。

其〈避寇鼓山〉云：

世途多棘刺，吾欲向誰親？（自注：時友有從賊者）高臥爲長策，孤栖是逸民。洞虛花寫影，樹靜月窺人。趺坐如禪相，爨虛未我貧（自注：絕糧兩日）。食魚羞看鋏（山下即海，同逃有能捕魚者），漉酒好將巾，始覺書生拙，空懷百戰身。

此乃康熙六十年朱一貴陷鳳山城，夢采往鼓山（今壽山）避禍一個月時寫。夢采在多乖之世途上選擇「高臥」、當「逸民」，實爲聰明之舉。將其歸爲隱逸派之詩人，可也。

綜觀康熙後期之詩作，由於諸羅以北尚未開發，有機會北行者，多爲遊宦諸公，對此榛莽未闢之地，印象深刻，是以著重番俗之描寫。臺籍詩人因對其生長之故鄉，有一份熟悉而溫馨之感情，是以多爲附近攬勝之作。

## 第三節 雍正年間詩人

### ——夏之芳、周于仁、秦士望

雍正皇帝在位時間甚短，僅十三載，部份詩人因橫跨康、雍兩朝代，已於上節述及。此一時期詩人以夏之芳、周于仁、秦士望爲代表。

### 一、夏之芳

夏之芳，字筠莊，江蘇高郵人。雍正元年（一七二三）進士，六年，任巡臺御史兼學政。就其督學臺灣所取歲試之文刊行爲《海天玉尺》。並著有《臺灣雜詠百韻》，蜚聲閩海。筠莊之詩，於寫景之中，對於民生，尤其是番社中之疾苦，每每付予極深關切與同情。茲自《臺灣雜詠百首》中摘錄數首：

牛車無日不當官，沒字郵符顛倒看。踏水衝泥何限苦，忍教艱達更無端。

此詩寫官吏遠行，番爲挑夫，在炎熱的臺灣，其苦可知。郁永河《稗海紀遊》云：經過番社即易車，車以黃犢駕，而令土番爲御。黃叔璥《臺海使槎錄》云：凡長吏將弁遠出，番爲肩輿；行笥樸被，皆其所任；疲於奔命久矣，曾爲嚴止。

男拔髭鬚女鑷頤，乍逢鑑貌儘多疑。雕題鑿齒徒矜尚，未解雙蛾夜畫眉。

番俗愛少惡老，長鬚者雖少亦老，至頭白不留一鬚。明萬曆間陳第《東番記》云：女子斷齒以爲飾也。女子年十五斷去唇兩旁二齒。黃叔璥《臺海使槎錄》亦有鳳山番拔髭鬚之紀載。

杵臼輕敲似遠砧，小鬟三五夜深深。可憐時辨晨炊米，雲磬霜鐘咽竹林。

寫番人於夜間舂米其聲如磬。按：今日山地歌舞「舂米」亦爲重要表演節目。山地部落仍存有此舂米器具。據陳夢林《諸羅縣志》所載，番人粟不粒積，剪穗而藏，帶穗而舂，無隔宿之米。以巨木爲臼，徑尺，高二尺許，面凹如鍋，鑿空其底，覆之如桶，旁竅三四孔，以便轉移。杵輙易手、左右上下、按節旋行，或歌以相之。將旦，邨舍絡繹，丁東遠颺，若疎鐘清磬。客驟聽者，不辨何聲。

秋盡官催認餉忙，一絲一粟盡輸將。最憐番俗須重譯，谿壑終疑飽社商。

此寫番人在社商貪求無饜的剝削之下，一絲一粒，皆被找藉口稽徵之。據郁永河《稗海紀遊》所載：郡之有財力者，認辨社課，名曰社商。社商又委通事夥長輩使君社中。凡番一粒一毫，皆有籍稽之。射得麋鹿，盡取其肉爲脯，並取其皮；二者輸賦有餘。然朘削無饜，視所有不異己物。平時事無巨細，悉呼男婦孩穉供役，且納番婦爲妻妾，有求必與，有過必撻，而番人不甚怨之云云。

番人性猂然不狡猾，任社商欺侮而「不甚怨」可以見其厚直。然其生性樂天，有酒則飲，無隔宿之糧亦不擔憂，有歌則高聲唱，有舞則群跳之，詩又云：

花冠銀釧錦爲衣，妙舞清歌笑合圍。低唱一聲全一扣，獨留天上古音希。

據《臺海使槎錄》云：「全北巡至沙轆。嘎即率各土官婦跪獻都都；番婦及貓女爲戲，衣錦紵，簪野花，一老婦鳴金以爲進退之節。聚薪燃火，光可燭天。番婦拱立，各給酒三大碗，一吸而盡，朱顏酥者絕鮮，挽手合圍，歌唱跳舞；繼復逐逐踏地，先作退步，後則躍直前，齊聲歌呼，惟聞得得之聲。」詩中所記爲二百五十餘年前之番俗，至今仍隱約可見。

筠莊自序《海天玉尺》，論及臺士詩文曰：

臺士之文多曠放，各寫胸臆，不能悉就準繩。其間雲垂海立，鰲掣鯨呑者，應得山水奇氣。又或幽巖峭壁，翠竹蒼藤，雅有塵外高致。其一瓣一香，一波一皺，清音古響，以發自然，則又曲島孤嶼之零煙滴翠也。海天景氣絕殊，故發之於文，頗能各挺瑰異。

……

近人張其昀先生於〈臺灣的詩人〉一文中，批之曰：

此文說明人地相應之故，實爲名論。

## 二、周于仁

周于仁，字純哉，號仙山，又號龍溪；四川安岳人。清康熙四十七年（一七〇八）進士，初任福建永春知縣；雍正十一年（一七三三），自將樂縣調澎湖通制，秩滿仍留協辦。乾隆六年撰有《志略》。後來，胡格增爲《澎湖志略》，時爲乾隆五年。其〈留別澎湖諸同事〉詩，對於澎湖民風之淳善頗爲嘉許，詩云：

勞勞俗吏兩經遷，纔到澎湖便是仙。盜息何須鳴竹柝，民良無處訴蒲鞭。三事臥治身多病，一葦輕杭意轉遷。更念和衷同事者，從茲遠別亦潸然。

其〈別澎湖十六韻〉詩云：

行年將六十，三仕到澎湖。海國東西嶠，星經牛女鄉。天懸青共遠，水接碧同長。颶發疑雷吼，沙飛似霧忙。有時奔萬里，無計臥雙檣，風景雖多別，民情卻甚良。勤耕諸作飯，儉用布爲裳。麥稻還須糴，豆府尚可糧。黍黃村火密，草綠訟庭荒。柴戶何嘗閉，蒲鞭不用揚。官閒唯嘯月，民樂可烹羊。竊祿亦云久，留名敢謂芳！光陰飛石火，花甲變星霜。將別遠延佇，思歸欲束裝。群黎雖祖餞，一葦早輕杭。暫息鷺洲地，追懷賦短章。

此詩之別於前人詠澎湖者爲：一、前人多爲泛泛攬勝之作，此則長居於澎湖，深能體察民風之言。二、前人每泛指澎湖之地理形勢或爲險要，或爲必經，皆就客觀理性而寫。此則對於澎湖已有相當感情，臨別依依，回想以前種種，皆是美好如醇酒。地雖貧而人民則克勤克儉，以致官閒民樂，乃有「光陰飛石火」之！

## 三、秦士望

彰化於雍正元年設縣，文風因此而由諸羅移來，臺灣中部日漸開發。秦士望於雍正十二年（一七三四）任彰化知縣，興教致治，無不竭爲之。士望，安徽宿州人，雍正七年拔貢。其〈彰化八景詩〉有：〈焰峰朝霞〉、〈鹿港夕照〉、〈眉潭秋月〉、〈虎溪春濤〉、〈海豐漁火〉、〈肚山樵歌〉、〈鎮寧晴雲〉、〈線社煙雨〉等。當時彰化縣，南以虎尾溪爲界，北以大甲溪爲界。其〈焰峰朝霞〉云：

草昧誰開大海東，高燒烈火有神功；赤露曉映扶桑日，丹嶂晴驅擘柳風。焰射雞籠遙可接，光銜鷺島遠爲烘。凌晨景物欣何似，萬丈芙蓉照眼紅。

焰峰係指「九十九尖」，在南投縣國姓、草屯境內，峰似火焰，九十九岳，沿烏溪而立，相傳原爲一百岳，毒蛇猛獸猖行，經雷打下一岳，蛇獸乃斂。由彰化向東望去，焰峰隱約可見，在當時彰化縣之轄區，故列入彰化之一景也。又如〈肚山樵歌〉云：

山高樹老與雲齊，一逕斜穿步欲迷。人踰貪隨巖隱鹿，歌聲喜和野禽啼。悠揚入谷音偏遠，繚繞因風韻不低。刈得荊新償酒債，歸來半在日沉西。

「肚山」即大肚山，在今臺中、彰化交界之成功嶺。此詩描寫樵夫在山巖中討生活，由於與白雲麋鹿、禽鳥爲伴，所以生活中充滿了悠揚之風韻。歸來又有夕陽相伴，其境甚美。此亦太平盛世，天高帝遠，與世無爭之生活寫照。

# 第五章　乾嘉年間之詩

## 第一節　乾隆年間詩人

乾隆時期之臺灣詩人，以陳輝、楊二酉、張湄、六十七、范咸、卓肇昌、錢琦、朱景英諸人爲代表。

### 一、陳輝

陳輝，字旭初，號明之，臺灣縣（今臺南）人。乾隆三年（一七三八）舉人。善文工詩。巡道劉良璧續修《府志》，聘任分輯，故誌中頗載其詩。大都閒居之作。其〈中秋書感〉云：

碧空無塵一色秋，疎星片月淡雲收。霜霑桂樹寒香滿，露滴桐梢瘦影幽。幾處微吟依海岸，半空清響起江樓，誰家玉笛橫吹裏，卻把關山惹客愁。

此詩清涼有致。另有〈買米〉詩云：

米市三百錢，皚皚纔一斗。聚困思漁利，乘此誇其有。臺人不皆貧，亦豈盡富厚。菜色歎時艱，枵腹絕薪槱。官司榜平糶，人趨唯恐後。一丁米三升，鞭朴驚且走。攢簇擁吏胥，蒙怒不厭醜。公庭散未了，挈稱且扶叟。誰謂臺陽地，盈阡更累畝。名爲產米鄉，亦有饑人否？聞道昔先民，餘三在耕九。貯粟預爲計，豐儲多聚朽。今人何不然，歲歉輒搔首。謂是俗紛華，虛糜費已久。所以無盈餘，飢來罄瓦缶。窮廬有寒士，捉襟常見肘。米賤揚糠粃，米貴懸杵臼。三炊雖舉火，菇草兼飯糗。一聞米價高，歎息謀萊婦。高堂有老親，幼子尚黃口。仰事與俯畜，詩書非瓊玖。欲賣不值錢，換米祇取咎。洋洋泌水清，樂飢且自守。海日昇扶桑，光華照戶牖。春色不我靳，綠到門前柳。頗愛陶潛節，慷慨莫相負。抗志養其生，士行不可苟。五斗懶折腰，三升豈輕受。甘貧本素心，肉食匪吾偶。

連横於日據時期讀此詩後云：

臺灣爲種稻之地，一歲三熟，前時米價頗廉，販運福建各地，苟非水旱之災，未有市價踴貴也。旭初集中有買米一首，斗值三百文，可謂昂矣；然以今較之，不過四分之一。（見臺灣詩乘）

此爲「詩，可以觀」之實證也。

## 二、楊二酉

楊二酉，字學山，山西太原人。清雍正十一年進士，入翰林。乾隆四年（一七三九）以御史巡臺，奏建海東書院於臺南以造士，頗得民望。其〈重陽過海東書院〉詩云：

重洋遠渡度重陽，載酒尋花花正黃。文苑連朝開霽色，春臺九月著羅衣。種來桃李新多實，培得芝舊舊有香。今日登高臨海國，奎光一點上扶桑。

眼看自己手栽之「桃李」已結實，培得芝蘭已有香，十年樹木，百年樹人，心中安慰，可想而知。

## 三、張湄

乾隆六年（一七四一），錢塘張湄巡臺。湄字鷺洲，號南漪，又號柳漁。雍正十一年進士，由詞垣改御史。巡臺之時，嚴稽冒籍，校士公明。官至兵科給事中。工詩，著《瀛壖百詠》，《柳漁詩鈔》等。其〈泊澎湖〉云：

……澎湖環島三十六，歷歷人烟出漁屋。未須滄海成桑田，結網臨淵食粗足。我來收泊馬宮灣，舳艫屹立凝邱山。三夜驚濤舂客枕，夢魂跌宕雷霆間。是時望雨憂如渴，極目園疇斷余蘖；北風可但濟行船，喚起痴龍驅旱魃！

此時澎湖漁業發達，人民靠海爲生，雖然沒有田可耕，但生活不成問題，只是久旱不雨，連過路的張鷺洲也爲之著急。詩中已見「媽宮灣」在當時與漁民生活之密切關係。

鷺洲之詩，計爲：一、登臨。二、節日。三、民生。四、番俗。五、雜感。

登臨詩，如〈蓮池潭〉詩云：

蓮瓣芹絲一氣香，天然泮水繞宮牆；林端不許飛鴉集，山勢高騫拱鳳凰。

蓮池潭在今高雄縣左營，至今仍在，山光水色，風景絕佳；旁有孔廟，建於康熙二十三年，是以詩中有「泮水」「宮牆」之字。張湄此詩，足使山水名勝爲之生色。其〈五妃墓〉詩，將五妃比作田橫五百人，別出心裁。詩云：

瘞玉埋香骨未塵，五妃青塚草長春：雲凝孤島魂相伴，直抵田橫五百人。

其節日詩，如〈七夕〉：

露重風輕七夕涼，魁星高讌共稱觴。幽窓還稱喁喁語，花果香燈祝七娘。

張湄自注云：七夕，家家設牲醴、果品、花粉之屬，夜向簷前祭獻，祝七娘壽。或曰魁星於是日生，士子爲魁星會，竟夕歡飲，村塾尤盛。其寫民生之詩如〈夏日得雨〉：

輸粟重洋役汎舟，濟時方略愧前籌。萬家覆島如孤旅，三日爲霖解百憂，聲振地雷横出海，勢分天澤倒懸流。會須斗酒從田父，叱犢村中看綠疇。

苦旱之役，雷聲隆隆，甘霖懸倒，其欣喜寬慰無以言喻，而「叱犢村中看綠疇」，一切盡在不言中矣。其〈番俗〉詩有云：

色練衣衫最麗都，換年風景野花敷；金藤耀首新裝裹，答答偏宣釁也珠。

將番人喜愛豔色衣裳，披金戴珠，開朗直爽之個性，以活潑鮮明之筆調敍述，十分傳神。

張湄〈雜感〉詩云：

高浹天墟括九洲，茫茫一水認琉球。風生鰲背重溟黑，雷奮鯤身巨島浮。針路向空難問渡，鐵礁拔地不容舟。林顏幾輩蟲沙沒，落日蒼涼赤嵌樓。

此似張湄登臨赤嵌樓，望大海悠悠，想起昔日在中土之時，印象中之臺灣，可望而不可即，如今親臨其境，感觸萬千而作。

## 四、六十七

張鷺洲巡臺後三年，繼有巡臺御史六十七，號居魯，滿洲鑲紅旗人。於乾隆九年（一七四四）來臺，在位二年，與范咸重修《臺灣府志》。著有《臺海采風圖考》、《番社采風圖考》、《使署閒情》等，蜚聲一時。

六十七頗擅繪事，有「畫竹」、「題畫山水」、「題碧桃花」、「畫菊」等詩，「畫竹」云：

數竿和月碎搖金，霜淨煙梢碧玉森。我愛此君緣底事，清風高節總虛心。

清兵入關至此正好一百年，六十七爲旗人，此詩完全是中國傳統讀書人之風格。六十七之詩，傳誦者甚多。其友愛新覺羅雅爾哈善，正紅旗滿洲人，清翻譯舉人，雍正十年任福建按察司。有〈再答六司諫〉詩云：「思君水詠池塘句，忽接魚箋笑口開。狂態於今猶未減，素心依舊不須猜。采風已有詩千首，遣興何妨酒百杯。同在天涯懷鳳闕，幾時聯轡入燕臺？」將居魯之巡臺賦詩比爲「采風」，頗爲恰當。按：此時與熊學鵬詩重複（見《鳳山縣志》），然作者當爲雅爾哈善較確，蓋二人同爲旗人，從詩中口氣可以知道二人交情及與皇帝之親近。

六十七有詩數首與熊學鵬（進士，雍正八年巡臺御史）重複，皆見載於《重修鳳山縣志》。其〈水仙花〉、〈七里香〉意境甚雅，〈水仙花〉（限芳字）云：

雲魄冰姿淡淡妝，送春時節弄芬芳。著花何止三迴笑。惹袖猶餘半日香。竟使青繩垂翅避，不教昏瘴逐風狂，靈均莫漫悲蘭茝，正色宜令幽谷藏。

## 五、范咸

范咸，字貞吉，號九池，浙江仁和人。雍正元年進士，十年（一七三三）任巡臺御史。與六十七重修《臺灣府志》，著《婆娑洋》集。范咸之詩以詠臺灣花卉與風俗者最多，且每加以考證，其治學精神，頗足欽佩。〈臺江雜詠〉云：

占風小草宛如莫，官廨初營有綠廳。園地慣收百日赤，林間無改四時青。聲呼晴雨籠中鳥，語學朱嘀海上伶。最怪香燈誇七夕，三家村裏祀奎星。

占風小草，今稱「颱風草」，番俗以此草占每年是否有否有颱風。草初生無節，則周歲無颱，每一節主颱一次。「百日赤」指穀米種於園，穀白米赤，六七月種，百日可收。「四時春」乃木葉經冬不凋。「籠中鳥」指白鳩，知雨晴。「味嘀」，語出郁永河〈竹枝詞〉「嘀味唱出下南腔」。

魚舟歷亂曉燈紅，久狎波濤不畏風，結網纏罟輸課易，隨潮滬箔取魚同。怪他新婦脂如玉，無那鸚哥首已童。蟳蠘紛紛收不得，監州好作信天翁。柑子甜過橘柚勳，西瓜元日得新嘗，因耽蕉果能清肺，酷愛番榴是別嚐。辨味誰能輸荔子。解饑人只食檳榔。西方移得波羅蜜，又種菩提問佛桑。

貝多籬畔雪如堆，又見優曇花信催。不向中原爭豔去，卻依荒島避人來。求仙敢問長生事，化俗還期治世才，寄語海南勾漏令，丹砂莫載帖船回。

二首皆以臺島之土產入詩。前首「新婦」、「鸚哥」皆魚名，「蟳蠘」皆蟹之別種。「番榴」，俗稱梨子茇，范九池自注云：「臭味觸人，番黎嚐之。」按：番榴在稍早皆不爲臺人所喜愛，非果中上品，然今因營養學爲人所重視，番榴之身價在十年來，一反過去，已爲昂貴之果。次首寫「貝多羅」花，此花前人多愛爲其賦詩，九池「不向中原爭豔去，卻依荒島避人來」別具風韻。九池之〈水仙花〉詩，尤教人愛，詩云：

霓裳翠袖剪吳綾，烟霧輕籠弱不勝。綽有風神凌海嶠，憐他冷豔斷春冰。銀盤皎潔還疑雪，金盞嬈嬌好試燈。疑與梅花同配食，水仙王朝最相應。

## 六、卓肇昌

乾隆年間，鳳山文風特盛，卓肇昌可謂此一時期之代表人物。肇昌，爲夢采之子，字思克，鳳山縣人。乾隆十五年（一七五〇）舉人。官揀選知縣。嘗掌教書院於龜山麓，著有《栖碧堂全集》。乾隆二十八年王瑛曾重修《鳳山縣志》，肇昌生長於鳳山，參予分修，駕輕就熟，貢獻尤多。

肇昌之詩，多爲高屏一帶攬勝、寫景之作。其中〈龜山八景〉、〈鼓山八景〉、〈東港竹枝詞〉、〈萬丹港曲〉、〈琉嶼曉霞〉尤爲深刻。其〈鼓山八景〉爲：

秀峰插漢：

屭贔連天聳，巍巍鬱翠嶠，排鋒凌泰嶽，俯視渺麼么。坐石霞生岫，踏蹊虹作橋。松梢頻礙月，鴉背欲干霄。天半來歸衲，雲根下晚樵。置身親斗極，滄海一浮飄。

肇昌自注云：秀峰高數百丈，鋒銳絕秀，拱照學宮縣城。

石佛凌波：

突兀海中石，群瞻西竺人。崚嶒天外現，髣髴如來身。佛頂雲生髻，伽趺草作茵。千江明月夜，三島碧波春。常以杯爲渡，渾疑鷲是眞。自心法本有，奚必問諸濱！

石佛嶼，在鼓山西，屹峙海中如石佛，故名。

**雞嶼夜帆**：

海門清穴寥，輕棹欲杭之。月映鰲頭落，流分燕尾支。同帆撾聽鼓，潛壑客探驪。宵靜波心迴，舟搖嶂勢馳。村光遙望渺，歸思度灣遲。唱罷金雞曉，伊人水一涯。

肇昌自注云：雞心嶼，在鼓山門中，港灣曲折，兩傍峽峙，中容舟楫往來。

**斜灣樵唱**：

忽聽樵子唱，躑躅下前山；幾曲斜峰亂，一肩落日還。輕風聞遠浦，清響度花灣；嫋嫋鶯頻和，冷冷石點頭。行歌聊自適，笑士不如閒。試問家何處？白雲屋半間。

**元興寺鐘**：

豐山霜後徹，縹緲白雲陲。地淨音偏迥，山深響覺遲。潭龍聽講罷，枯衲坐禪時。清夜寒猿淚，閒敲畫舫移。經廊殘月冷，和雨度聲悲，不寐發深省，花宮露滿墀。

**石塔垂綸**：

石塔凌波起，磯頭棹幾竿。沙明魚認餌，影落水浮巒。太乙舟初泊，任公釣欲殘。半鈎人坐月，絕頂夜忘寒。好乘長風破，據憐獨繭難。烟霞聊寄傲，即此是嚴灘。

**旗濱漁火**：

旗濱泬寥夜，漁火滿沙洲：風渚熒熒亂，星船點點秋。疑珠鮫欲泣，高燭蜃爲樓。二島輝珊樹，五花漾翠虬。光搖平野濶，影入大江流。客夢中宵永，殘燈古渡頭。

龍井甘泉：

冰井甘於醴，涓涓萬斛泉。玉磯噴雪碎，石乳撒花濺。蟹眼千尋深，龍漸百丈淵。茶瑠烹活火，藥鼎沸松烟。金鯉泝流躍，蒼驪抱月眠。噓雲徵有象，灑潤遍桑田。

肇昌因掌教書院在龜山之麓，對於龜山景色，尤爲熟悉，《臺灣府志》山川云：「龜山，在邑（鳳山縣）治左，近接半屏山。中多喬木，繁陰密蔭。」龜山至今仍在，亦爲遊覽高屏名勝所必經之地，肇昌於〈龜山八景〉詩自序云：

龜山當鳳城中，石秀山青，猿啼鳥語；花月芳辰，景物堪娛：誠邑中勝概也。予教書院，傍山之麓，尋幽挹勝，相賞特深。爰就所見，發爲題詞；或毋至山靈笑人寂寂耶！

八景分別如左：

山嵐曙色：

曙色山逾迥，層層映翠螺，浮嵐微影動，排闥送青過。宿霧松梢斷，蒼烟樹杪拖。仙鬟粧罷曉，玉女鏡初磨。氣似添朝爽，容猶帶夜皤。遙知蓬島裏，瑞靄更如何！

層巖晚照：

朧屐方憑陟，桑榆墜鬱華。夕巖浮隱見，紫氣映參差。倚檻餘殘影，開窗欲烘霞。山將圖乍捲，人自望中賒。翠染蛾眉黛，紅攢佛髻花。不愁風景晚，返照正無涯。

雨中春樹：

名山多雜卉，蓊薈忽濛濛，樹落蒼烟外，春飛細雨中。隔枝蛩語別，喧雨鳥音同。鶴入松梢雪，鶯翻葉底風。幹黏蒼蘚潤，翠滴碧潭空。渭北春光早，萬年色正融。

疎林月霽：

皓魄秋霄迥，千林漾影妍。幾重深淺樹，萬里泬寥天。照委桃腮膩，寒篩碧篠鮮。戀花殘蝶夢，棲樹睡禽跧。林氣微風動，苔華帶露湔。冰壺瑩徹裏，普照正無偏。

晴巒觀海：

絕頂晴峰陟，遙瞻碧海迎。川光山上湧，巨浸望中生；渾似凌天漢，依稀接玉京。坐雲看變化，觀水悟清明。沙鳥孤飛盡，歸舟一抹橫。緲縹無盡處，從此達蓬瀛。

古寺薰風：

朱明蒸溽暑，香刹度薰風；習習生阿卷，徐徐過院東。篆烟香泛裊，優鉢影飄融。送雨飛遙浦，將雲度舊叢。攜笻披老衲，曲徑掃奚童。解愠欣康阜，瑤階譜舜桐。

登峰野望：

瞥見郊原迥，攀躋獨造巔。荒村團翠綠，平野亂風烟。數點凌霄雁，幾行冒雨犍。井疆紛姓氏，熙皞繪山川。古道長楊裏，歸舟落照邊。置身親斗極，興會覺悠然。

寒夜啼猿：

寒夜聲俱寂，窮猿擢老枝。群歡歌和汝，孤調唳淒其。鳴晦知心渺，衡寒顧影危。好吟催夢短，悲思度更遲。弄苗留遺韻，賜緋或待期。嘯啼聊自適，長伴商山居。

岡山在鳳山縣（今高雄縣）內，有小岡山、大岡山。據劉良璧重修《臺灣府志》云：「小岡山、大岡山，兩山相聯，不甚高。大岡山在北、小岡山在南，兩相對峙。小岡山頭有巨石，圓秀如冠，爲妙帽石。內地舟來臺，過澎湖東吉，即見大岡山。是與臺灣猴洞諸山、諸羅南馬仙山相界處也。」肇昌有〈岡山樹色〉詩云：

岡巒盤曲亂峯堆，翠色青蒼望幾回。藥圃橘紅誰試啖，仙園桃熟客偷來。花傳那子何曾見，種別風流異樣開。欲問偓佺攜手處，數聲樵唱水雲隈。

又：〈淡溪秋月〉云：

一泓澄澈隱沙洲，月色冷冷泛碧流；光浸潭空星斗濶，寒篩夜氣荻蘆秋。步溪應有懷三笑，垂釣訟看落半鉤。可是若耶清迥處，詩人添得思悠悠。

「淡溪」即下淡水溪，昔稱「淡水溪」。朱景英《海東札記》云：

鳳山縣東南三十里爲淡水溪，源出山豬毛社後山。水初出爲巴六溪，合力力溪、大澤溪、冷水坑，會流數十里入海。每夏秋水漲，諸溪驟滙，海不能洩，灝溔不可涯計。水落後，洲渚縱橫，有褰裳涉者，有用竹伐濟者。

肇昌有〈球嶼曉霞〉詩，乃寫今屏東縣之小琉球也。《海東札記》云：「小琉球山，鳳山西南海中嶼也，周三十餘里，內饒竹木，山下多礁石，巨舟不敢泊，樵採者棹小舟往焉。昔有墾土居者，今亦徒入以爲禁地。」其詩云：

琉球島孤屹天池，霞蔚華騰若木枝。蓬嶠陸離輝貝闕，金波瀲漾捲朱旗。彩紋乍烘雞屏舞，糺縵方濃鶴氅披。此去洪崖應有伴，朝餐五色換仙肌。

臺人以「仙」入詩者較少，古人未履此地，以「仙山」想像此一蓬萊仙島，親臨此地，雖則花木盎然，鳥鳴獸啼，加以土番生活與中土異趣，然此皆活生生之現實生活，是以前人多以臺島之風景與番俗爲題，少有吟詠仙境之詩。肇昌獨對仙人山之傳說耿耿於懷，有〈仙人山〉、〈仙人對奕〉、〈仙山謠〉等詩三度賦之，蓋「仙人山」傳說在鳳山縣境，沙馬磯山頂，天氣晴朗時，有紫、素二仙人對奕石上。〈仙山謠〉云：

天姥出東南，崔嵬黑霄隔。地逐形勝高，不見雲影坼。上有洪崖井，峰前許仙宅。逍遙登絕巔，來往仙人跡：或馭青牛騎，或控飛鶴白。朱霞散九光，珊珊顏瘦瘠；三素乘之下，六銖衣九襞。杉松鬱虬龍，雙仙坐危石。仙童三、四人，環觀相對奕；楸枰玉指分，輕敲金韻擲。飧以百煉丹，啖以青田核。斯須聞玉笙，山陽鋏笛作。揮手忽停之，相看棋忘著。五峰何岹岩，靈草生根蕚。但有青鼯啼，長林孤月落。山中局未終，人間幾猶柞。千載倘歸來，不復知城郭。

肇昌〈古橘謠〉詩自序云：

昔傳岡山有石洞，樵人至絕頂，見石室一座，間留題畫蹟。登堂，有白犬迎人。環室皆橘樹，實如碗，啖之甀甘香。歸謀再往，失其室，並不見有橘。事近，然亦一奇勝也；作「古橘謠」。

此與陶淵明〈桃花源記〉有異曲同工之妙，故事背景一在中原一在炎南之臺灣，由於南方天熱，使人口渴，因此故事以橘代替桃花，且橘之爲物較桃花更爲實用，此乃先人一種理想中之世界耳。詩云：

蓬萊宮前合歡樹，碧葉金衣凌霄塢；朝餐五色文彩霞，露浥金莖廣寒府。六月珠顆紅離離，樵者入山持雷斧。仙室窅然幽以深，小苑叢叢石洞古。洞門白犬笑人來，碧落峰前雞鳴五。抱犢壁間列素書，欲稽叔夜辨岣嶁。羽衣高人玉煉顏，手把珊瑚拂雲塵。贈我金瓣珠盤紅，晏嬰並食不欲剖。千頭木奴不記年，逾淮而北枳爲乳。金骨仙騎紅尾鳳，乘空回首笙簫弄；山風縹緲剪霞綃，孤鶴咬咬寒淚凍。霧蓋狂塵億兆家，世人猶作牽情夢。

## 七、錢琦

朱一貴之亂平定後，清廷設御史巡視臺灣，兼提督學政。巡臺御史之能詩者如范咸（九池）有《婆娑洋集》，張湄（鷺洲）有《瀛壖百詠》，蜚聲藝苑，傳播東寧。而堪與之抗衡者，錢琦也。琦，字嶼沙，浙江仁和人，乾隆二年進士，授編修，任監督御史，十六年春巡臺。璵沙之詩多寫臺南與澎湖景物，間有海上之作。其〈澎湖文石歌〉乃歌澎湖之特產文石，歌云：

茫茫元氣虛空鼓，長波汗漫蛟鼉舞；忽然蓬萊失左股，幻結澎湖擁仙府。秀靈磅礴孕扶輿，滄桑閱歷成今古。遂有寶氣磨青蒼，知是奎星墮沙渚。雷電追取勑神丁，冰雪琱鏤運鬼斧；合則成璧分如珪，員或應規方就矩。蘇斑隱躍漬璘璘，螺文屈曲旋楚楚。或如端溪鴝鵒眼，或如炎洲翡翠羽；蒼然古色露精堅，秀絕清姿工媚嫵。几案有時烟雲供，光怪猶作蛟龍吐。底用珊瑚採鐵網？那復夜光誇懸圃。我來海外搜奇材，誰料眼中盡塵土；塵土塵土何足數，此石莫共匣劍處。猶恐神物不自主，夜半飛騰作風雨。

據朱景英《海東札記》記載：

澎湖出文石，土人碾爲唸珠玩物，列肆以市。石理如指螺，淡黃色，暈間以白，略可觀。然質枯而色黯，非珍物也。今竟以此爲書院標額，鄉曲之見，不堪噱耶！

按澎湖文石至今仍爲有名之特產，其石確非珍物，然以澎湖多風沙，土質多鹽而不潤，能有此物已屬難能。且物之貴賤每因主觀之個人喜惡而定。在璵沙眼中，文石是「蒼然古色露精堅，秀絕清姿工媚嫵。」故能名聞遐邇。

璵沙於乾隆十六年（一七五一）初抵臺灣時有〈抵任〉詩云：

四溟中斷早潮回，鐵板沙礁面面開。天設鹿亹嚴鎖鑰，地凝蜃氣幻樓臺。使槎遠載春光到，官府宣傳上界來。合是前身香案吏，江山管領到蓬萊。

東洋世界入婆娑，笑領頭銜一甲螺。豈合濟川充作揖，自甘考績拙催科。近南氣候秋冬少，入俗衣冠傀儡多。爲是聖朝宏遠化，百年海水不揚波。

《彰化縣志》收錄袁枚〈心中聖人歌，寄錢璵沙方伯〉，頌揚璵沙之文才與巡臺之政績甚詳，摘錄如左：

書中有賢人，其人不可再。心中有賢人，其人宛然在。其人在何處？閩江爲屏藩。吾幼與同學，吾長與同官。溫公愛蜀公，生前爲立傳。吾亦愛錢公，意欲書其善。公書善歐趙，公詩善白蘇；稱公以兩善，淺之爲丈夫。

首言二人之交情，次言璵沙之書法近歐陽詢與趙孟頫，詩兼白居易之淺近親切與蘇軾之豪邁。又云：

彰化内凹莊，生番殺黠首；賴白兩姓家，二十有二口。故事番作惡，武吏有責成。生番殺人重，熟番殺人輕。大吏爭護前，各以熟番報。公時巡臺灣，獨以生番告。洋洋海風起，偏遲御史章，奏騎既濡滯，所奏又乖張。又語切加責，大吏滋不悅。詷者來調停，訹公改前說。公指窗前山，是豈可動乎？苟其狗有位，何以對無辜？亡何矯虔吏，買頭作誣證，事發得上聞，昭昭里白定。……古有班馬才，能記非常事。今有班馬才，苦無事可記。我欲得公狀，催公作郵寄。公曰：「我生平，碌碌無他異。虛心而實力，祇守此四字。」大哉明公言，四字談何易？其惟聖人乎，當之庶無愧。……

袁子才爲清代大文學家，對璵沙推崇備至，足見璵沙之文才與政績，爲世所稱許。璵沙之〈晚從安平渡海歸署〉頗有寧靜致遠之意境，詩云：

平堤含夕景，烟樹半模糊。乘興喚晚涎，一葉如飛鳧。正値風光好，渡海如渡湖；千丈澄素練，十幅挂輕蒲。沙鯤明漁火，紅影透菰蘆；上亂星斗宿，紛射黿鼉居。水氣摩盪之，散作千驪珠。橫空一鈎月，墮入崑崙毹；似欲釣六鰲，驚走小鱠鰅。須臾近彼岸，潮退泥沙汙。滄海幻桑田，轣轆駕牛車。爾時夜氣靜，萬籟歸虛無；栩栩不自覺，恍惚凌仙壺。歸來猶認夢，好手誰繪圖？我夙抱遊癖，而爲緇塵污；翻身六合外，乃得縱所知。因悟天地大，到處皆蘧廬。心清境自適，底事戀鄉閭？嗤彼井中蛙，局局徒拘墟。

## 八、胡建偉

胡建偉於乾隆三十一年（一七六六）任澎湖通判。設社塾、創書院，政績尤多。三十七年陞臺灣北路理審同知，纂有《澎湖紀略》。建偉寫澎湖之詩最多，爲珍貴之史料。有《渡海紀行》記乾隆三十一年從廣東三水故鄉赴澎湖任事之沿途所遇，詩中有「天雞未鳴天已白，茫茫飛渡黑水溝。黑水之溝黑逾墨，蛟鯨宮闕龍伯國。……最憐徐福三千人，昔年過此曾問津；求仙採藥那可得，至今漆齒作文身。八十年前驅鱷戰，兇人革心先革面；九州之外又九洲，盡入版圖要荒甸。置官命吏滄溟東，捧檄萬里乘長風。坎險如夷履平地，丈夫如此亦豪雄。」黑水溝風浪險惡，至今猶然。「八十年前」指平鄭之事，詩中透露著大清之國威。此爲乾隆時代官吏的普通心境。

建偉之〈澎湖歌〉對澎湖之歷史、地理民風之良否皆有詳盡之描述，詩云：

藐茲澎湖一孤島，幅員百里彈丸小；九州不入禹貢圖，開闢以來置不道。荷蘭驅逐僞鄭平，設官命吏名斯肇。臺陽喉咽壯藩維，金、廈戶庭資障堡。宅澳爲村一十三，民居錯落晨星渺。歲不十雨月千風（多風、少雨之地），波翻浪覆勢傾倒。匝時鹹水漲漫天，白日昏昏盡窅窅。流沙一片恍飛霜，草未逢秋已盡黃。地無高岡與陵麓，又無溪澗與橋樑；又無飛禽與走獸，又無花木與篔簹。織紝不事無麻苧，絲帛不出無蠶桑。三農最重無牟麥，五穀最貴無稻粱。爨糞為柴仗牛矢，（土人燒牛糞，呼為牛柴），薯乾作食呼薯米（喚薯乾為薯米）。土瘠民貧何處無，未有土瘠民貧到如此！只合乘潮討海為新畬，揚帆掉槳為犁鋤；張繒掛網為稼穡，戳按塞滬為篝車。多黍多稌頌蜃蛤，千倉萬箱祝蝦魚。不祭田祖祭龍伯，吹邠擊鼓水中瀦。俗儉勤、人椎魯，熙熙恬恬風近古。不崇佛教絕僧尼，寺觀禪林知未覩。漁者恒漁農者農，飢食渴飲安井伍。更無雀鼠訟譸張，公庭清晏如召、杜。論文時亦聚諸生，詩書善氣溢眉宇。千里一聖百里賢，化導在人須鼓舞。割雞慣笑子游刀，家絃户誦並中土時余興學課文，生童大加奮勵。惟有媽宮市上頗不馴，言龐事雜多游民；草竊無聊兼牙僧，鰥兵蜂聚重為鄰。赫赫炎炎盡烈火，厝薪不徙勢必焚。溱洧有蕳野有蔓，鶉奔狐走鳥獸群。從此洗心先革面，海宇清寧看虎變。褊心杞國日焦憂，隻手欲挽狂瀾濺。勿云蕞爾無重輕，半壁東南關帝眷。作此長歌備採風，形勢輿情一目見；告我凡百諸君子，勿棄芻蕘下里諺！

澎湖一向地瘠民貧，建偉盡心教養。始建文石書院，親校文藝，手訂學約十條以為程式，又勸各社多設義塾，助其經費，時往觀察。又以澎湖開闢已久，文獻無徵，前任通判周于仁僅成志略一卷，版又失傳，乃輯《澎湖紀略》十二卷刊之。讀者稱為治澎第一。其〈文石〉

詩，對於澎湖之「文石」推崇備至，無怪乎書院以「文石」爲名，詩云：

石産於澎瀛之西嶼，居人採取，琢爲人物、花卉、鳥獸、魚蟲、圓璧、方圭、念珠、手串，色色皆備，以例案頭雅玩。閩中人士過此者，莫不購求焉。斯亦大塊之菁華、一方之貴重歟；地靈何處不仙洲？且看文章點石頭。寶氣陸離威鳳舞，金光灼爍錦龍浮。好將閱世存雙眼（石以有眼者爲佳），本許違間老一坵。海外自來多瑰異，願隨方物備共球。

輝山潤木最精神，雅重儒林席上珍。幾度沉埋封草莽，一朝磨琢出風塵。不愁抱泣同和氏，轉恐抛奇有魏人。藻采更饒堅確性，問從何處覓緇磷？

光華日月著文石，肯共雕蟲小巧爭？鎮物本來資厚重，補天由此費經營。樹從玄圃花常滿，種向藍田玉自生。絲竹一時訴合奏，大成猶藉振金聲。大作圭璋小念珠，方圓隨意總規模；鏤光錯彩如三棘，奪目怡神亦五都。成子漢庭推碩學，充宗文苑頌鴻儒（二公俱遇異人授文石呑之，後大明悟，遂爲一代名儒）。瑯玕肺腑璠璵品，價重連城出海隅（時建書院額名『文石』）。

## 九、朱景英

乾隆三十四年（一七六九）。朱景英渡臺，任臺灣海防同知。景英，字幼芝，號研北，湖南武陵人。乾隆間解元。乾隆三十九年，調臺灣北路理番同知，敷政寧人，雅愛文士，善掖後進。公餘之暇，流覽圖籍，博雅自喜，書工漢隸，蒼勁入古，著有《畬經堂詩集》、《

海東札記》等。景英之詩多感懷之作而少有描寫臺灣景物風俗者，蓋以後者皆備於其所著《海東札記》中矣。《海東札記》分四卷，有記方隅、記巖壑、記洋澳、記政紀、紀氣息、紀土物、記叢瑣、記社屬等八記，於乾隆三十七年（一七七二）初版於北京。對於當時臺灣之人文、博物無論鉅細皆有記載，爲史家所推崇。其〈後龍早發〉詩云：

徹夜嚴風憾樹聲，海壖北去早寒生。眞成五月披裘客，即更殊方叱馭行；備矣鳥夷煩力役，寂然里鼓鬧征程。簡書於我何相迫，無限衰遲遠宦情。

後龍在今桃園縣，想必此詩作於乾隆三十九年調任臺灣北路理番同知之後，於任內所寫，對於此項工作已有倦意。另有〈臘夜〉詩，亦見懷鄉之意，詩云：

絕域三冬暮，寧辭酒殘空；漫看年少樂，不與故園同。殊俗還多事，生涯獨轉蓬；梅花萬里外，疏放憶全窮。

## 第二節　嘉慶年間詩人

### 甲、遊宦詩人

乾隆末年，臺灣西部肥沃平原地開發殆盡。嘉慶年間，繼續漸及較貧瘠地區或山麓。嘉慶元年，吳沙入哈仔難（宜蘭）築土圍（今頭城）居。十七年新設噶瑪廳於五圍，並設仰山書院於廳治。蘭陽平原於焉開發。此時臺島詩人有流寓之謝金鑾、鄭兼才、吳性誠、楊廷理、姚瑩、林樹梅。及邑人臺南潘振甲、章甫、黃化鯉、陳登科、林奎章、陳廷瑜、陳廷珪、黃延璧，嘉義陳震曜，彰化曾作霖，澎湖呂成家等人。

流寓諸人，或編纂方志或掌教書院，對臺灣文化皆有具體深遠之貢獻。

## 一、謝金鑾

謝金鑾，字巨廷，一字退谷，晚改名灝。福建侯官人。清乾隆五十三年舉人。嘉慶九年（一八〇四）任嘉義教諭。十二年，與鄭兼才合纂《臺灣縣志》。著有《噶瑪蘭紀略》、《二勿齋文集》等。退谷有〈臺灣竹枝詞〉自序云：

五、七言詩，以典雅麗則爲宗。惟「竹枝」雜道風土，雖言里諺皆可以入則，猶「國風」之遺也。金鑾以甲子臘月司鐸武巒、乙丑供試事，僑居赤嵌，俯仰衍沃之邦，而感憤於人心風俗之所以弊，乃自《赤嵌筆談》、《東征記》諸書以外竊有論述焉。而其餘者，耳目所經，時亦形諸歌咏。偶有悵觸，輒成小詩。紙墨既多，遂無倫次，聊復書之。俟有續得，當備錄焉。

〈竹枝詞〉：

興觀群怨總情移，溱洧淫哇亦繫思。底事刪篇餘十五，蠻風曾不入聲詩。輕颸二八水無波，南汕潮來北汕過。攜酒安平呼晚渡，一桅斜日蜑船歌。

水仙宮外近黃昏，遙北斜看第幾鯤。潮信來特沙鹵白，亂星漁火簇城門。

里差經緯問周髀，合朔哉生有異宜；廿八宵中明月影，彎彎初二見娥眉。（臺灣初二夜即見月，至二十八日殘月尚高。凡二十八夜，皆見月也。）

封家來去總無因，五兩頻煩問水濱。暑月看人帆勢好，西風吹上七鯤身。（臺灣風信與內地迥殊，長夏五、六月最多西風，謂之「發海西」。）

馬跡牛窪轍路交，草場墟市數衡茅；分明一帶邳州道，楊柳年來換竹笆。（臺灣雖隸福建，而平原衍沃，大類北土，惟路旁多叢竹，不種楊柳耳。）

軋軋車聲攪夢殘，高城曉色迫人寒。朦朧客枕曾驚記，五月呼驢出泰安。

泉漳一葦便行舟，客侶汀州及廣州。聚水浮萍原是絮，浪花身世竟悠悠。

指甲花香壓髻鬖，蠻娘情語夜喃喃。泥人夢裏含雞舌，一椀檳榔出枕函。（指甲花五、六月開，枝葉大類枸杞，纖瓣長穗，濃香襲人。婦人喜得之以插髻，其葉染指，功同鳳仙。）

退谷之〈雷陽遺事〉詩云：

行李蕭蕭擔一肩，有人踪迹似前賢。倩渠募得雲林筆，一幅溪藤淡墨傳。匹馬孤棲最可憐，瘴雲漠漠海連天。微聞父老咨嗟語，此事蹉跎百廿年。

詩述陳中丞雷陽初爲臺灣觀察，嘗北巡淡水，往返千四百里，自持糗糒，夜宿村舍旁，僕從寥寥數人，見者感其刻苦。周鍾宣《諸羅縣志》述事甚詳，後人亦幾忘之矣。嘉慶丁卯，柳州楊雙梧復守臺灣，時海寇朱濆侵哈仔難，募番勇破賊而歸，不煩縣官一役，於是臺民復思雷陽之事，使工繪爲圖，以示於後。退谷本史家之筆賦詩，可爲日後文獻之徵也。

## 二、鄭兼才

與謝金鑾同於嘉慶九年來臺者，尚有福建德化人鄭兼才。兼才字文化，號六亭，嘉慶三年解元。九年來臺任臺灣縣教諭。十二年，與謝金鑾合纂《臺灣縣志》。兼才於蔡牽犯臺時，守城有功，又請闢噶瑪蘭，頗具卓見。六亭之詩多寫蔡牽之役以及路過臺灣南部之遊感。其〈喜李提軍舟師至〉云：

海外孤城困一方，陡看軍氣長戎行。潮聲風送西關迥，帆影雲連北縣長。扼要誰容通斷港，成功終久藉餘杭。樓船坐據威名重，不道將軍少智防。

蔡牽鑿沉商船斷港路，以阻清兵入剿；提軍亦令鑿沉，絕蔡牽出路，故謂「扼要誰容通斷港」。六亭之有〈羅漢門莊〉詩，羅漢門在今高雄縣阿蓮鄉之大岡山今超峰寺之東，爲沈光文教授生徒之處，其地因沈光文之提倡，文風特盛，詩云：

土牆茅屋護籬笆，户内書聲得幾家？流水故採村路斷，遠山都受竹圍遮。深藏地勢當城廓，團練鄉兵作爪牙。戰後時平生計足，綠疇春雨長禾麻。

## 三、吳性誠

嘉慶十七年（一八一二），吳性誠抵澎湖，代理澎湖通判。性誠字樸葊（又作號樸庵），湖北黃安人，清廩生。抵澎七十六日，後轉任鳳山縣丞，建阿猴書院；翌年署彰化知縣，時值穀貴盜起，勸平糶，善佈施，頗有政聲。道光四年擢淡水同知，七年秩滿離任。樸庵在澎僅七十六日，然賦澎湖之詩最多，足見意深情厚，澎湖地方人士亦與之唱酬，亦見澎湖吟風之盛。其〈初到澎湖歌〉云：

新秋來澎島，風挂紫瀾旌。又擊中流楫，孤帆一葉輕。天際微雲抹（郡志；海中遙望澎湖，如天際微雲一抹），列嶼覩崢嶸。蓮花開瓣瓣，形勢極縱橫。三十有六島，荷蓋田田擎；又如排衙狀，拱衛自天成（志謂：澎湖地形如蓮花，三十六島則花葉田田者；又云狀如排衙）。民貧緣土瘠，凋翅每呼庚。昔時人古樸，無懷葛天并；祇今漸偷薄，譸張幻蚩獰，砂磧鮮稻麥，粱粟種高坪。秋肥蒜腦薯，饔飧啜其羹。花無好李桃，草無香杜蘅。珍罕荔杏果，誰識橘與橙！不聞雲叫雁，不見柳藏鶯。啣泥渺紫燕，佈穀絕鶬鶊。所產惟白鳩。雪羽照霜翎。四面枕浩瀚，波濤澎湃聲。人家田是海，繒網夕陽桁。蟳蠘黨海月，瑣管螺蛤蟶。瑤柱西施舌，鮭菜几案呈。龍腸龍蝨類，水族萬千縈。男女競採捕，鱻甍供飪烹。乾坤浮烟霧，日月失陰晴。颱颶巽二烈，晝夜雷轟轟。天鼓挾鼉吼，魂夢駭怦怦。怒潮掀白馬，地軸翻鼇鯨。舟帆來往斷，緩急阻水程。忽然霏滷霰，海雨灑低甍，沾衣黴黕黮，嘉種萎葉莖。風土殊惡劣，士女半傖儜。四宅既已隩，撫字慎權衡。強宗思拔薙，芟剗搜棘荊。鞭蒲戒微眚，教勉先父兄。顛連豈膈膜，痛癢切孩嬰。東南雄鎖鑰，半壁天外撐。萑苻防恣肆，重鎮衛以兵。樓船頻下瀨，不坐細柳營。朝廷設文武，部署規模宏。所貴冰淵懍，夙夜惟勵精。敢戀黃紬被，放衙動譏評。代庖笑越俎，緹油荷寵榮。別乘傳車至，兒童竹馬迎。何以報知己？何以慰蒼生？不網珊瑚樹，休貪金滿籯。喜逢秋正熟，蔀屋樂豐榮。公堂躋朋酒，藹藹紛兕觥。狂瀾迴砥柱，波不揚旬訇。蒼茫雲水闊，無復哀鴻鳴（四十八韻）。

此詩將澎湖之地理形勢、風土民情、四時產物皆有深刻之描寫。其〈留別諸耆老〉詩，對澎湖善良風俗頗有好感，詩云：

瀛洲雞犬好桑田，俗美敦龐自昔年。講讓型仁期以後，還淳返璞望如前。雲山戀別留風雨，書劍隨行隔海天。多謝攀轅諸父老，從來不選大青錢。

其〈留別二首〉則對澎湖充滿依依不捨之情，云：

留別嫌無長物存，蕭然行李去荒村。多情惟有滄州月，千里清光照海門。

我本迂疎舊楚狂，雪泥鴻爪印他鄉。自慚不繫蒼生望，衹有冰心照此方。

樸庵抵臺後有「入山歌」、「北行紀」。「入山歌」對於土番之嗜殺，深不苟同，其詩云：

夢亦不到海外亂山之中，炎歊來往於烟雨寂寞之空濛。上霧下濕天日暗，谿谷嵐氣瘴毒侵雞肋之微躬。斫竹爲牀聊偃仰，破壁僧房吼夜風。撼枕聲喧溪水激，奔騰萬馬無停息。古人五月渡瀘勤，嗟余何事此間數晨夕？婆娑洋世界原寬，自歸版圖袵席安，兩戒山河經擘畫，百年疆索定紆盤。土牛紅線分番、漢，文身剺面判衣冠。毋相越畔設險守，舊章遵循永不刊。叵耐生番偏嗜殺，伺殺漢人鏢飛雪，割得頭顱血模糊，山鬼伎倆誇雄傑。瞯睒梟獍人見愁，癡頑吾民與之遊；憨不畏懼侵其地，吞食抵死竟無休。千峰萬壑潛深入，荷戈負耒如雲集，橫刀帶劍萬人強，蠢爾愚番皆掩泣。

七十二社部落分，茹毛飲血麋鹿群，中有曠隰名埔社，水繞山圍佳勝聞。周迴斜潤幾百里，豐草長林平如砥，雕題黑齒結茅居，歌哭聚族皆依此。牧牛打鹿釣溪魚，不識不知太古初，別有天地非人世，萬頃膏腴可荷鋤。

蝎來搆隙失鄰好，水社殺機藏已早，諜謀暗引貪利徒，滅虢還從虞假道。僞呼庚癸乏軍糧，欲向山中乞鹿場，矯稱官長張紅蓋，襲取其社不可當。壯者僅免幼者死，老婦飲刃屠稚子。開廩運粟萬斛多，其餘一炬屋同燬。野掠牛羊室括財，弓刀布釜盡搜來。可憐更有傷心處，掘徧冢墓拋殘骸。免脫紛紛竄巖曲，祇解哀號不解哭。愁雲白日慘昏沉，峰鋍偷窺仇起屋。築土星羅十二城，蜂屯蟻聚極縱橫，分犁劃畝爭肥瘠，不管蚩蚩者死生。

我聞痛心兼疾首，終夜徬徨繞牀走，同爲赤子保無方，斷場愧赧惟引咎。傳聞此番知大義，曾助王師殲醜類。有功不賞禍太奇，髮指兇殘頻墜淚。天地好生傷太和。況復皇恩浩蕩多。化外何曾有征伐，生成徧德伏巢窩。何物莠民敢戕害，罄竹難書其罪大。從來拓土與開疆，豈可編氓私越界？擬議爰書申大義，當事震怒從嚴治，分檄奔馳文武官，機宜良策飛宣示。宣示恩威孰敢違？先驅狼虎解長圍，摧城撤屋散其黨，還爾土田亦庶幾。仍彰國典警奸宄，罰不及衆罪有歸。

自顧庸才忝斯土，未然弛禁疏防堵。筍輿冒雨入雲山，事後勤勞恐無補。溪迴路轉駭蠶叢，羊腸叱馭笑籠東。敢辭險阻勾留苦？仗劍橫掃魑魅空。莫認蓬萊可訪仙，荒烟蔓草翠微巔，白雪欲晴黑雲雨，鷓鴣啼聲到耳邊。治人治法難俱得，大東小東堪嘆息。蒼生霖雨不相逢，救死搆斂謀衣食。興言至此顏厚有忸怩，試聽枝上子規心惻惻。寄語番奴休殺人，殺人天譴不可測。

樸庵爲一父母官，對於縣境番民動輒以飛鏢殺漢人，實感痛心。其〈北行紀〉，將嘉慶時代嘉義以北之地名，番社各入詩，爲有趣之史料，詩云：

羅山山水海東雄，緜亘千里踪難窮；朝盤赤日三千丈，浩氣直與海相烘。南抵蔦松（地名）北半線（地名）苑然塊玉橫當中。「職方」、「禹貢」雖未載，厥壤上上將毋同。惜哉大甲與中港（二社名），逼窄將次入樊籠。後壠、呑霄（二社名）勿復道，犢車犖确走蛟宮。天低海濶竟何有，環山疊裏如群蜂。坡陀巨麓一再上，劃然軒豁開心胸。竹塹（社名）分明在眼底，千頃萬頃堆芊茸。從此地老無耕鑿，下巢鹿豕上呼風。北鄰南嵌（社名）亦爾爾，淡水（社名）地盡山穹窿。東有磺山西八里（山名），銀濤雪浪爭喧轟。雞籠（山名）小饔堅如鐵，紅夷猝獪計非庸。蠻烟瘴雨令晝暗，谷寒砌冷鳴霜蛩。中有烏蠻事馳逐，狂奔浪走眞愚蒙。可憐作息亦自解，但知順則難名功。我來經過聊紀載，慚非椽筆愧雕蟲。他年王會教圖此，留取長歌付畫工。

季節變化，最能引發文人之詩興，樸庵在澎有〈重九登高詩〉六首，在臺則有十首，摘錄三首：

一派蒼茫無盡頭，扶桑萬里接瀛洲。乾坤浩蕩蛟龍伏，潮汐盈虛日夜浮。波底不逢鼇引牸，水中每見蜃成樓。玉山紅雨晴嵐護（玉山、紅雨皆臺灣山名），書劍平生此壯遊。

楚雲迴首舊江鄉，風景依稀記昔狂。綠水青山茅屋外；翠禽紅樹板橋旁。芒鞵踏遝苔痕密，竹葉啣杯酒氣香。聯襼弟兄親友伴，超然塵壒勝名揚。

倦鳥飛低意悄然，異鄉逐臭尚年年，眼看鶯侶辭幽谷，誰送鵬搏上碧天。張翰蓴鱸殊寄託，陶潛松菊好因緣。山靈應笑勞人瘦，高處難尋九日仙。

後兩首已有「每逢佳節倍思親」之感觸。而其〈放紙鳶〉詩，意境悠遠，引人遐思，詩云：

迴首江鄉記昔年，春風一線引飛鳶，乍看霽色三山地，卻放秋光九月天（他處風箏皆於二、三月放之，惟閩海九月放之，理不可解）。幾處兒童喧海畔，滿空魚鳥透雲邊。旁人莫笑凌霄晚，萬里扶搖正灑然。

海濶天空不礙飛，青霄直上挂晴暉。高排閶闔凌千仞，俯瞰滄溟小四周。健翮當秋鵬路遠，遙情隔水雁書稀。好風借得吹噓力，始信人間線索微。

## 四、楊廷理

嘉慶十五年（一八一〇）四月，楊廷理奉委籌辦噶瑪蘭開廳事宜，噶瑪蘭在臺灣東北，古稱哈子難或甲子難，番語也。今稱宜蘭。三面負山，東臨大海，平原交錯，溪注分流。荒古侍東，廢而不治。嘉慶元年，吳沙移民入墾，垂成都聚。至十五年，奏請收入版圖，改名噶瑪蘭，由楊廷理籌辦開設事宜。廷理，號雙梧，廣西馬平拔貢，乾隆五十一年八月，任臺灣海防同知，再署臺灣道，頗著政績。嘉慶十七年轉任噶瑪蘭通判，著《東遊詩草》一卷，內有數首，可爲宜蘭之掌故。其〈度建蘭城公署〉云：

背山面海勢宏開，百里平原亦快哉。六萬生靈新户口，三千田甲舊蒿萊。碓舂夜急船初泊，岸湧晨喧雨欲來。浮議頻年無定局，開疆端賴出群才。

度阡越陌到溪洲，溪水湯湯夾岸流。天道難窺原不測，人心易動合爲仇。奸民星散應防聚，佳士雲騰定寡儔。蕆事料須三載後，敢辭勞瘁憚持籌。

〈重定噶瑪蘭全圖〉云：

尺幅圖成噶瑪蘭，旁觀愼勿薄彈丸。一關橫鎖炊烟壯，兩港平鋪海若寬。金面翠開雲吐納，玉山白映雪迷漫。籌邊久已承天語，賈傅頻煩策治安。

三農力穡趁春晴，雨霽烟消極望平。山擬半規深且邃，溪如雙帶濁兼清。培元布化思良吏，劃界分疆順兆氓。他日濃陰懷舊澤，聽人談說九芎城。

按：九芎城則今蘭治，以其木堅，植爲護垣。

〈羅東道中〉云：

凌晨閒攬轡，極目望清秋。地判東南勢，溪通清濁流。炊烟村遠近，帆影海沉浮。鷗鷺應馴我，三年五次游。

按：羅東在蘭之南，番語謂猴爲「惱熏」，此地有石如猴，故名；以其不雅，改名羅東。後駐巡檢。東勢、南勢亦地名。清、濁兩溪，則蘭之巨川也。

〈登員山〉云：

莫謂此山小，龜峰許並肩。千尋壓吼浪，一抹繞濃烟。蟠際看隨地，安排本任天。披榛舒倦眼，吟望好平田。

按：員山在治西七里，一峰卓立，俯瞰平原。

## 五、姚瑩

嘉慶二十四年（一八一九），姚瑩首度來臺，任臺灣知縣。瑩，字石甫，號明叔，晚號展和。又以十幸名齋，自號幸翁。安徽桐城人，乾隆五十年生。少學於其從祖姬傳。博聞多通議論，爲姬傳弟子中之佼佼者。嘉慶十四年進士。二十四年任臺灣知縣，旋署南路海防同知；未幾移署噶瑪蘭通判，以丁憂去。道光十七年，陞臺灣兵備道，整飭吏治抵抗英人來犯，振興文風，士民稱頌。卒於咸豐三年，年六十八。著有《東槎紀略》、《中復堂選集》等。《中復堂選集》載有石甫之詩。〈海船行〉列首，爲石甫來臺時，船上作，其詩云：

海船之大如小山，挂帆直在青雲間。船頭橫臥曰杉板，板上尚可容人千。我始見船頗疑怪，緣梯拾級心懸懸。好風人眾不得駛，坐待海月迎潮圓。初行金廈猶在眼，橫山一抹如雲烟。放洋漸遠不可見，但見八表銀波翻。日光慘淡晝無色，夜從水底觀星垣。水天空濛只一氣，我船點黑如彈丸。清晨無風浪千尺，何況月黑風狂顛。到此心灰萬慮死，呼息莫辨人鬼關。舟中海客坐談笑，白髮宛宛披盈肩。自言逐伴五十載，海中往反當營田。西窮紅毛東日本，呂宋祿賴門庭前。尸羅飛頭食人穢。嗬囒空際行天船。

隨潮之禾本盈丈，徑寸米供千人餐。夷王好貨黷無已，國中生死惟金錢。就中最富咬溜吧，樓居服食侔神仙。利重不覺輕性命，往昔十七無生旋。我問翁今歲如許，應多阡陌橫雲連。客言不幸時命乖，雖有銀粟無兒孫。前年買兒作假子，飲博百萬盡棄捐。如今身老無歸處，海上風濤竟日眠。我聞客言三歎息，世事紛紛那可極。我今渡海胡爲乎？歌成海舶淚沾襟。

首言船之規模爲「大如小山，掛帆直在青雲間」，甲板上「尚可容千人」。而當時之起航，必等漲潮。其速度，則「初行金廈猶在眼。橫山一抹如雲烟」。入夜，船行於大海之中，變成「水天空濛只一氣，我船點黑如彈丸」。至若與舟中海客談天，頗似白居易〈琵琶行〉之聽琵琶女訴往事，末以「我今渡海胡爲乎？歌成海舶淚沾襟」作結。足可見當年以赴臺任官是件苦差事。而詩中借海客之言，已知當時東西洋各國之概況。

石甫〈臺灣行〉詩刊於海船行之後，詩云：

生平常怪方十言，蓬壺方丈瀛海間。謂是大言誑人生，世豈眞有三神仙？幾年作宦來臺灣，東過滄海窮烟瀾。扶桑枝組挂朝日，珊瑚樹綠充庭藩。澎湖時時出琪樹，高者盈尺聲璆然。四時花榮開未歇，夏梅春桂冬桃蓮。長年喧暖無霜雪，老死不著棉裘氈。山中之人木末處，下者亦在蒼崖巔。食無烟火況炊爨，男女赤足垂雙環。頒律不到周夏正，豈有隸首窮其年？洪濛以來到唐宋，不與中國人通船。漢初尚未開閩粵，此乃荒島盤雲烟。或者昔人偶泛海，飄風一至疑神仙。愚民自誤誤世主，妄思人可壽萬千。

豈知世界有此境，但無藥草能朱顏。若令皇武在今世，不等晚歲憬然翻。我為此歌傳
世俗；沈迷聊破千年關。

「臺灣行」有如美國太空人阿姆斯壯之登陸月球，由於親眼所見而粉碎了昔人之臆測與遐思。然石甫為一有為之政治家亦不愧為一文學家，在臺任內，振興文教，不失其遠見。

石甫之詩，受桐城派之影響，所陳皆為家國「大事」，此亦或與其生平處事有關。而少詠物、詠景之詩。其〈寄謙弟〉詩，則對自己身世頗為感慨。詩云：

賤貧骨肉常相棄，況是天涯謫宦餘。人作鳥言番社熟，路逢鬼笑客囊虛。春風有約草先綠，海島無方顏再朱。別久莫嫌疎寄語，惡懷愁緒不堪書。

石甫原為一有膽識與遠見之賢才。曾先後屬吏於武陵趙文恪公、安化陶文毅公、侯官林文忠公，以循能見知，爭薦之，謂可大用。其擢臺灣兵備道也，蓋以臺灣海防日趨重要，道光皇帝深倚重之。然鴉片戰爭起，東南內地諸郡縣皆潰，中外大臣倡議和，以求息事。獨石甫孤撐於海外，訓練士卒，連卻英軍。道光二十二年（一八四二）八月二十九日，清廷與英將在英艦上簽訂南京條約，清廷循英軍要求將守臺卻英有功之姚瑩、達洪阿二人革職，並將之前兩次因戰勝而得之封賞全部撤銷。此事雖於道光三十年，再恢復二人原職，冤獄得以大白，然對石甫之打擊可想可知。〈寄謙弟〉詩想必為此一時期之作品。

## 六、林樹海

林樹海，於嘉慶間再渡臺灣，有詩八首以記之。樹海，金門人。本姓陳，字瘦雲，副將

廷福之子。幼隨父巡洋，所至港汊夷險，輒隨手紀錄；長從周凱及高澍然遊。嘉慶渡臺，佐鳳山縣令，治埤頭水利，居戶祝焉。著有：《治海圖說》、《戰船占測》、《雲文鈔》、《歗雲詩鈔》、《歗雲鐵筆》、《文章寶筏》、《雲影集》、《詩文續抄》等若干卷。瘦雲有〈登鳳山縣新築成樓〉詩云：

百尺層樓踞鳳山，山高直欲控諸蠻，新城得地成強圉，舊治他時作外關。從此篝遷消戰氣，最宜觀稼念民艱。眾心已信艱如許，煙火人家好市闤。

按：清康熙二十三年（一六八四）設鳳山縣，康熙四十三年建鳳山縣署，康熙六十一年（一七二二）築鳳山舊城土城。林爽文之役（乾隆五十一—五十三，西元一七八六—一七八八），陷鳳山城，清廷乃於乾隆五十三年於鳳山城築莿竹。嘉慶十年（一八〇五）修鳳山新城，鳳山爲臺灣文化較早開發之地，人文薈萃於一時，變亂亦多，築城之事正顯示其在政治、軍事上之重要，瘦雲此詩可爲之作注腳。

瘦雲有《題瑯嶠圖》，並序云：「瑯嶠故鳳山東南徼外地番民雜居搆釁相賊殺，曹侯屬樹梅從宣諭畢事歸作圖記，復綴曲詩」，其詩云：

瑯嶠當一面，置戍慮孤軍。卻爲番氏雜，常貽戰鬥紛。羈縻原上策，剿撫尚虛表。從此知威信，同聲頌使君。履險非嘗試，無疑示不貪。夷心誠可感，蠻語漸相諳。誤事微姑息。（前此無敢深入草草和息）茲遊快壯談。鳳山王土遠，更至鳳山南。目接琉球異，因之鼓櫂過。神魚銜赤日，恨鳥睨滄波。史志千秋誤，（小琉球異，不隸琉球國；沙馬璣不連瑯嶠，可正傳聞之誤。）風煙八月多，歸期原有約，未可戀漁蓑。

此鄉饒沃土，形勢扦全臺。山角千幡豎，潮頭萬馬來，解紛吾若在，勸俗坦懷開。況是施仁愛，賢侯濟舟才。

按：瑯嶠即今之恒春，於嘉慶年間皆爲番民所住。

## 乙、臺邑詩人

嘉慶年間，本省之開發雖已徧及北部及宜蘭，然此一闢草萊以啓山林之開墾活動，詩人似未參與。此時省籍詩人仍以臺灣南部爲主。較早者爲潘振甲。振甲，臺灣縣（臺南）人，乾隆五十一年（一七八六）武舉人，軍功加六品銜。

乾隆末葉，和珅當政，擅權納賄，吏治不綱，因之民生凋敝，盜匪蜂出並作。重大變亂，有乾隆六十年紅苗之變；嘉慶元年至九年白蓮教之亂，嘉慶十八年天理教大亂，閩、粵沿海之海寇騷擾；道光元年至七年之回部張格爾之亂等。其中海寇騷擾，尤以蔡牽、朱濆爲甚。

### 一、潘振甲

潘振甲有〈乙丙歌〉，敍述蔡牽騷擾臺灣南北之事。乙丑（嘉慶十年，西元一八〇五）十一月十三日，海寇蔡牽入滬尾港（淡水），勾通南北陸路騷擾，至丙寅（次年）二月七日始去，振甲寫〈乙丙歌〉，詳記其事，歌云：

臺陽自古稱天府，千里膏腴無棄土。樂利昇平亘百年，禮樂衣冠隆文武。憶昔逆匪林與陳（林塽文、陳周全），小醜跳梁瀛海濱。天戈一指即受首，噍類撲滅飛灰塵。封疆從此日安靜，走險匪徒何所逞！風狂颶起海波揚，洋匪蔡牽復告警。初從內地掠商船，饞口東望久嘫涎。天險從聞入鹿耳（鹿耳門港口在郡治西關外，古稱天險；庚申四月，蔡牽始入此），幾番防戍總徒然，臺江瀚漫無障蔽（鹿耳門港內，古謂之臺江），船户行商遭搏噬。捍衛計窮可奈何，星星不滅燎原勢。普天率土皆遵王，何物么麼敢猖狂！北先滬尾南東港（蔡逆於十一月十三日入滬尾港、艋舺等處，都司陣亡；遂分舟於十五日入東港），山海交通肆擾攘。旋聞鳳山已失利，城陷葭月二十四。司馬頻危縣令亡（臺灣分府錢帶領義民往援鳳山敗績，避入粵莊；知縣吳被害），局存火藥一坏地（鳳山全縣盡陷，惟署參府一軍縱死扼火藥局被困）。有援兵，阻賊氛，相違咫尺不相聞。南仔坑中進退谷，全師返衛將能軍（遊府吉帶兵再援鳳邑至南仔坑，進退不得；計出賊圍，全師返衛郡治）。郡城鹿耳船如蝗（蔡逆於十一月二十四日船入鹿耳門），賊計詭隨同蜮鬼。乘虛直入窺金湯，徑截咽喉洲仔尾（地在郡治北關外，爲南北要衝。蔡逆於十一月二十九日佔據，貼遍僞示，自稱威武王；給發陸匪旗印，封授僞職）。匝地峰烟四望驚，分防南北已無兵。亟圖守禦籌長策，激勵義旗鼓吹榮（臺令薛集紳士於府學明倫堂會議，遂率同遍行街市，勸募義民守城；有應者，輒加獎賞花紅，鼓樂喧天。市井義旗響應，人心稍安）。臘初五、六賊鋒迅，連日分攻安平鎮（鎮在郡西海中，孤城屹立，即赤嵌城也。賊於十二月初五初六等日進攻署，守備王贊擊却之）。孤城海上隱如山，礟燄迷天空雷震。全臺險要重西關，關外萬家烟火環。此地安危係唇齒，木城不豎保無患（十二月初三日，西門外三郊義首陳啓良等請官添設木城，自小北門起、至小西門止，西面一方資爲保障）。安平仍攻不可下，謀犯城隍暫相捨。蟻聚屯蜂錢桶圍，壁壘團團遍山野。八門攻擊簿城壕（十二月初九日，賊始攻城）苦戰鏖爭神鬼號。白甲前驅皂纛繼（白甲，新街義民所著；皂纛，吉遊府之旗），靡亂紅巾鳥獸逃（海賊俱札紅巾布爲號）。滿腔義憤同仇切，木柵清城城似鐵，關孰拊循孰衝鋒？武吉遊戎文令薛（郡治係土城。時有謠云：「文有薛、武有吉，土城變成鐵」）。困守彈丸涸轍魚，秦庭不見申包胥。首提援旅軍門李，連促增兵飛羽書（十二月二十四日，賊攻益急，官兵義民死傷甚眾，闔城大震。是日，李提臺救兵至鹿耳門）。即令許、王兩鎮協（金門鎮許、澎湖協王），連挑精卒易輕艓；橫截賊人水陸衝，前後兩戰戰連捷（丙寅正月五日，水師兵與賊決戰，大獲勝仗，焚斬無數，實救兵所未有）。維時音梗道難通，嘉邑紛紛賊肆攻。聞道大兵來鹿港，懸懸望眼轉成空。計程百里朝夕至，郡守阻軍駐嘉義（縣治距府百里，時縣屬笨港、斗六門等處處皆賊，本府馬駐縣治）。去臘待盡春王正，未見一人並一騎；善謀文武計兵驕，聲言薪盡放採樵（時北路救兵未至，鎮、道憲定計剋期水陸來攻洲仔尾巢）。精銳暗藏四路出，會師水陸集來潮。詰朝二月二日序，兵分兩道一時舉。陸軍誘敵任窮追。回首賊巢空一炬（邑令薛引義民誘賊窮追，澎湖協鎮王舍舟登岸燬洲仔尾）。一炬遂成不世功，薛令後生王副戎；妙算無遺推大憲（鎮憲愛、道憲慶），崑崗燄照海天紅。滿野豺狼解體散，逆騫坐是謀逃竄。長圍共恨失奔鯨，成事在天堪浩歎（蔡逆既失洲仔尾，即於是月初七日辰刻逃出鹿耳港）！賊去天家尚未知，大臣銜命統雄師（欽差將軍賽帶領大兵由海口至、郡伯提臺許大兵從北路至）。元兇未殄留餘孽（蔡逆既去，而股頭陳捧，洪四老、邱恩等俱未就擒），莫恃粗安不慮危。安集流亡揭榜諭，廓清南忠窮剿捕。策動訊馘賞罰明，重見太平風日煦。可憐南路竟如何，村落爲墟四百多（鳳山一縣，粵人乘亂藉義焚燬、搶殺閩莊至四百餘莊）。閩豈盡賊粵豈義，傷心兔爰雉離羅。陡然起滅猶反手，籌謀善後費搔首。天心厭亂未可知，未雨先須綢戶牖。最難抵定是全臺，閩粵泉漳隙易開。網漏吞舟魚又逝，寧知蔡逆不重來（蔡逆果於五月十七日寇鹿耳門，距二月初七日僅百日。將軍賽督水師會剿擊之，大敗而去）！

此詩可爲蔡牽之亂作文獻之徵。末句「最難底定是全臺，閩粵泉漳隙易開。網漏吞舟魚又逝，寧知蔡逆不重來。」正說明早期臺灣百姓，由於經濟利害之衝突，與一般百姓之普徧無知，動輒械鬥，戰亂不斷之情形。

## 二、章甫

較潘振甲稍後，臺南有章甫，字申友，號半崧，嘉慶四年（西元一七九九）歲貢。善文工詩，設教里中，誘掖後進，著《半崧集》八卷，後附駢散文十數篇。嘉慶二十一年（一八一六）門人刻之。民國五十三年五月臺灣銀行重刊之。

申友之詩最多攬勝，次爲唱酬，間寫時局感懷。攬勝之作有〈臺郡八景〉與〈臺邑八景〉。〈臺郡八景〉入詩者甚多。而以臺邑八景寫詩者較少見，茲錄於左：

鹿耳連帆：

鹿耳雄關障百川，晴帆連貫水中天；好風早晚東西使，送盡今來古往船（鹿耳門水口便信：早東，風出船；晚西，便入船）。

鯤身集網：

漁父鯤沙傍海居，環流連絡勢相於；歸來有客休彈鋏，舉網誰家不得魚！

雁門煙雨：

濛濛灑落雁門前，幾度風吹斷復連；好景居然山水畫，一重雨意一重煙。

鯽潭霽月：

月印寒潭掃却雲，水光月色兩無分；漁舟夜唱天心處，風送歌聲鏡裏聞。

金雞曉霞：

東方既白唱金雞，天半朱霞曉望齊；錦繡千端雲外織，層層挂在海峰西。

赤嵌夕照：

赤嵌巧築海天中，萬水孤懸一鎮雄；雉堞斜陽翻照影，滿城煙火落紅紅。

**香洋春耨**：

香洋一片耨春時，有時西疇不敢遲；漫說夏耘今尚早，亂苗惡莠妙先期。

**旗尾秋蒐**：

逢秋旗尾鬪戎功，木落山沉馬首雄；此日大蒐宜此地，天然赤幟戰金風。

旗尾在今高雄縣，鄭兼才「經旗尾山」詩有「天遣好山標兩邑，地隨流水隔長溪。」並注云：「過溪爲鳳邑界，旗尾山在焉；爲臺灣八景之一。有謂屬鳳邑景，宜改題，不必也。」由於臺南位於嘉南平原之西邊，瀕臨臺灣海峽，是以八景詩皆不離水鄉景色。而申友〈井亭夜市〉詩更爲當時臺南繁華夜景添姿色，詩云：

**井亭夜市**：

井亭夜景鬧如何，交易然燈幾度過；不是日中違古制，海關城市晚來多。

申友長於寫景，其詩音韻鏗鏘，意境悠揚，不但琅琅可誦，亦復引人遐思。其〈望玉山歌〉、〈放洋〉、〈西嶼灯〉、〈鯽潭月夜泛舟〉、〈春遊靖海寺〉諸詩，足爲今日文獻之徵。詩云：

望玉山歌（「志云」）：『大武巒山後障，三峰並列，終歲雪封如紗籠香篆。冬日晴朗，乃得見；頃則雲霧復合』。又陳夢林記云：『山北與水沙連內山錯』）：

天蒼蒼，海茫茫，武巒後，沙連旁；半空浮白，萬島開張；非冰非水，非雪非霜。老翁認得眞面目，云是玉山發異光。山上寶光山下照，萬丈清高萬丈長，晴雲展拓三峰立，一峰獨聳鎮中央。須臾變幻千萬狀，晶瑩摩蕩異尋常。四時多隱三冬見，如練如瀑如截肪：駭目驚人不一足，莫辨璧圓與圭方。我聞輝山知韞玉，又聞採玉出崑岡・可求猶是人間寶，爭似此山空瞻望。當時有客癡山鑿，自恃雄心豪力強；豈知愈入愈深處，歸於無何有之鄉。嗟乎玉山願望幾曾見，我今何幸願爲償，償來願望亦造化，多謝山靈不可忘。山靈歸去將誰說，依舊囊紗而篆香；大璞自然天地秘，未知韞匵何處藏！且將一片餘光好，袖來寶貴入時囊。

放洋（臺、廈水程，大小兩洋俱橫流。自鹿耳門抵澎爲小洋，屬臺界；由湖抵廈爲大洋，屬廈界。環澎有三十六嶼。）

鹿島駛飛航，横衝大、小洋；耳聞催發棹，背指遠離鄉。風使波無力，潮平月有章；澎峯奇六六，畫界水中央。

西嶼燈（嶼在湖島，三十六嶼之一，琴川蔣太守造塔設燈，捐俸置資，俾舟人夜渡認燈收澳；至今賴之。）

黑夜東洋裏，紅燈西嶼頭；搖風圍塔定，照水共波流。一島浮光現，千航認影收；安瀾紀功德，長荷使君庥。

鯽潭月夜泛舟：

十里寒潭淨碧流，歌聲風送月明舟；雲山倒挂千層畫，天水交融一色秋。宿鷺連拳圍玉鏡，躍魚噴沫碎金毬。江亭上下隨波去（琴川蔣太守結彩亭於舟上，名江上水心亭），人在冰輪轉處遊。

春遊靖海寺：

郭外尋春踏翠峰，榴環古寺尚留蹤（古名榴環寺）；北園夢斷縈花蝶（寺係鄭氏北園舊址），東海歸來貯鉢龍。面面豁開圓覺路，聲聲敲破指迷鐘；談禪半日閒分我（琴川蔣太守建洞天半日閒亭），洞在諸天第幾重！

「夢蝶園」在臺南城南外，爲李茂春先生所築，爲當時名園之一，申友有〈夢蝶園懷古〉：

蝶夢芳心處士知，春風歸去幾多時！遊人記得當年事，半月樓前一酒旗。物化虛空萬象懸，蘧蘧栩栩散雲煙；滿園都是華胥界，何處香魂覓醉眠？

夢蝶園因莊子之夢蝴蝶而名，是以申友有「物化虛空萬象懸」之感。海東書院，爲分巡道梁文煊建於康熙五十九年，爲臺灣第二早設之書院，（崇文書院設於康熙四十三年），位於臺南府治府學之西。嘉慶間，其山長宏荔卿回粵，申友有〈次海東書院山長宏荔卿『歸粵西兼赴禮闈留別』〉元韻云：

小春佳景餞分離，兆應春宮酒滿卮。馬帳正吟留別句，鱣堂恰好落成時（適修海東書院落成）。曾開講席宏來學，忽買歸舟動去思。自計西旋旋北上，文章報國寸心知。

尊酒論文海外緣，兒曹師事已年年，眞能有術金都化，直欲無瑕璧乃全。驥騁憑教奮平地，鶴盤端起響遙天。力扶大雅相期切，儕輩應思策簡編。

老大久已業荒荒，聞道先生返故鄉；下里敢聯高曲妙，小言愧和大聲長。南來吾道傳薪火，北上公車飽劍霜。便挂雲帆闖海去，波臣効順渡重洋。

聲價由來十倍論，君才早自擅雄渾；空群萬馬行文勢，掃陣千軍落筆痕。赤幟任憑壇上拔，紅綾看取閣中存。泥金好寄春潮信，飛渡佳音到鹿門！

由詩中看出，申友之子亦爲海東書院之學生，申友以本身兼爲人師，復以地方父老之心情賦詩，一則推許山長春風化雨，幾能點石成金，所謂「眞能有術金都化」。二則對兒輩與地方文教期許亦深，乃曰：「力扶大雅相期切，儕輩應思策簡編」。申友另有〈門人郭紹芳秋闈獲雋〉二首：

天孫錦織渡瀛橋，瀛島天章亦錦標（臺亦牛女分鼓）。筆本家傳粧五色，燭仍官限試三條。朱衣夜靜頭方點，赤鯉雷鳴尾已燒。報聽霓裳雲外奏，仙風吹曲桂香飄。

講席談經課事修，幾曾倜儻擅英流。獨能淬劍磨風雨，便覺凌霄射斗牛。豹變早經成七日，鵬摶休止奮三秋。來春走馬長安陌，佇相翩翩得意遊。

按：郭紹芳爲申友門下高徒，嘉慶三年（一七九八）舉人，申友此詩充滿輕快氣氛，「得天下英才而教育之」爲人生樂事，申友之詩足以證明。

申友一生，以讀書、教學、著述爲樂，雖談不上富貴，然無憂無慮，悠閒而達觀，每於其詩中見之。較之晚清處於顚沛流離境地中之詩人，申友實堪羨慕。

## 三、黃人鯉

以臺灣之地瓜入詩者絕少，臺南黃化鯉慧眼獨識。化鯉，字醒三，嘉慶間臺灣縣廩生，曾任福建海澄司訓。其〈咏地瓜〉詩云：

獸掌龍蹄並有名，匀匀禹甸種初成。自從海外傳嘉植，功用而今六穀爭。
不是黃臺舊種傳，周原生處陌連阡。青精好飯無他讓，絕勝蹲鴟與玉延。
味比青門食更甘，滿園紅種及時探。世間多少奇珍果，無補饔飧也自慚。
釀成佳醴異香清，太白觴飛醉。卻笑江陵千樹橘，封侯空自博虛名。

推崇地瓜在實用上可與「六穀」相抗衡。在景觀上「生處陌連阡」，在口味上「味比青門食更甘」。甚至可以釀酒，賽過其他奇珍與異果。醒三可謂地瓜之伯樂。

## 四、曾作霖

彰化曾作霖爲嘉慶二十一年舉人。作霖，字雨若，曾官福建閩清訓導，道光間，嘗與周璽等總纂《彰化縣志》。雨若之詩存世者多寫景之作，茲錄於下：

**豐亭坐月**：

太極亭（豐樂亭舊名太極亭）高夜氣涼，更闌小坐月華光。多烹苦茗清詩思，好對冰壺洗俗腸。漫說前身人是玉，依然故我鬢如霜。關心惟有年豐樂，擬向姮娥祝降康。

**定寨望洋**：

定軍寨倚鎭亭旁（定寨旁爲鎭亭故址），放眼遙看碧水洋。未據邨莊餘落葉，紅夷海市鬧斜陽。濤奔澎島掀天動，汕遶蓬山特地長。沙鳥風帆明滅外，烟波無際感滄桑。

**虎巖職竹**：

虎山巖寺窅而深，半是香花半竹林。赤劇（地名）有君當不俗；白沙許我最知音。禪參玉版空塵慮，夢入瑤篸愜素心。老衲憐渠風韻好，常教作笛效龍吟。

龍井觀泉：

龍目井泉淺又清，井邊雙石肖龍睛。醒人醉夢堪千古，沁我詩脾在一泓。饒有餘波供挹注，儘無纖滓翳晶瑩。看他湧出泉花噴，似把珍珠十斛傾。

碧山曙色：

碧山山寺半崖懸，九九峰尖刺眼前。微濛夜氣疑將雨，罨靄晨光別有天。世界恍如開混沌，俗塵眞不到林泉。許多螺髻迷蒼翠，杲杲猶留幾點烟。

清水春光：

策杖尋春鎮日忙，來清水見春光。山開圖畫天然秀，花隱禪林分外香。贈客何曾逢驛使，問津應許到漁郎。此間不是藏春色，蜂蝶如何競過牆。

珠潭浮嶼：

山中有水水中山，山自凌空水自閒。誰劃玻璃分色界，倒垂金碧浸烟鬟。蓬萊可許乘風到，艋舺知爲舉火還。別有洞天開海外，人家雞犬絕塵寰。

鹿港飛帆：

鹿港沿溪大小舟，潮來葉葉趁潮流。水花亂濺飛紅鷁，山勢隨奔壓白鷗。幾點帆纔天際認，許多船在望中收。傍人亦具英雄氣，破浪乘風往返遊。

虎山岩在今彰邑之員林，至今香火鼎盛。龍井在今臺中縣龍井鄉，相傳鄭軍曾路過於此。碧山寺在今南投縣草屯轄內，爲中部名山古刹之一；登碧山可望九九峰，天晴時，合歡山亦可望見。清水在今臺中縣清水鎮。珠潭即今日月潭，「山中有水水中山」，所指乃光華島立於潭中也。鹿港於乾隆四十九年（一七八四），開設口岸，來往船隻與泉州蚶江對渡，海道僅四百里，一晝夜便可到達，由於航行安全，艱險較少，故船戶爭相趨赴。比諸北部八里坌，南部鹿耳門都有過之。因此商旅往來頻繁，道光年間，成爲彰邑最大之街市。雨若此詩正在鹿港正要繁榮之前所寫。道光九年，進士〈黃驤雲〉之〈鹿港飛帆〉有：「太平人唱太平歌，滿港春聲疑乃多。……官軍錦艦飛如鳥，估客銀帆織似梭。……」其熱鬧又非雨若於嘉慶年間所可比擬。

## 五、呂成家

吳性誠於嘉慶十七年（一八一二）離澎湖通判任時，曾有詩〈贈建侯呂翁，即以誌別〉，詩云：

新安南渡到東瀛，雌伏荒隅一老生。钁鑠精神閒杖履，逍遙歲月寄琴箏（翁妙於琴箏）。布衣酒遣山人興，海國詩傳處士名。投贈錦囊俱好句，籃門從此重侯籯（予到澎七十六日，承士民獎飾，多以詩送行）。到來何處訪神仙，卻有詩人彩筆傳。我爲躭吟鬚斷矣，翁因索句鬢蒼然。但忻張野投三影，差勝劉郎選一錢。此別匆匆留不住，天涯鴻爪笑緣慳。

呂翁，即呂成家，字建侯，嘉慶間澎湖東衛社人。少慧能詩，又善彈琴箏，屢試不中，呼酒談棋自樂。建侯亦有〈次吳廳尊留別原韻〉詩以贈答之：

琴鶴翛然雅化存，口碑輿誦滿荒村。去時留得魚懸屋，一棹清風到鹿門。

力挽迴瀾不敢狂，人耕綠野水雲鄉。爲霖已慰蒼生望，白露蒼葭天一方。

吳廳尊即澎湖廳通判吳性誠。建侯有〈澎湖八景〉七律九首，第一首將澎湖八景之名稱寫於詩中，對仗工整，別具心裁，列其詩如下：

澎湖八景：

天臺勝景足凝眸，奎壁聯輝接斗牛。霧起香爐迷古渡，霞飛西嶼燦芳洲。龍門浪湧蛟宮幻，虎井淵澄蜃室浮。夜靜案山漁火近，更聞太武白雲謳。

龍門鼓浪：

勝蹟龍門舊有名，千層雪浪認分明。金鼇吞吐波濤壯，白馬奔騰晝夜鳴。響答松篁風一席，喧和雷鼓月三更。且看河鯉乘風去，聲價應知十倍榮。

虎井澄淵：

屹立崔嵬似虎眠，紆回玉井見澄淵。魚梭細織波間練，豹管遙窺洞裏天。水面螺蚊風一縷，江山鏡影月千川。危峯瀉出源流遠，祇覺虛涵上下連。

香爐起霧：

怪石當年列畫圖，天然形勢擬香爐。輕籠薄霧濃還淡，細篆微烟有若無。文豹潛藏看隱約，騰蛇吞吐認模糊。欲知獸炭頻添處，有客吟詩正撚鬚。

奎壁聯輝：

遙瞻奎壁應天文，一帶聯輝島嶼分。港有藏珠同煉爛，澳還韞玉共繽紛。依稀斗柄移芳甸，彷彿星垣接瑞雲。形勢漫論相依處，地靈人傑正堪云。

太武樵歌：

廻環太武廻峨嵯，樵採行行唱浩歌。韻繞高峯流曠野，聲喧絕壑度平坡。檐頭日暮孤雲伴，林外烟晴一鳥過。最好澎山饒逸興，重開仙曲奏如何！

案山漁火：

群峯環繞案山橫，點點漁燈一望平。沙際誰爲垂釣者，江干獨有羨魚情。還看嵐氣分仍合，旅訝珠胎暗復明。搔首幾曾清眼界，虛涵夜月喜相逢。

天臺遠眺：

突兀天臺聳碧空，恰宜遠眺辨西東。放開眼界群峰小，展擴襟懷萬脈通。半幅雲箋封遠岫，一行雁子寫秋風。登臨逸興遊仙景，縹緲虛無一望中。

西嶼落霞：

遠浦夕陽一嶼西，錦霞流影與山齊。千重綺布天邊幔，五彩裳拖海上霓。孤鶩斜飛橫碧渚，輕艘穩渡擬丹梯。遙瞻暮靄添詩思，好把雲箋綵筆題。

澎湖之開發遠在宋、元時代，是以早期文風遠較臺灣爲盛，建侯生長於斯，琴棋自娛，悠遊其間，寫來格外灑脫。建侯另有〈虎井嶼觀海中沉城〉詩云：

> 如何淵底立堅城，可是滄桑幾變更？寂寞山河沈舊恨，屏藩海國值時清。難尋危堞千層砌，猶見頹垣一片傾。我欲燃犀來照收，驪龍頷下探晶瑩。

澎湖海中沉城之傳說，至今仍爲熱門話題，行政院文化建設委員會主任委員陳奇祿教授，曾於民國七十二年春天親赴澎湖考察，惜至今未有結果。建侯此詩寫於一百七十年前之嘉慶年間，於今成爲珍貴之史料。然據筆者之推測，沉城之說似不太可能，無論就史料上或地理因素觀之，似無沉城之理。或者因舊廢之古礮臺沉於海中，漁民於隱約間誤爲沉城，以訛傳訛之故也。

## 六、陳震曜

嘉慶十五年（一八一〇），臺灣縣貢生陳震曜與張青峰、陳廷瑜等十數人，於府治東安坊呂祖廟，興建「引心文社」，日進諸生講經，間爲詩文，一時文風蔚起。至十八年，知縣黎溶與諸紳商將臺灣縣書院，改稱引心書院。震曜，字煥東，號星舟；嘉義人。嘉慶十五年優貢，官福建縣教諭，監理福州鰲峯書院。助修《福建通志》，道光十五年，任陝西寧羌州同。其〈賀握卿桐月舉第一子〉詩云：

> 太史占星聚，元方啓夢熊。三春欲嶽降，五世慶閭充。自顧慚痴叔，相期惜養蒙。昂昂千里驥，仲舉此神童。

## 七、陳登科等

謝金鑾《續修臺灣縣志》曾收臺灣府學諸生陳登科、廩生洪坤。臺灣縣生員林奎章、增生陳廷瑜、廩生陳廷珪、生員黃廷璧之詩。皆未標作者之年代，按謝金鑾修志在嘉慶十二年（一八〇七），其中洪坤曾分任校對工作，陳廷瑜參與「引心文社」，則其年代應在嘉慶前期。茲錄數首，以備文徵。

嵐翠亭閒詠：

幽亭小築面青巒，滴翠拖藍繞曲欄。魚影動搖波影碎，樹聲錯雜鳥聲歡，雙清風月遊神淡，一氣乾坤放眼寬。我欲寄情山水外，敲詩閒倚舊騷壇。

遊竹溪寺：

挈伴尋春出郭遊，寺門高聳接平疇。梵鐘響徹松陰外，玉磬音傳佛座頭。嫩竹遙連村樹綠，清溪倒映暮雲浮。一鈎隱現虛空際，羨爾山僧得靜修。

重遊鯽魚潭：

十一年前此地經，今朝認取古沙汀。水光不改當時綠，山色猶留舊日青。一幅畫圖魚蟹舍，數家溪淑薜蘿亭。乘桴熟睡波心隱，泊岸無須扣竹扃。

竹溪寺：

古寺緣城近，魁山外一峰。路廻青疊疊，門隱翠重重。竹雨喧秋葉，溪烟冷暮鐘。閒黎饒種秫，幽杵亂聲舂。

紅毛城：

蒼莽海天秋，孤城兀自留。亂春鯤嶼浪，獨鎮鹿門洲。渡接三篙水，潮平一葉舟。數聲清角起，人在枕江樓。

法華寺懷古：

抬提古蹟蝶園中，物化都從佛化空。池水何緣含舊綠，岸風猶自落殘紅。茫茫湖海寰中客，栩栩江山夢裏翁。吾輩尋春談往事，曇花坐對冷簾櫳。

村莊漫興：

平原四望正離迷，幾座人家薊竹西。雞犬有情皆入畫，陰晴無景不成題。横塘水滿雲千畝，翠陌春深雨一犁。自愧車塵多僕僕，輕風難躡武陵溪。

綜觀嘉慶年間之詩，多爲寫景攬勝或贈答之作，間有敍述平定戰亂者。由於此一時期地方上偶或不靖，然時局堪稱太平。賦詩成爲文人茶飯之餘一種雅興與消遣，詩中感情較爲悠閒，其中佳作，讀之亦足以令人心曠神怡。

# 第六章　道咸同年間之詩

## 第一節　道光年間之詩人

道光在位三十年（一八二一—一八五〇），這期間，㈠政治方面，有二十年中英鴉片戰爭，臺灣亦遭波及。省內漳、泉械鬥，閩、粵械鬥，海寇來犯等大小變亂不斷。㈡經濟方面，臺灣樟腦與煤礦爲英人所注意，時潛以鴉片與之交易。㈢社會方面，漢人已開墾至水沙連（日月潭）及臺東，艋舺（萬華）地位日趨重要，鳳山建曹公圳以灌溉，新竹林占梅建潛園。㈣文史方面，道光二年，英人克拉布耳輯《臺灣博物誌成》；新竹鄭用錫中進士，四年鹿港建文開書院；五年臺南擴建仰山書院；六年彰化曾維楨中進士；七年曾維楨成爲臺灣第一位翰林；九年姚瑩《東槎紀略》成；十年鳳山建鳳崗書院；十一年南投街建藍田書院；十二年陳淑均編《噶瑪蘭廳志》初稿成，李廷璧輯《彰化縣志》十二卷成。十七年英人史帝芬斯《臺灣島誌》成；十八年蔣鏞撰《澎湖志略讀編》二卷成；二十年陳淑均編《噶瑪蘭廳志訂正》成；二十一年士林創芝山文昌宮義塾；二十三年曹謹建學海書院於艋舺；二十五年鳳山內門庄建萃文書院。

由以上情況可知道光年間，臺灣㈠由於位於我國東南之沿海，在西風東漸情況下，世界地位日趨重要。㈡政治文化中心從臺灣南部逐漸轉移至臺灣北部。㈢由書院之設立可知文風已徧及臺灣西部。此時詩人、邑人多於遊宦之士，此種現象和以前大不相同，正可證明吟詩之風已普徧於全臺，省籍人士也在本島有龐大產業，興建林園，漸成人文薈萃之處。

## 甲、省籍詩人

### 一、鄭用錫

省籍詩人，首推新竹鄭用錫。用錫，崇和之子，原籍金門。崇和年十九年臺，課讀於竹塹，遂家焉。用錫，字在中，號祉亭，道光三年（一八二三）進士，爲臺灣通籍之第一人。家居讀書爲樂，淡水廳自開闢以來，尙無志乘，乃集弟友纂稿，文獻以存。後捐授禮部鑄印局員外郎。精勤稱職，以軍功加四品銜。以母老乞養，歸臺主明志書院（在新竹縣治西門外），以人倫五性教諸生，生平以禮自律，性行嚴謹，人稱祉亭先生而不敢名。晚築「北郭園」自娛，爲竹塹七子之一。常邀集詩人墨客吟詠其間，復於咸豐年間成立「竹社」，北臺風騷振興一時。有《北郭園集》存世。

祉亭之詩，初效漢魏，平側高下，力謀有似。至於命意託興，則自三百篇爲多，其後師法朱晦翁，避開華麗典雅，喜以淺露之句議論。如〈風氣〉云：

風氣日趨下，滔滔遞變遷。何堪今日後，不似我生前。狡詐心逾薄，驕奢俗自便。誇多因闒靡，踵事復增妍。珍錯窮山海，香資費萬千。人情忘庵樸，惡習更綿延。剽悍携刀劍，乖張逞棒拳。蝸爭起蠻觸，鈐劫徧山淵。國帑虛誰補，民財困可憐。汎舟空乞糴，鑄鐵亦爲錢。已漏千巵酒，難尋九仞泉。狂瀾流不息，空盼障川年。

此詩足以反映清代道、咸年間之社會風氣與民間經濟，祉亭誠一有心人，爲此不得不嘆世風日下。

道光七年（一八二七）英人首度來滬尾（淡水）港，偷賣鴉片，危害甚烈，有識之志憂之，祉亭有〈鴆毒〉云：

鴆毒來西土，斯人何久迷。阿房三月火，函谷一丸泥；能何心肝黑，全令面目黧。昏昏成世界，竟認作刀圭。

祉亭又有〈詠瘧，爲蘇崑山上舍國琮作〉詩云：

我聞古人言，壯士不病瘧。蘇君雖孱儒，秉姿亦諤諤；如何遘斯疾，馳驟苦束縛？一寒更一熱，間日息復作。當其寒生時，如墜冰山壑；徧體皆嚴威，戰兢及手腳；衣以狐貉裘，猶等絡絺薄。倏焉孰熱來，炎炎氣蒸爍；如火方燎原，眼星忽錯落；請公自入甕，汗浹始退卻。嗟哉此冰炭，變幻難捉摸。醫者各進言，一一診脈絡。或云非人致，中有鬼作惡。請誦杜陵句，援引何確鑿！我欲調榮衛，陰陽無乖錯。由來正勝邪，斯表可一噱。

在醫藥不發達時代，瘧疾使人色變，祉亭此詩刻畫得入木三分。

祉亭於咸豐元年，建北郭園於新竹以自娛，頗有山水之樂。士大夫之過竹塹者，傾樽酬唱，風靡一時，文風爲北地之冠。祉亭自訂北郭園八景，並賦詩以誌之云：

**小樓聽雨**：

南樓凭几坐，過雨又瀟瀟。有味青燈夜，爲予破寂寥。

**曉亭春望**：

閒立此孤燈，春光到眼青。東南山最好，金碧連圍屏。

**蓮池泛舟**：

鼓檝正中流，蓮塘泛小舟。連城橋下過，田面芰荷浮。

**石橋垂釣**：

且理釣魚絲，平橋獨坐時。一竿遺世慮，最愛夕陽遲。

**小山叢林**：

有山兼有竹，宜夏亦有秋。絕似篔簹谷，新封千户侯。

**深院讀書**：

逍遙深院裏，一片讀書聲。金石聞環堵，應推福地名。

**曲檻看花**：

新築闢蒿來，名花倚檻栽。迎年長有菊，羯鼓不須催。

**陌田觀稼**：

好雨平疇足，門前似罫棋。繪來笞筶好，一一聚東菑。

祉亭與淡江陳維英友善（按：維英為用鑑之弟子），有〈陳迂谷中翰移居獅子巖，齊額日棲野巢，賦此贈之〉詩：

四面青山爽氣浮，何人卜宅最高頭？此墩終屬謝安石，勝地今為陳太邱。古寺鐘沉獅子吼（地近獅子巖寺），疎林日暮鳥聲幽。分明一幅倪迂畫，合與先生雅號留。

按：陳維英舊居在今士林劍潭附近，獅子巖寺。

新竹當時為淡水廳治所在。祉亭家境日殖，士大夫皆與之交，且北郭園所收藏圖書名噪四方。他與臺灣翰林第一人陳迂谷之唱酬，可見其交遊之一斑。然祉亭之詩在辭采與聲律上，並無特殊之處，連雅堂評之曰：「祉園詩亦平淡」，實為持平之論。要之祉亭擁巨資以獎勵文風，登領一時風騷之地位，不容吾人等閒視之。

## 二、鄭如松

用錫之子，如松亦為竹塹七子之一，瞿唐劍閣身未到，八四六）舉人，官侯選員外郎，有〈謁壽公祠〉詩：

幕府奇男子，臨危授命夫。干戈起蠻觸，壞土弔烏鳶。此節盡人諒，無官仗汝賢。至今留學食，社酒賽年年。

## 三、黃鑲雲

《彰化縣志》載進士黃鑲雲〈彰化八景〉詩云：

豐亭坐月：

琴堂側畔鼓樓邊，亭插雲霄月挂天。三五夜中涼似水。縱橫坐處碧生烟。能遊吏態當非俗，肯住詩心得不仙。半線山川全幅畫，一時都落酒林前。

定寨望洋：

此地當初舊戰場，我來拾簇弔斜陽。城邊飲馬紅毛井，港外飛潮黑水洋。一自雲屯盤鐵甕，遙連天塹固金湯，書生文弱關兵計，賢尹經論說姓楊。

虎巖聽竹：

虎巖最勝虎邱差，巖勢邱緣竹勝花。肖鳳鳴聲開律祖，學龍吟調譜仙家。淇園春半風初到。湘浦秋深月又斜。玉版參禪參未了，瓶笙入耳索僧茶。

龍井觀泉：

龍吸三江併五湖，化爲泉水似眞珠。霖施六合閒仍臥，亦養千家潤不枯。洗我兩眶詩眼淨，沁人全付熱腸無。分他一勺龍應許，龍目雙晴定識吾。

碧山曙色：

碧山碧色重復重，九十九尖峯間峯；天雞喚醒金烏鳥，玉女擎出青芙蓉。混沌初開早世界，盤古四顧無人踪。我來扶杖入烟翠，口嚼飛霞如酒濃。

清水春光：

到處尋春未見春，原來春在此藏身。山都獻笑齊描黛。溪但范花不著塵。竹響又喧歸浣女，桃開慣引捕魚人。仙巖清水傳名字，果有香泉白似銀。

珠潭浮嶼：

潭心突兀嶼如珠，一片青紅兩色殊。並剪倩誰來割截。鴻溝分界不模糊。奇生溫嶠燬犀想，趣悟濂溪太極圖。笑爾番民忘帝力，浮田自種免輸租。

鹿港飛帆：

太平人唱太平歌，滿港春聲欸乃多。楊僕功成沙有骨，孫恩死後海無波。官軍錦艦飛如鳥，估客銀帆織似梭。寄語邊防諸將吏，時雖清晏莫投戈。

鑲雲，字雨生，淡水頭份莊人。父清泰，字淡川，原居鳳山，性孝友，有文譽，嘉慶十一年，任竹塹守備；清泰以書生習武，望子能文。鑲雲少時，即肄業於福州鰲峰書院，不十年而文益邃。二十九年舉於鄉。道光九年成進士，籤分工部，十七年分校京闈，取士多得人。張丙之役，適歸省，緝匪有功，補都水師主事，旋擢營繕司員外郎。

## 四、蔡廷蘭

澎湖蔡廷蘭，字香祖，學者稱秋園先生。道光二十四年（一八四四）進士。主講崇文書院，兼引心、文石兩書院。分發江西，歷官峽江知縣，南昌水利同知，豐城知縣等。頗有政聲，卒於官。秋園有澎湖第一才子之稱，文工駢體，詩工古體，其〈急賑歌〉，筆力雄健，傳誦一時。著有《惕園詩鈔》、《駢體文雜著》。另有《海南雜著》，係道光十五年（一八三五）秋闈罷歸，遇風飄至越南所作。今臺灣省立圖書館存有抄本。其〈請急賑歌〉云：

昔讀寶儉箴，貴粟賤金帛。昔聞袁道宗，蠲賑上六策；又聞林希元，荒政叢言摘。三便與三權，六急從所擇。自古以爲然，周賙救鷏乙。況茲斥鹵區，民貧土更瘠。年來遭旱災，滿地變焦赤；又被鹹雨傷，狂颼起砂磧，海枯粱無魚，山窮野無麥。老稚盡尪羸，半登餓鬼籍。丁男散流離，死徙無蹤跡。所賴別駕仁，捐廉先施借。向來失預防，社穀祇虛額。乾隆十六年，官捐二百石；移歸臺邑倉，陳腐實可惜。何不撥數千，存貯常平積？平糶假便宜，採運收補益。茲法如堪行，從長一籌畫。

炊烟卓午飛，乞火聞鄰婦。涕淚謂予言：恨死乃獨後。居有屋數椽，種無田半畝。夫婿去年秋，東渡餬其口。高堂留衰翁，窮餓苦相守。夫亡訃忽傳，翁老愁難受。一夕歸黃泉，半文索烏有。嫁女來喪夫，鬻兒來葬舅。家口餘零丁，幼兒尚襁負。呑聲撫遺孤，飮泣謀升斗。朝朝掇海菜，采采不盈手。菜少煮加湯，菜熟身呼母；兒飽母忍飢，母死兒不久。爾慘竟至斯，誰爲任其咎？可憐一方民，如此計八九。恩賑曾幾多，可能活命否？救荒如拯溺，急須援以手。試問登山無，莫訝從井有。譬諸過涉凶，滅頂濡其首。萬竈冷無烟，環村空覆臼。二鬴不供餐，三星常在罶。移糴開武倉，官惠亦云厚。定價三百錢，准糴米一斗。轉眼給已空，枵腹那能久！求死緩須臾，望救爭先後。明日天開晴，星纜到浦口；絕處忽逢生，歡聲呼父母。覩此應傷心，加恩誰掣肘？翻作哀鴻吟，從旁商可否。乞爲漢韓詔，休笑晉馮婦。

救荒如救災，禍比燃眉蹙。杯水投車薪，燎原勢難撲。嘆息此時情，烏焚巢已覆。告急書交馳，請帑派施穀。連月風怒號，滔天浪不伏。勞公百戰身，懸民千里目。愁無山鞠窮，疾奈河魚腹。藜藿雜粃糠，終餐不一掬。哀腸日九迴，何處求半菽！見公如得艾，幸免塡溝瀆。去時編戶口，稽查費往復。積困蘇難遲，倒懸解宜速。我亦翳桑人，不食黔敖粥。愛倩饑何妨，長歌以當哭。安得勸發棠，加賓一萬斛。康濟大臣心，補助生民福。會看達九重，褒嘉錫命服。

咸豐元年，澎湖大風，鹹雨爲災，民生疾苦。廷蘭生長於澎湖，尤爲著急，乃有〈請急賑歌〉問世。分巡兵備道周凱有〈撫卹六首答蔡生廷蘭〉，廷蘭答之以長歌一篇爲〈巡道周公有社倉之議，言事者慮格於舊例，公慨然力任其成立，賦撫卹歌六章，發明天道人心之應，淋漓悽惻，情見乎詞。用述其意，更爲推衍言之，續成長歌一篇〉：

大靈無涕登蒼穹，叫閽不答天夢夢。開闢以來千萬劫，水火疾疫與兵戎。誰言盛世無災祲，堯水湯旱周大風。黔黎渾噩不知識，空自披髮號鴻濛；宣經念佛渾多事，惟有行善可回造化工。福善禍淫應如響，普天之下其理同。薄海蒼生吾赤子，繄豈澎湖一隅中？澎湖一島臨汪洋，西扼金、廈東臺陽。干戈盜賊總無患，往往凶歉遭奇荒。未若去歲更周章，黃髮遺民見未嘗。四月下種六月旱，旱氣蒸鬱爲螟蝗；七八九月鹹雨灑，腥風瘴霧交迷茫。早季晚季顆粒盡，饑死者死亡者亡。別駕蔣公痛悲憫，心如亂髮紛鬔鬆。馳書乞援赴郡城，郡城大吏動怦怦。檄委賢能急省難，沈、施贊府來經營；稽查按驗分勞役，剋日編成戶口冊。徐公繼至亦嘆嗟，率先安撫籌良策。諸君實力齊勤民，豈等秦、越視肥瘠？觀察周公玉堂英，揚帆遠使觀滄瀛。慈帆穩渡叱咬鱷，抵岸旋聞呼癸庚。視民疾苦卹民隱，長歌一闋詳民情。酸辛一字一涕淚，撫楮長爲太息聲。勝披鄭俠流民狀，不愧次山舂陵行。公有福力能起死，變醨養瘠緣眞誠。代公甫到毒龍竄，房豹初臨泉味清。一朝麾節移澎疆，免爾溝壑公能當。貧民三萬七千口，量賑萬帑充飢腸。極貧兩月得全活，次貧週月慰所望。斟酌多寡不一例，其實次貧亦慘傷。挪借稱貸計已盡，縱有田地難換糧。梟茈蘆菔遺此地，本酪竹花尋何方？豈無山蔬與海菜，啖之令人病而僵。胡不暫支廳庫先施借，約以秋秒來抵償？權宜破格恩乃濟，斯眞救時藥之良。知公用心亦大苦，再議善後設社倉。陸續撥運不費力，襄諸大府修封章。臺邑倉庾素充積，以盈濟虛兩無妨。上達天聽應嘉取，議本通行制已古。慮或因陳致紅腐，年年糶之年年補。有時巨浪阻風檣，擡價不須愁奸商。一遇青黃呼吸至，官亦云便民亦康。想到此際休徬徨，吁嗟乎！讀聖賢書學何事。急切難救梓與桑。遍訴當途聽斯語，立法爲民計久長。

秋園之詩頗有老杜風格，此乃其悲天憫人之性格與其文學才華所致也。

## 乙、遊宦詩人

### 一、孫爾準

道光四年（一八二四），孫爾準東渡巡臺，六年又入臺平亂。爾準，字平叔，謚文靖；

江蘇金匱人，嘉慶十年進士。道光三年（一八二三）任福建巡撫。著有《泰雲堂詩》。集其〈藹瑪蘭北關〉詩云：

山頭亂石金華羊，下飲大澥波茫茫；蹴踏洪濤濺飛沫，紫瀾迅激浮驚霜。北關拔起通一線，訇然石扇森開張。天開天闢絕人跡，胡煩設險勞提防！我皇德遠暨日出，坐變斥鹵爲耕桑。乃知天意早有在，陽施陰設成巖疆。我來叱馭行過此，戍卒環列排槼槍。關中沃野七千甲，南京其畝菜鋪穰。茆茨土舍雞犬靜，疑從上古窺洪荒。鴃舌侏㒧費重譯，見人狂顧如驚獐。地無可欲視聽寂，安得習染生癡狂。無懷葛天在人世，桃源之說非荒唐。鯷壑東瞻寒礁石，雞籠西顧連崇岡。瞿唐劍閣身未到，鄙陋視此誰低昂？援毫思欲勒銘去，媿無筆力追孟陽。

此詩距林漢生入墾蛤仔難爲番人所害約五十六年，距吳沙入蛤子難築土圍居並墾約二十八年，宜蘭在爾準之筆下仍然是「疑從上古窺洪荒。鴃舌侏㒧費重譯，見人狂顧如驚獐。……無懷葛天在人世，桃源之說非荒唐。」足見先民闢草萊之不易。平叔之另首〈臺陽雜詠〉亦爲道光四年至六年間在臺所見而作，詩云：

關門非雁塞（關渡門，在淡水東），沙磧似龍堆；甲壞田疇闢，鹹盤市舶來。雲容晴後滿，山黛困中開（晴霽，則諸山烟靄蒼茫；若山光透露，即爲雨之徵。）夢蜨（明季李茂春園名）無尋處，名園付刼灰。

蟒甲船刳木（刳木爲船。名蟒甲），龍香劑割涎；焚輪風有火，沸井水無烟。硐户微蠔饟，山居訟蠣田。沿流頻喚渡，九十九谿邊。

風草欣無節（風草春生無節，則是歲無颱風），霜筠怯去鞭（竹皆叢生，筍無出叢外。）；玉香花媚晚，金綴菊迎年。湖采螺紋石，番通馬劍錢。忽看方物集，新返荷蘭船。

拱鼠曾名麴，蹲鴟藉作糧；潮魚驚海熟（魚隨潮大上，名曰「海熟」），火鹿慣番荒（鹿爲獵火驚散，名曰「番荒」）。樣擣蓬萊醬（「樣」字始見於鄭樵《通志》，俗名番蒜；用糖醃之，曰「蓬萊醬」），椰傾沆瀣漿（椰子大如瓜，剖之，有清液可椀許，名曰「椰酒」。）病來煩米卦（俗尚巫：病，輒延客子師攜撮米占之，曰「米卦」）三保有遺薑（相傳明三保太監至臺所植薑，可療百病）。佛髻波羅蜜，仙膚優鉢曇。苓抽芳蕙苦，蕉剝露牙甘。南鳳三杯粟（三杯粟，產鳳山縣。），西螺五寸柑（西螺產柑極佳）。問誰能編織？名狀漏嵇含。

方法唐僧授（唐大曆中，鄒和尚始製蔗糖。），凝冰濾蔗漿；輸租連部屋，擅利走帆檣。味壓嵰山雪，光欺宋井霜。緣知雩都縣，何滅木奴鄉。

漸習殊方俗，何辭過海門！吉凶占雀語（華雀番名在，每出獵，聽雀語以占吉凶。），更鼓聽鳩鳴（白鳩能知氣候，名「知更鳥」）；鐵樹珊瑚細，金莖蛺蝶輕（鐵樹花如珊瑚，金莖閱俗名金絲蝴蝶；二花番女多簪之。）。郵亭欣遠眺，雲腳畫新晴（雲腳，畫家繪水石，其下橫染一絲如界是也。雖濃雲霴靆，有腳可見必不雨）。

到來時令異，何處問神功？稻熟三春早，蟬鳴二月中；夏占帆鬻雨，秋試紙鳶風。歎息吾行遠，眞看地軸窮！

此詩係爲「雜詠」，舉凡臺灣之蟲魚草木鳥獸、物產、番俗、漢俗，甚至東西文化交流之當時景觀，全然入詩，實爲珍貴之史詩。

## 二、曾維楨

曾維楨字雲松，福建泉州人。道光六年（一八二六）翰林。歷任湖南石門知縣。歸田後，編修《彰化縣志》。維楨〈題吳藟畦先生春江載酒圖〉詩，足見當時文士之風尚，詩云：

鷺水曲復曲，春來波泛綠。螺髻鬱濃青，微茫射朝旭。沿岸柳毿毿，夭桃紅綻玉。指點翠微間，岧嶤如新沐。誰家書畫船，欸乃聲斷續。載酒並携柑，浩歌振林木。地遠清且幽，興移無拘束。我聞賀季眞，鏡湖擅芳躅。習氏高陽池，小築峴山麓。先生大雅人，望古遙追逐。壯歲即挂冠，蠟屐當雕轂。愧我未識韓，交臂失良覿。舍人君家嗣，珥筆近天祿。爲言舊亭臺，遺植多芬馥。妙手李將軍，繪事殊古穆。境澹雲悠悠，天高風謖謖。披圖爲黯然，鬢眉宛在目。

## 三、陳淑均

陳淑均於道光十年（一八三〇）應聘來臺，任噶瑪蘭仰山書院山長。淑均，晉江人，嘉慶二十一年（一八一六）舉人。掌編纂《噶瑪蘭廳志》，十四年內渡，十八年復來臺主鹿港文開書院。淑均有《蘭陽八景》詩云：

**龜山朝日：**

昂然勢矗海門東，十丈朝暾射背紅。員嶠戴星高出地，咸池浴水突浮空。山銜泖鼻開靈穴，嶼轉雞心駕曉篷。自是醮波常五色，對看薩嶺亦曈曨（泖鼻即《府志》：鼻頭山，與雞心嶼皆入蘭海道）。

嶺夕煙：

石磴盤旋暮色蒼，引人煙景入巖疆。輕如翠帶拖嵐起，細與晴絲挂嶂張。幾擔歸樵尋出徑，半林栖鳥抹斜陽。來朝拂袖登高頂，雅近鑪頭捧御香。

西峰爽氣：

入我襟懷在此間，西峰不獨一員山。何人解向紅塵酒？對景能消白晝閒。簾放竹猗秋水碧，欄扶花亞夕陽殷。披衣興到餘酣處，槳打谿頭弄月還。

北關海潮：

海轉臺陽背面寬，天開巖户扼全蘭。百三弓勢射潮準，十里軍聲堅壁看。雲外樹嵌危堞小，山腰風吼怒濤寒。憑誇水盡朝東去，且擁南關兀坐安（蘭境百三十里，山形彎如弓背，烏石港口南去萬水朝東洋面不遠。見「楊詩註」及「開蘭事宜」）。

石港春帆：

水流天外海孤懸，幸有恩波及福泉。港小能容舟入口，帆低不礙石多拳。斜風撐出濤三尺，細雨收來幅十聯。贏得人裝書畫稿。滿江都喚米家船（港口過鼻頭山對渡五虎，徑達泉南；每春夏交，內地小舟裝販米石。）

沙喃秋水：

一灣三十里平沙，笑指雕題近水家。雁起蘆邊秋漲潤，花疎蓼外夕陽斜。溪光潤帶禾千頃，洞口流交樹八叉。盼到月眉圍盡處，恍疑晚市聚魚蝦（月眉圍近沙喃盡頭）。

蘇澳蜃市：

無端海市湧樓臺，車馬衣冠景物該。一水暗連諸嘮嘓，半空擎出小蓬萊。仙家總在迷茫外，世境都從變幻來。莫使風吹南北澳，留將圖畫太陽開（蘇澳與斗史、太嘮嘓七十二社生番毗連；其他有南風澳、北風澳，即港口泊舟之處）。

湯圍溫泉：

華清今已冷香肌，別有溫泉沸四時。十里藍田融雪液，幾家丹井吐煙絲。地經秋雨眞浮海，人悟春風此浴沂。好景蘭陽吟不盡，了應湯谷沁詩脾。

噶瑪蘭於嘉慶十六年（一八一一）建城，次年設廳，並建仰山書院。道光十年（一八三〇）重修噶瑪蘭城，依照中國傳統習俗，凡設縣（廳）者，地方官吏或轄內文人例必擇全邑風景最美之處，作爲「八景」。淑均此詩較孫爾準晚約六年，而宜蘭之景觀經過修飾與爾準之「噶瑪蘭北關」已大異其趣，「北關」詩仍是番社之世界，淑均之「八景」已純爲漢人文明之產物，二者正可作噶瑪蘭地開發之對照。

綜觀道光年間之詩作，吾人所不容忽視者，一爲遊宦之士對噶瑪蘭開發之敘述，二爲竹塹鄭用錫北郭園領導當時詩壇之風騷。

# 第二節　咸同年間之詩人

咸豐在位十一年，同治在位十三年，二十四年之間，臺灣詩壇以淡北為中心。

## 甲、潛園文酒與竹塹士紳

臺灣北部（大甲以北）之開發，約在清康熙之後，當時移民亟於衣食，無暇顧及文化之傳播。然蒙館、私塾因人口之增加，間有設立。乾隆二十八年（一七六三）明志書院設於竹塹，曾造就不少人才，其中即以林占梅最為傑出。

### 一、林占梅

林占梅，字雪邨，號鶴山。林紹賢之孫。饒於財，性慷慨，好施予。進士黃鑲雲妻以女，十一歲攜遊京師，廣師碩儒，學問賅博。

道光二十一年（一八四一），英人（時稱英狭）犯雞籠，沿海戒嚴，占梅捐資助防，以貢生加道銜。二十三年，又捐巨款，論功知府即選。二十四年，嘉彰各邑漳泉械鬥，募勇守大甲溪，堵其蔓延，賞戴花翎。咸豐三年，林恭之變，辦理團練，捐運賑米，簡用浙江道。同治元年，戴潮春起事，占梅保鄉衛土，撫輯流亡，加布政使銜。福建督撫以占梅急公好義，品學兼優，奏請簡用，得旨召見，病辭，遂不出。

占梅工詩書，精音樂，軍興之時，文移批答多出其手，暇則彈琴歌詠，築潛園於竹塹西門內，結構甚佳，士之出入竹塹者，無不禮焉，文酒之盛冠北臺，著《琴餘草》八卷，歿後遺有《林鶴山遺稿》、《潛園琴餘草》等。

咸豐年間，占梅與海內外之名人成立「梅社」，參加者皆為未成年之童生，與鄭用錫之「竹社」互相輝映。同治元年，戴萬生之亂平後，占梅乃與金門舉人林豪，閩縣林亦圖創「潛園吟社」，從之者四十餘人。占梅之詩存世者甚多，約可分為：㈠行記。㈡遊記。㈢出征與時勢。㈣家居。㈤書感。㈥地震。

㈠行記：咸、同年間，由於淡水港之開發，臺北之地位日趨重要，占梅來臺北之機會自亦不少，占梅有〈新莊道中口號〉、〈新莊別館月夜〉、〈雙溪曉亭〉、〈宿芸蘭莊〉等詩，記述臺北之行。其〈新莊別館月夜〉云：

> 竹籬近水兩三家，一帶芳塍稻未花；遠火江村星倒挂，平烟樹幕霧橫遮。蛙聲接浦跳萍鬧，螢焰銜風入竹斜。好是晚涼無箇事，汲泉拾葉煮新茶。

新莊於康熙四十八年（一七〇九）由墾號陳賴章者申請拓墾（註），至占梅賦詩之時約一百五十年，已成漢人聚居之重要中心城市，此時雖有旅店之設，然早期地廣人稀之景象仍在，於是有「遠火江村星倒挂」之句，其〈雙溪曉行〉又云：

> 宛轉雙溪路，龍葱芋粟紛；深坑巢亂石，遠樹泊輕雲。屋盡穿巖搆，泉多截竹分。嘯猿聲不斷，每向靜中聞。

「雙溪」乃指士林東郊之內、外雙溪，今日故宮博物院、東吳大學、中影文化城等皆設於外雙溪，爲一人文薈萃之觀光聖地，今日景觀已全然現代化，然於山隈水崖之處，偶然間仍能遇見「屋盡穿巖搆」之景。山居之用水亦仍有就地取竹，剝成兩片，打通竹節，引山泉水入屋者，蓋其地依山傍水之故。

㈡遊記：占梅有〈同諸友人重遊劍潭寺〉詩云：

曈曈旭日映牕紗，覓勝攜朋泛曉槎；水上輕烟浮釣艇，溪干叢竹護漁家。空潭倒浸青山影，怪石翻冲白浪花。更好柳隄晴可望，數峯缺處見明霞。

振衣同憩古招提，陌柳蒼蒼一望迷；石徑風來松子脫，花陰晝靜鳥聲嗁。放光水族驚投劍，聞箁池龜同伺齊。步到上方殊寂寞，竹間門掩老僧棲。

占梅家居新竹，其潛園與鄭用錫之北郭園同爲竹塹二大名園。占梅有詩柬用錫之子如松，詩名爲〈再遊北郭園戲柬鄭蔭堂如松孝廉〉：

曲折林扃荔百株，青山樓外勝披圖；退閒異日重來此，一席君能借我無（時有出山之舉）？

㈢出征與時局：咸同年間，臺灣之大小亂此起彼落。咸豐二年（一八五二），淡北漳、泉械鬥，延至桃園、楊梅、中壢一帶，九年，復發生於士林。十年，再起。十一年，西螺三姓械鬥。同治元年，戴潮春亂起，陷彰化，圍嘉義。占梅屢助官軍平亂，〈南征八詠〉述其行軍之經過甚詳，錄於下：

序：臺灣乃漳、泉、粵三籍雜處之區，小醜跳梁，不難撲滅。去春彰邑會匪戴逆等滋亂，震動全臺；節次興師，未能蕩平。稽自內附以來，叛服不常，共二十次。最能久延者莫如林爽之「亂」，然亦未嘗如是之久。予今春兩番出師，均爲嫉妬者所阻。前鋒五百軍已克梧棲，絕賊人內通要隘；惜不果行。此次兵備道述安丁公曰健奉命勦辦，余因嚮項維艱，至十月十八日始親統一軍直抵山腳莊紮營。二十六日開仗，三十日收復葭投等數十莊；移營大渡，乘風夜冒險逼攻，隨克復彰城：時十一月初三寅刻也。計開仗至克復，只七日間，誠大幸事。第素耽吟誦，戎馬餘閒，不忘結習。凱旋時，因就途次所得之句，命之曰〈南征八詠〉，存爲記事之篇；至其工拙，所不計也。

師出香山途中作：

吹篷平明按隊行，旌旗映日向南征；斬蛟膽氣豪看劍，汗馬功名壯請纓。社勇練成弓箭手，軍心奮起鼓鼙聲。釜魚穴蟻終誅滅，何事潢池敢弄兵！

營山腳莊，夜望賊壘作：

燈火如星幟若雲，眼中螻蟻尚紛紛；三申平日嚴師律，一戰明朝掃寇氛。背水宜排韓信陣，撼山難犯岳家軍。料他破膽將宵遁，班馬聲喧徹夜聞。

一戰獲勝，進攻葭投村，破之。

鼓聲雷動陣雲浮，破竹長驅隊不收。拔幟一軍雄背水，用矛三刻壯踰溝。焚巢竟使梟群散，入穴眞能虎子求。奮險料應寒賊膽，降幡瞬見豎城頭。

十一月初一二鼓，所部全軍過大渡，冒險疾趨。彰城內應外攻，奮勇爭先，隨即克復城池，聞雞初唱。止寅時二刻也。

啣枚夜半越陰平，冷雨寒風撲面迎。箐密鴟鴞啼類鬼，途危草木動疑兵。行軍雅比龍驤壯，入穴居然虎子阬。恍似鸛鵝行雪夜，蔡州一鼓報功成。

初三日，全軍入彰化城，呈丁述菴（曰健）廉訪、周子玉（懋琦）主政：

屏息啣枝枚疾趨，驚逃蟊賊尚糊塗。樓船驀地來王濬，金鼓從天降亞夫。再歲相持同伐魏，經旬克捷笑平吳！瘡痍滿眼堪嗟悼，全賴諸公善後圖！

傍晚登西城樓感述：

極目烽烟接遠蒼，哀聲幾處斷人腸。雲含殺氣迷征旆，沙逐腥風過戰場。四野荒莊同陸氏，滿城廢屋類昆陽。撫民但願來陽寇，卹典頻邀降建章！

凱旋大甲道中作：

靈夔競歇鶤爭興，金鐙聲中日乍升；到處逢迎笳鼓奏，逢場作戲士商騰（余凱旋道過鹿港、梧棲、大甲各處，諸紳商咸爲演唱作賀）。匡時有志緣知義，撥亂猶人敢曰能！掃盡妖氛歸去後，此心依舊玉壺冰。

回軍將入竹塹城作：

親友何勞遠出迎，悠悠一片管絃聲；全軍甲冑歸戎伍，夾道衣冠迓凱兵。鼉鼓齊鳴山岳壯，雲麾招颭海天晴。回時製就〈南征賦〉，長爲熙朝頌太平。

此爲本省人士助清軍平亂沿途之經過。由於反亂頻仍，占梅感於民生之疾苦，乃作〈癸丑歲暮苦苦行〉云：

苦苦苦、頻年苦，頻年未有今年苦。兵燹紛紛百事乖，道途梗塞財源杜。公私逼窘年已殘，借貸何從覓阿堵！食指計千空兩拳，巧婦難爲無米餔。揚威時有暴富兒，索債聲高狂似虜。嗟予歷過而立年，那曾遭遇此凌侮！點金無術避無臺，良策惟有裝聾瞽。漫擬子雲作解嘲，苦況筆筆從頭數。記自夏初遭阽危，玄冥爲祟日淋漓。霪霖無霽日，沮洳無乾時。桑田變滄海，蘆灰力莫支。昆陽未戰屋先毀，人畜漂沒極遐邇。死者無辜生無聊，穀價雖賤無人市。如逢富弼能賑民，禍亂未形自可止。復因臺、鳳賊猖狂，銷患焉能先及此！豈料兇徒藉此誘窮民，因饑奪食成群起。一朝嘯聚盈綠林，王道平平忽爾爾。出沒無常肆剽掠，如虎負嵎險足恃。可憐玩敵難成功，未發先洩事危矣！健卒群誇曳落河，登壇自詡將門子。探穴思裹鄧艾氈，渡河旋陷張方壘。滿胸銳氣陡然平，風聲鶴唳盡疑兵。梟獍從茲益無忌，百里溪山日縱橫。亦知惡極難逃咎，思將分類避賊名；訛言四起民搖動，漳、泉疆劃鬥禍成。兩造焚攻陷燭天，八人到處氓無廛；我爲池魚禍並及，凡百如掃成雲烟。此時生命輕於紙，殺人食肉類屠豕，控肝刳□肆強兇，餘骸枕藉燒無已。燒無已，痛如何！乃父空踽蹐，乃祖徒媕婀。掉頭渾不顧，同室任操戈。更有慘禍絕今古，伐幽毀骨傷天和。鮮血既流蕩陰里，枯骨空拋無定河。豈忘撥亂緣嚮匱，不藥之病病難瘥！小道皆荊棘，大道徧妖魔；自夏徂秋行不得，「行不得也哥哥」！向使有病須針砭，亦宜調劑加撫摩。雖云養癰恐貽患，庸醫躁進罪更苛。加之喜功圖利己，微風海上復生波；只知高官厚祿雄豪快，其如萬戶千家呪詈多！鄙夫畏賊如畏虎，血僕禦賊短資斧。遂使滋蔓久難除，聚蟁成雷應跋扈。即今財貨齊匱艱，閭閻寂寂停商賈。矧復天寒歲暮時，巨戶財竭細民苦！苦苦苦，頻年苦；頻年未有今年苦！

癸丑爲咸豐三年（一八五三），是歲林恭作亂，由於占梅對於截亂所帶來極端不幸之深刻體認，乃有屢助清軍平亂之舉。此詩可以作註解。

㈣家居：占梅工詩文，精音樂，潛園復爲其與朋友詩酒唱酬之處，家居生活可謂詩情畫意，其〈潛園適興六十韻〉云：

不作封侯想，潛蹤已十年；屢因圖畫興，輒起眺遊緣。群峭嶔嶔度，重巒崒嵂遷。商羊聊挂杖，款段忍加鞭；出既胸襟曠，歸尤景物全。靈區瞻谷口，勝處接城邊；頗得淵明趣，非同仲子賢。築園容寄傲，著屐任周旋；適意欣孤往，娛情倦忘還。崖高堪望遠，地靜覺居偏；評石方僧孺，移花法道筌。斑紅階蘚潤，茸碧屋蘿牽；水潤波跳鯉，林深樹曳蟬。撫松凭偃蹇，趁鶴步翩翻。淡淡堤搖柳，冷冷沼瀉泉；春融芬岸芷，露浥襲打蓮。舞蝶翻歌扇，浮鷗傍釣船。橋多修澗繞，路查隔牆連。芡實雞頭剝，蔆藤鴨腳纏；門低榕並亞，籬密槿添編。引蔓葡萄架，薰芳茉莉田；果垂羅漢熟，花綻佛桑妍。泛鷁迴塘曲，盤蛇造洞巔；苔滋層磴滑，巖瀑一流懸。題壁鴻留爪，窺渠鷺立峯；荷喧池過雨，竹暝徑籠烟。撤網危磯上，投壺小院前；蔬澆抽甲壯，菊種課丁虔。穴土挖成室，誅茅構數椽。清宵蟲語碎，晴晝鳥聲穿；格磔啼奏吉，軥輈叫杜鵑。百株栽絳雪，萬卷錄丹鉛；風定雲橫岫，星稀月在天。樓臺皆倒影，亭樹盡臨淵；避暑賓攤簟，嬉春女落鈿，奚奴隨倜儻，侍史列嬋娟；阮籍遊而嘯，嵇康懶與眠。茶甘烹雀舌，香藹爇龍涎；古劍求三尺，名琴操七絃。詩觀辭駱什，帖檢換鵝箋；妙筆揮毫素，寄書問太元。錦幛裝玳瑁，繡褫記娜嬛；鐘鼎周陶鑄，圭璋漢沕鐫。愛根何日了，吟債幾時填？思苦陳無己，脾幽孟浩然。論文憑隻眼，索句聳雙肩；枕上〈逍遙傳〉，牀頭〈內外篇〉。師坡常說鬼，學晉每逃禪；交摯相傾蓋，謳和共扣舷。南皮從葉後（松潭廣文），北面事曾先（蔚雲先生）。射覆詞壇立，猜枚酒令宣；笙簫分雅部，醽醁醉華筵。釀厭中山困，車乘下澤便；衷懷希魏野，氣概仰張顛。性拙薄戎算，平生輕嶠錢；言狂人竊笑，癖怪我難悛。默默囂塵減，悠悠俗慮捐；有心追隱逸，無志慕騰騫。況免饑寒逼，猶兼疾痛蠲；曾聞唐白傅，閒散即神仙。

「適意欣孤往，娛情倦忘還。」頗有陶潛歸去來辭之意興。然占梅不是「小乘」居士，他常忘不了社會民生之疾苦，又因家擁巨資，遇見國家有難，往往無法袖手旁觀，不但慷慨捐輸，且親自出力以赴。其〈乙丑除夕團圓歌〉則寫於同治四年（一八六五），天倫之樂，令人嚮往，詩云：

去年除夕時，淡北羈棲日；只隔百里程，歸難如有失。磨蝎坐身宮，二豎重遘疾；愁病復令仃，苦況忍復述，團圓慰胸臆；子姪隨弟昆，長幼相領率。騎馬及乘輿，軋軋北城出；薦祖禮云周，酹神儀既畢。旁晚乍歸來，歡譁聞內室；內室謁慈幃（庶母陳太恭人），致詞頌安吉。慈幃雙眼枯，阿誰不能悉；舉家叩賀來，逐一名字叱。荊人復賀予，肅然見婦德。猶子女與兒。再拜立盈側；分與壓歲錢，並戒毋蕩佚。阿期（長男名祖期）年差長，垂侍狀篤實。牛兒（次男小名土牛）襁褓中，啜乳無休息；以手鳴鳴之，帶笑睡甜黑。花兒（女小名探花）學步趨，攀援繞我膝；賦性頗聰穎，青睛如點漆，見予著宮袍，掀玩呼唧唧；不獨羨他人，兼且誇己飾。滿堂百十人，一一咸能識。戲弟喚爺娘，喧騰不停刻；老牛舐犢懷，豈予獨見惑。團飲坐圍爐，宴酣弛酒肆；羯鼓動催花，觴政如鬼蜮。賭謎並猜枚，各炫所長力；上者給朱提，次者分筆墨。勝者足矜誇，負者亦悚惡；男罰背〈少儀〉，女使誦〈內則〉。啾嘈雜火爆，轟雷來莫測；聾者猶未聞，怯者兩耳塞。大僕方逞能，小婢多逃匿；一堂哄笑聲，四座欣悅色。和睦家之肥，何暇論飲食！人生重團圓，半世求不得；茲夜骨肉親，其餘焉敢必！大笑視荊人，此樂可云極！

占梅〈十五日郊迎朱丹園材哲司馬，途次口號〉云：

曉起籐輿出竹城，芳原綠水漲春耕；青旗未待田間勸，何處不聞布穀聲！飯罷鄉村日始升，牧童三五髮鬅鬙。牛高人小騎難上，揀得斜坡墊腳登。

「籐輿」即籐編之便轎，由二人抬之。此詩充滿郊遊之樂趣。

㈤書感：占梅家境優裕，不必像沈光文須向曾則通借米。然占梅爲當時之分類械鬥時感傷神，〈兵餉支絀，勸輸感作〉云：

肉食何人有遠謀？可憐未雨失綢繆！一朝聞警忙擐甲，半夜量沙枉唱籌。中澤嗷鴻聲倍苦，孤城掘鼠事堪憂！男兒莫作守錢虜，納粟曾聞卜式侯？

〈亂後經紅毛港有感〉云：

山徑陰森極，寒侵鶴氅裘；風摧林競吼，石砌水橫流。梟獍何時殄，滄桑此日更。運乖天心偪，心怯夢魂驚。破屋鬼欺客，荒村民苦兵。桃園如可見，競欲避秦行。暴雨強於弩，元雲擁作幬。笋輿行犖确，狼狽益增愁。日短易黃昏，蕭蕭萬籟繁；榛荊生沃壤，雞犬寂荒邨。估客腰纏裘，征人踵接奔，流離多失業，康濟愧前言！

㈥地震：道光三十年（一八三〇）嘉義大地震，咸豐十年（一八六〇）淡水大地震，同治元年臺地大震，占梅有〈地震歌並序〉，序云：

道光戊申仲冬，臺地大震；吾淡幸全。而嘉、彰一帶城屋傾圮，人畜喪斃至折肢破額者，又不可勝計矣。傷心慘目，殊難名狀。今歲暮春，復大震二次。驚悼之餘，乃成七古一篇，歌以當哭。時三月初八日未刻也。

據文獻記載，道光三十年嘉義有大地震，占梅云「道光戊申仲冬」，則指道光二十八年，臺灣並無太大地震。恐因年代太久，占梅記憶有誤。其〈地震歌〉云：

天朗氣清日亭午，閒吟散食步廊廡；耳根彷彿隱雷鳴，又似波濤風激怒。濤聲乍過心猶疑，忽詑棟樑能動移；頃刻金甑相傾碎，霎時身體若籠篩。廄馬嘶蹶犬狂吠，智者猝然亦愚昧，悲風慘慘日無光，霎爾晴空成晝晦；扶老攜幼出門走，忙忙眞似喪家狗。更有樓居最動搖，欲下不得心急焦；心急勢危肝膽碎，失足一墜魂難招。蟻走熱鍋方寸亂，兩腳圈豚繩索絆；窘逼轉愁門户狹，攀援不覺窗櫺斷，如逢虎狼如觸蝎，形神惝怳魂飛越；偷眼視之但溟茫，滿耳聲聞唯窸窣。千家萬家齊屏息，大兒小兒多避匿。少選聲停地始平，相顧人人成土色。地平踏穩相欣告。衆口一時同喧噪。老者無策少者疑，從此夜眠心不怡。東南雖缺地無縫，豈有妖物簧鼓之？自是乾坤氣呑吐，世人那得知其故。幸哉淡水尚安全，可憐嘉、彰成墟墓。試問既震何重輕？消息茫茫歸刼數。長歌賦罷心轉愁，驚魂未定筆亦柔。此情回首不堪憶，此身猶自隨沈浮。安得長房縮地法，居吾樂土免煩憂！

據朱景英《海東札記》云：

郡中歲常地震。每大風雨後，或黃霧彌漫時，多有此異，然不過一往來間舍宇動搖而已。聞諸羅最甚，至有裂地溢水之變。近年稍稀，可以覘境疆之寧謐矣。

天人感應之說創於漢代董仲舒。地震之大者則爲天災，是否與「人禍」有所感應，至今無科學根據，然淡北大震之次年西螺三姓械鬥，再次年戴潮春亂起，是否爲巧合？

潛園文酒爲北臺之冠，當時參與潛園詩酒之士有許廷用、吳春樵、杜日覲、林維垣、林豪、姜紹祖、郭襄錦、鄭用鑑、鄭如蘭諸人。

## 二、許廷用

許廷用，吳人，淡水廳（廳治在新竹）幕府。曾任四川知縣，有〈題占梅繪秋閨圖〉：

桐葉蕭蕭似雨聲，孤燈人坐豆花棚，中秋纔過風寒甚，半臂誰憐宋子京。

一官憔悴路漫漫，嶺海迴東景色闌，辜負深閨擁髻意，蠻鄉聽雨又秋殘。

## 三、吳春樵

吳春樵，廈門人，曾令臺灣縣，卸職後客居潛園，與占梅論詩爲樂。所作豪邁中別具溫雅，〈寄雪村方伯〉詩云：

竹簟涼深夜睡遲，畫堂偏憶虎頭痴，白團扇上秋雲句，冷雨殘霄自寫詩。

## 四、秋日覲

秋日覲，字雁臣，浙江山陰人，副貢。咸豐八年（一八五八）署淡水同知。憂去，十一年再署，竟死於戴潮春之役。江弢叔撰〈秋司馬墓志〉，許爲「天性寧靜，不爲崖岸，事必盡心力，故所樹立與衆殊。」又謂「博學能文詞，詩尤深厚，法山谷無偕俗語錯雜其間。」時人王國璠則曰：「其實他與潛園諸君子唱和的作品，富麗高華，才氣橫溢，倒與西崑很相近，何必一定要拉他上江西社中呢？」雁臣之〈花魂〉、〈花氣〉、〈花顏〉、〈花影〉四律：

花容一霎黯然收，憑弔芳魂到九幽，無影無形空有恨，和烟和雨不勝秋。珮環月下憐卿瘦，風雨宵深替爾愁，我賴一枝香在才，衆香卻被此勾留。

又惹採花仔細評，別出香外送將迎，春風拂拭人如醉，芳味氤氳蝶有情，襲我不禁行得得，投懷只合喚卿卿，使君德氣原非俗，仙吏仙葩一樣清。

十分顏色到花前，不是天然不算妍，豔冶迷他千里草，風流擬否六郎蓮，和來粉黛都成玉，奪到胭脂盡欲仙，寄語後庭誰得似，一時愁煞眾嬋娟。

分得春光千萬枝，顧形借影美人知，亭臺高下和烟宿，籬落橫斜帶月移，出境行將蜂蝶誤，名流銷盡色香時，年年頓悟繁華夢，重疊階前有所思。

## 五、林豪

林豪，字嘉卓，一字卓人，號次通；金門人。咸豐九年舉人。此後累試不第，遂罷青雲之念，致力諸子百家，舉凡天文、地理、律呂、醫卜書無不窮究。同治元年（一八六二）秋，渡臺居艋舺。時戴潮春起事，占梅奉檄辦團練，於林樹楠座中見豪，晤談之下，許為奇士，延主潛園。相與討論文史及三臺治平大計。未幾，潮春敗，金匱嚴金清來任淡水同知，聘豪纂修《淡水廳治》，豪與占梅商訂體例，參酌進士鄭用錫所撰淡水廳志稿，開局採訪，越時年餘，成十五卷，正謀鐫刻中金清仕去。新任陳培桂以為廳治之纂，出於前任，頗損顏面，乃別延侯官楊浚重修，浚工古文，但無史識，對豪所擬志稿，胡亂竄改。豪忍無可忍，一夕之間成〈淡水廳治訂謬〉百餘則以彈之。嗣南遊，再赴澎湖主講文石書院，並輯《澎湖廳志》、後歸金門，又成《金門志》，著述甚豐，有《海東隨筆》、《誦清堂文預》、《潛園詩選》等數十種。

卓人作客潛園，與主人和諸文士相處甚歡，其詩精深幽峭，近人王國璠先生評其詩很類似清人中的厲樊榭。題潛園釣月橋句「一筆冷浸橋邊月，萬葉陰重澗上亭」，流動有趣，風致楚楚，意境高迴、練字超脫。此外卓人復喜集古人之句，隨意掇拾，所謂不著一字，盡得風流。王友竹稱之爲滿屋散錢，個個上串，惟有線索在手。此皆卓人平素博覽群書，功力深厚所致。

卓人曾三纂通志，經手資料多，又身歷戴潮春之亂，閱歷豐富，其詩率多咏史或寫實之作。其〈招魂曲〉即寫戴役之事，詩云：

淡北自丁已、戊午間連年分類械鬥，死亡者以萬計。事平，里人爲道場於艋舺龍山寺，超薦亡魂，時陰雨連日，天色愁慘；余感之，爲此詩也。

君子見龍山寺口白旛浮，香壇烟繞風颼颼？是日陰霾匝地氣悽慘，新鬼故鬼聲啁啾。不知妻哭夫兮父哭子，但聞哭聲震天天爲愁。去年蠻觸苦相怒，忽地烽烟不知故；朝驅子弟尋仇家，暮挺干戈逢狹路。生靈刈盡村爲墟，碧血消沈萬骨枯；化作蟲沙歸未得，魂招何處徒嗟吁！嗟吁魂兮歸來些，莫向沙場猶醉臥！懺悔應悲殺業償，皈依且禮空王座。空王座下眾生愁，汝曹任俠夫誰尤！何不荷戈去殺賊，死爲忠義猶千秋！

其〈留別潛園〉與〈重到彰化與雪村方伯話別，時漏將四下矣〉則見卓人與潛園之深厚感情，錄於左：

小住名園將度春，依然面目溷風塵。江干鷗侶應懷我，市上豬肝久累人。問字青娥留後約，題詩白石證前因；相思樹下相思淚，獨對東風一愴神。
問我何緣海外羈，世情此日太離奇！著書炎徼毫將禿，射策星明計已遲。客路慣衝千尺浪，行裝贏得幾篇詩。馬頭一步一回顧，惆悵梅開客去時！

重到彰化與雪村方伯話別，時漏將四下矣

此別知何日，相看各失聲。愁添千萬緒，海隔十三更！文字知交淚，風波故國程；殘燈何黯黯，怕照此時情！
幾載名園住，談詩喜欲狂；千篇同檢點，隻字替商量。願飲泉明酒，休搜李賀囊！來春重鼓棹，有約那能忘（時雪村病體已劇，握手無言，泣數行下；余亦不知淚之何從者。）！

卓人有〈門人郭紹芳秋闈獲儁〉二首，料想爲主講澎湖文石書院後作，十年樹木，百年樹人，寬慰之情可見之，詩云：

天孫錦織渡瀛橋，瀛島天章亦錦標（臺亦牛女分鼓）。筆本家傳粧五色，燭仍官限試三條。朱衣夜靜頭方點，赤鯉雷鳴尾已燒。報聽霓裳雲外奏，仙風吹曲桂香飄。
講席談經課事修，幾曾倜儻擅英流。獨能淬劍磨風雨，便覺凌霄射斗牛。豹變早經成七日，鵬搏休止奮三秋。來春走馬長安陌，佇相翩翩得意遊。

## 六、林維垣

林維垣，字薇臣，閩縣人，茂才。祖元英，著《漱石齋吟草》十四卷，父梅心，著十四韻集韻。維垣幼承家學，頗能讀父、祖之書。年三十，應占梅邀遊臺，居潛園十餘年，賓主至相得。詩工香匳，蓋托兒女丁寧，閨門怨戀，以寫其胸中之幽怨，不比尋常紅粉青樓，裁雲鏤月之作也。茲錄其〈富有家國之痛者〉一首：

卅載客臺陽，滄桑感一場，白頭遭亂世，赤手怕還鄉，有命何妨俟，無才只自傷，故人如問訊，詩酒尚顛狂。

## 七、姜紹祖

姜紹祖，字贊堂，係北埔大紳奐邦先生之文孫。多讀經史，深明大義。詩體遙雋；興寄超遠。潛園文酒盛時，纔止二十餘歲，但卻受耆老重視。乙未之役，破產結客，招募鄉勇，自成義旅，以抗日師，枕頭山一役，勢孤無援，力戰而歿，詩多散失，今存者祇有〈鹿寮坑茶亭〉數聯云：

此外程途多未歷，箇中甘苦貴親嘗。
花香鳥語蒼崖畔，帽影鞭絲大道旁。
不惜望梅能止渴，得些息足自添神。

皆爲才氣橫溢之作，可惜英年早逝，否則事業、文章都必有很大成就。

## 八、郭襄錦

郭襄錦，字雲裳，新竹人。少聰穎，有孝行，節操學問，粹然一出於正。其詩很近宋人，〈送曹懷樸司馬謹謝病歸里〉云：

笙歌滿路酒盈卮，父老攀轅惜別時，生佛願教長作主，春風容易惹相思。一清已覺人難效，五載都嫌住未遲，底事蒼生方繫望，淵明歸去漫題辭。

## 九、鄭用鑑

新竹士紳鄭用鑑，乃北郭園鄭用錫之從弟，字藻亭，號人先。同治元年（一八六二）舉孝廉方正，侯選內閣中書，掌教新竹明志書院，著《易經易讀》、《靜遠堂詩文集》。初所作力趨性靈，和平中正，茲錄於左：

海市：

蜃樓輝彩耀奇觀，詞賦元虛歎淼漫。霧閣霞窗來恍惚，金支翠羽聚無端。虛無物理從茲悟，縹緲仙山下筆難，聞道神州接漳浦，有時意境任人看。

筆：

材美東南竹箭遒，胡爲屈作管城侯。機鋒善殺休藏腹，氣象能干亦禿頭。駝變老精逃月屈，麟來衰世涕春秋。結繩而治風何古，多事書成鬼哭愁。

墨：

飽飲三升未覺濃，生涯何日不磨中，刼燒天地留餘燼，變幻雲烟過太空。守黑幾人能老子，草玄終古恥揚雄。文章陰象宜從晦，萬丈光芒李杜窮。

岳武穆：

十二金牌發帝宮，儘憑讒舌說元功。君臣樂土偷安遂，父子邊庭屢望空。奸惡有心終賣國，昏庸無恥在和戎。英靈千載棲霞嶺，墳樹無枝偃北風。

**懶**：

日長不覺意都灰，怕整衣冠畏客來。夜榻未移思月就，晨書偶閱趁風開。經句硯垢無人洗，作答書遲任友催。莫笑灌花憑雨到，小庭花木信天栽。

**蘭**：

柔葉吹惠風，芳叢挹清露。深谷不逢人，幽香暗中度。

用鑑之門人，臺北陳維英亦臺北詩壇之宗師，曾任閩縣教諭，回臺後掌教臺北、宜蘭之書院，門人亦濟濟多士。臺北、宜蘭之文風因而間接受用鑑之影響。

## 十、鄭如蘭

鄭如蘭，新竹人，字香谷，號芝田，優等增補貢生，鄭用錫之侄，擁厚資而勤儉好施。喜吟詠，聚友唱和，不問寒暑。作品喜用典實，館閣氣過濃，但卻沒有油滑態。如〈題一崖道人桃源圖七絕〉云：

桑麻雞犬住人家，流水桃花路轉賒，太息仙凡容易隔。春風惆悵武陵霞。

〈送別〉云：

將星光映客星明，海上船樓策太平。萬里封侯班定遠，一行作吏謝宣城。搖鞭春試章臺馬，出谷聲還十苑鶯。量取東瀛千尺水，汪倫送別有餘情。

〈北郭煙雨〉：

> 園開北郭好吟哦，和雨和煙詩思多。楊柳千條蕉數本，商量淡墨畫如何。

## 乙、臺北詩人

咸同年間，臺北文風雖不如新竹，然吟詠之士亦不少。

### 一、黃敬

黃敬，咸豐四年（一八五四）歲貢，字景寅，性孝友，好讀書，淡水干頭莊（關渡）人，授福清縣學教諭，後歸鄉設教，以「關渡先生」聞名遠近。與大隆同莊（臺北大同區）人曹敬，並稱「淡北二敬」。著有《易經義類存編》、《易經總編》、《古今占法》、《觀潮齋詩集》等。景寅有〈基隆竹枝詞〉云：

> 萬頃波濤一葉舟，無牽無絆祇隨流。須臾滿載鱸魚返，販伙爭沽鬥渡頭。

此時基隆已稱新名，不名「雞籠」。展現漁港之景觀，比之今日成爲國際商港、軍港，不可同日而語。

### 二、陳維英

陳維英，號迂谷。淡水大隆同莊人。咸豐九年（一八五九）舉人，任閩縣教諭，捐內閣中書，分部學習。返臺後掌教仰山（在宜蘭）、學海（艋舺）書院，功於教化。

維英，少時入泮，爲鄭用鑑之門人，與伯兄陳維藻有名庠序間。晚年築室於劍潭畔，名曰「太古巢」（傳說其係燕神轉生故名），讀書歌詠以自娛，著《鄉黨質疑》、《偷閒集》。

維英掌教仰山書院時有文〈噶瑪蘭仰山書院記事〉云：

拓土開疆廿載營（乾隆末始闢蘭疆至嘉慶辛未），版圖初入我初生（收入版圖於是年生）。楊公始建鱣堂迥（楊雙梧太守創建），朱子重修鹿洞成（朱丹園司馬重修）。學海共源懷梓里（吾鄉書院名學海，屬生員尚付淡水學），仰山對峙表蘭城。席前地接文昌府（書院與文昌宮毗連），門下天生武庫英。枉作虎皮談易竭，自慚馬骨相難精。額增月課辛勤校（月原兩課余爲增經占一課），指摘雷同子細詳（勦襲雷同違或另列示戒）。養士貴無寒士氣，衡人做不得人情（辭饋贈）。苟苴屏卻青氈冷，苜蓿烹來白水清（甘淡泊）。教重身心輕翰墨，儒先經術後科名。恐荒豚犬三餘業（家書促余歸教子弟），忍唱驪歌一曲聲。東道攀輿行且止（卓犖亭別駕及諸紳士懇留甚切），北郊張樂送如迎（予初至士民鼓吹郊迎，比歸張樂餞送）。蒼蒼雲樹百回首，槐市風光夢寐縈。

敘述仰山書院之學風爲「教重身心輕翰墨，儒先經術後科名。」與今日升學主義下之教育方針眞是大相逕庭。維英又有〈警諸生〉詩云：

館裡翻同傀儡棚，卻將嬉笑當書聲。詩多作賊文蠻語，滿眼狐狸亂戰爭。黃鵠紛心放不求，三郎非睡即閒遊（中有三郎者）。教人究莫使人巧，善奕从茲笑奕秋。

此詩與論語所載宰予晝寢，子曰：「朽木不可雕也。」頗有異曲同工之妙，然長者之慈愛亦於詩中表露。

維英自題其居有〈題太古巢〉詩云：

山中甲子不知年，夢入華胥一枕邊。壞土原無盤古墓，枯枝獨闢有巢天。兩儀石上搜遺迹，八卦潭前隱散仙。自笑草盧開混沌，結繩坐對屋三椽。

太古巢在劍潭畔，據時人謝樂山考證，舊址應在今之圓山動物園之對面，臺北美術館所在處。

維英之論學宗旨曰：「吾學堯舜禹湯文武周公之學，亦欲一時萬世共學堯舜禹湯文武周公之學也。斯學何樂，內聖外王之學也。」故其一生每準此而行。淡北人士尊爲碩學，以文名世，時人推爲「氣若行雲流水，境如霽月光風」。其詩則老嫗能解，然寓意深刻，命辭清峭，使人有「奇澀」之感。詆毀者不少，連雅堂譏之爲「可憐迂谷不知詩」，或因其詩過於質樸之故。其〈太古巢即事〉云：

隔一重江佛國開，劍潭寺在碧雲隈，山僧解得通音問，日送鐘聲渡水來。

白雲爲我鎖柴扉，俗客不來苔蘚肥，欲煮新茶將葉掃，風吹詩草並花飛。

曉煙漠漠水滲滲，籬外輕陰釀蔚藍，起看落花新漲合，此身疑是在江南。

維英掌教書院時，獎掖後進，人才輩出。如舉人張書紳、陳樹藍、陳霞林等，皆出其門，而以陳老師名於當世。

## 三、張書紳

張書紳，字子訓，號半崖，維英高弟子，著作敏捷，書法猶精妙，淡邑之士贊之「胸藏二酉」，「筆妙五花」。侯官林紹年尚書，在友人處見其對聯，大爲稱賞，推爲「八閩第一」。

其詩近似漁洋，澹遠茫昧中寓溫和清秀之氣質，其〈劍潭五律〉云：

化龍龍已去，龍去劍光騰，古跡談名士，空山剩老僧，迴瀾開寶鏡，斷石露圭稜，夜靜星辰落，江天一色澄。

## 四、陳樹藍

陳樹藍，字春綠，大龍峒人。學問醇正，踐履篤實。同治十二年（一八七三）領鄉薦，任教職十餘年，光緒十六年（一八九〇）歸里，布衣蔬食，塊處蓬室中，採摭宋儒言行爲傳聞錄，惜未完成而病逝。著有《望海閣詩文集》一卷，其詩有王孟之風，〈新月五律〉云：

三五稱佳夕，清輝自昔聞，今看新月早，已覺夜光分；無力穿疏幔，如鈎隱暮雲，卻疑牆腳上，花影欲紛紛。

## 五、陳霞林

淡水陳霞林，字洞漁，咸豐五年（一八五五）舉人，捐內閣中書，侯選知府。《淡水廳志》載同治八年廩膳生黃如許妻何氏，竹塹人，夫病篤，醫者僉云不起，何氏侍藥備苦，聞星士有相剋之語，告其姑曰：死無子，宗祀斬矣，願以身代，遂仰藥死，年二十。夫竟霍然。洞漁乃賦〈仰藥救夫〉以誌之：

誤信刑夫測子平，從容就義出愚誠。可憐入地身先死，只望回天婿更生。鴆毒自甘心自苦，鴛儔爲重命爲輕。世間多少鬚眉輩，奇氣誰堪日月爭。

## 丙、遊宦詩人

咸同年間，宦臺之士能詩者有劉家謀、吳子光、楊浚等人；出生於臺灣，而宦遊於大陸之詩人則有宜蘭陳省三。

### 一、劉家謀

劉家謀，字仲為，一字芑川。福建侯官人。道光二十九年（一八四九）任臺灣府訓導。咸豐二年（一八五二），作〈海音詩〉，未幾以勞卒。遺著甚多，有《東洋小草》、《開天宮詞》、《懷藤吟館隨筆》……等。其〈海音詩〉寫臺灣典故甚詳。其同鄉晚輩韋廷芳序之云：

……採風問俗，顯微闡幽，所關匪細；惟「海音」之名，則有說乎！蓋臺郡處海外，郡城又濱海，出西關，一望汪洋萬頃、碧浪迷天；顧或鼇抃鯨呿，潮汐震撼，激而成聲，隱隱呟呟，如雷如鼓。自四、五兩月始，天將雨，是音即盛發；況颶母時作，海吼益甚，令人心怖。先生聞所創聞，伏枕謳吟；耳中洶湧澎湃，鬱勃怒號之音，與胸中嶔崎磊落、牢騷不平之音，互相遙答。詩成而疾癒，殆以己詩愈已疾歟？何其有遺音耶？抑司訓是職，有時大其聲、疾其呼，一若分玉振金聲餘韻，發人之聾於鯤身、鹿耳間，則海音偕鐸音俱長矣。先生為人慷慨豪俠，絕少頭巾氣；故其為詩，風流跌宕，而嬉笑怒罵，欲歌欲泣，亦復激昂悲壯，一切地方因革利弊，撫時感事咸歸月旦，往往言人所不敢言、所不能言；此誠黃鐘、大呂之音，不作錚錚細響者。其以「海音」名篇也固宜。

芑川之〈海音詩〉七絕共一百首，每首各賦一事，芑川並詳註於後，故爲難得之臺灣典故史料。其贊謝金鑾與鄭六亭合纂之《續修臺灣縣志》則云：

發凡起例倍精嚴，謝鄭同心兩美兼。誰敢揮毫相點竄，畫蛇應笑足輕添！

（註：謝退谷（金鑾）、鄭六亭（兼才）續修《臺灣縣志》，在嘉慶十二年；再訂於道光元年。歲久原版散失，修補頗多。或於學宮、壇廟諸門，忘加添注；皆元年以後事。體例殊乖，宜亟刪之，以待續志。）

臺灣自彰化以北設縣之芻議起於周鍾瑄之《諸羅志》，而諸羅志又多得陳夢林之手以成，芑川詩云：

一方擘畫括全臺，敘述何徒擅史才。添邑添兵關至計，他年籌海此胚胎。

（註：周宣子（鍾瑄）《諸羅志》，半成於陳少林（夢林）之手中。論半線以上，常增置城邑；及北路兵單汛廣，營制宜更。後皆如其議。）

臺灣民間婦女皆甚勤勞刻苦，阮蔡文曾有〈大甲婦〉詩寫之，芑川乃云：

居然不績市婆娑，華麗猶將競綺羅，大甲溪頭機軋軋，至今婦苦有人歌。

（註：女人不知蠶織，以刺繡爲能。三十年前，婦女出門者雖內著美衣，必襲以布；猶詩人尚絅之遺也。今則綺羅照耀矣。阮參戎蔡文有〈大甲婦〉詩，首件：『大甲婦，

一何苦！爲夫饁餉爲夫鋤，爲夫日日織麻縷』。）

澎湖地貧，百姓不知有稻粱，直到有人抵臺始知人間有此物。當時鄭氏設臺灣府曰「承天府」，外人來臺稱「往承天府」訛音爲「神仙府」。芑川詩云：

一盌糊塗粥共嘗，地瓜土豆且充腸；萍飄幸到神仙府，始識人間有稻粱。

（註：澎地不生五穀，惟高粱、小米、地瓜、土豆而已。地瓜，蕃薯也；土豆，落花生也。以海藻、魚蝦雜薯米爲糜，曰糊塗粥。草地人謂府城曰「神仙府」。韋澤芬明經云：『鄭氏有臺時，置府曰「承天」；今外邑人來郡者，猶曰「往承天府」。神仙，殆音訛也。』）

澎湖婦女之耐勞辛苦有如臺灣之牛，其遭遇亦堪憐，芑川云：

眞教澎女作臺牛，百里飢驅不自由；三十六邨歸未得，望鄉齊上赤嵌樓。

（註：諺云：「澎湖女人、臺灣牛」，言勞苦過甚也。咸豐元、二年冬春之交，澎地大飢；澎女載至郡城鬻爲婢者不下數十口。徐樹人廉訪（宗幹）諭富紳出貲贖之；予亟商諸二、三好善之士勸捐贖回，各爲收養。稻熟後，按名給路費，載還其家。澎湖五十五島，著名者三十六島。）

關於臺灣當時之經濟，芑川云：

蜀糖利市勝閩糖，出峽長年價倍償；輓粟更教資鬼國，三杯誰覓海東糧！

（註：臺地糖米之利，近濟東南、遠資西北。乃四川新產之糖，價廉而貨美，諸省爭

趨之，臺糖因而減市；英吉利販呂宋諸夷米入於中國，臺米亦多賤售。商爲虧本而歇業，農爲虧本而賣田，民愈無聊賴矣。「三杯」，臺穀名。）

臺灣送葬之習俗與中土有異，芑川記之云：

有孝男兒來弄鐃，有孝女兒來弄猴；生天成佛猶難必，先遣爺娘黑獄投。

（註：凡親喪必懺佛；僧於中午飛鈸，謂之「弄鐃鈸」。諺曰：「有孝後生來弄鐃，有孝查畝來弄猴」。弄猴者，以猴演雜劇也。俗謂男曰「後生」、女曰「查畝」。按「查畝」二字，無謂；當是「珠母」音訛，猶南海之言「珠娘」也。）

爭將寸草報春暉，海上啼烏作隊飛。慷慨更無人贈麥，翻憑百衲共成衣！

（註：家貧親老者，或十人或數十人爲一會。遇有大故，同會者醵金爲喪葬之資；競赴其家，助奔走焉：謂之「父母會」。）

臺灣番俗謂夫婦曰「牽手」，離婚曰「放手」。臺人常有納妾、出妻之習，芑川諷其不如番民：云：

愛戀曾無出里閭，同行更喜賦同車；手牽何事輕相放，黑齒雕題恐不如！

（註：《諸羅志》番俗考：『夫婦自相親暱，雖富無婢妾、僮僕。終身不出里門，行攜手、坐同車，不知有生人離別之苦』。臺俗：夫婦雖相得極歡，鮮不廣置妾媵，甚且出爲冶遊；反目，輒輕棄之。婦被棄於夫，亦無顧戀；馬頭覆水，視爲故常。何乃少結髮情耶？內地來臺者，每娶臺婦，久亦忘歸；及歸，則未作飛蓬之嗟，已違就木

之誓！地氣之薄也，抑人心之澆歟？番俗可以風矣。俗娶妻，曰「牽手」；棄妻，曰「放手」。）

曹懷樸（瑾）與曹馥堂（樹桂）先後治淡，皆甚有治績，人民懷之，芑川詩云：

一死都緣撫字勞，不徒冰雪勵清操！雞籠山下輿人在，歌罷前曹復後曹。

（註：曹懷樸司馬，河內人也；治淡五年，方正廉潔，愛民如子。滇南曹馥堂（樹桂）繼之；其約己勤民，殆有過焉；蒞任八閱月，積勞而卒。至今，淡人猶稱前、後曹也。）

諸羅蒲羌林大社通事吳鳳「捨生成仁」之事，芑川云：

紛紛番割總殃民，誰似吳郎澤及人！拚卻頭顱飛不返，社寮俎豆自千春。

（註：沿山一帶，有學習番語、貿易番地者，名曰「番割」；生番以女妻之，常誘番出爲民害。吳鳳，嘉義番仔潭人，爲蒲羌林大社通事。蒲羌林十八社番，每欲殺阿豹厝兩鄉人；鳳爲請緩期，密令兩鄉人逃避。久而番知鳳所爲，將殺鳳；鳳告其家人曰：『吾寧一死以安兩鄉之人』。既死……因致祝焉，誓不敢於中路殺人。南則於傀儡社，北則於王字頭，而中路無敢犯者。鳳墳在羌林社，社人春秋祀之。）

家謀《海音詩》百首，不及悉述。家謀爲人慷慨豪俠，絕少頭巾氣，其詩風流跌宕，嬉笑怒罵，欲歌欲泣，亦復激昂悲壯。一切地方因革利弊，撫時感事咸歸月旦，往往言人所不敢言。此乃以智者之著眼、仁者之同情心、勇者之筆所發黃鐘、大呂之音，不作錚錚細響，以「海音」名篇宜也。

## 二、吳子光

吳子光，字芸閣，廣東嘉應人，生於嘉慶二十四年（一八一九），寄籍淡水銅鑼灣（今苗栗銅鑼）。同治四年（一八六五）舉人，嘗分修《淡水廳志》，著《一肚皮集》，悉十八卷，其中記述臺事之文彙爲二卷，題曰《臺灣記事》。子光有〈紀變絕句四首並序〉云：

（咸豐壬戌夏，彰邑奸胥戴萬生作亂，鎮道殲焉。從官或死、或逃避莫知蹤跡者，大與守土之例相背。時群賊據彰城，鼙鼓之聲日夜聞四境；南、北路咫尺不通，孽矣。初，戴逆意叵測，似欲收拾餘燼，作江城髮匪犄角者，不知塘報，官軍屢得勝仗；金陵王氣，剋日即聞收復。雖有闖、獻，豈能作死灰之燃哉！今臺地平治將二十年，痛定思痛，其間哀鴻磔鼠事，猶在人耳目前也。詩以紀之。）

昆池刼火到東瀛，班馬中宵似有聲；十萬黃巾低首拜，前車恐是鄭康成！

書生俯首入鸞籠，蒿目潢池路不通；留得湘東金管在，好書忠孝紹家風。

吳髮休論短與長，墨磨盾鼻願誰償！九千歲事君知否，太白游踪老夜郎（戴逆自稱千歲）？

南風吹律死聲聞，甚惡居然近楚氛；一笑請纓羈闕下，更無人學漢終軍！

## 三、楊浚

楊浚，字雪滄。福建侯官人。咸豐二年（一八五二）舉人。同治七年（一八六八）淡水同知陳培桂聘修廳志。除纂修廳志十六卷外，著有《冠悔堂詩文集》。

楊浚於同治七年來臺修《淡水廳志》時，廳治仍設於竹塹，是以暇時常與潛園、北郭園諸詩家往來唱酬。其詩存世者多爲贈答之作。〈潛園觀菊〉云：

天涯海角久離家，四度秋風鬢欲華；一事不曾愁客邸，借人亭館看黃花。

〈懷舊〉詩云：（選五首）

鄭稼田觀察如梁：

旅食北郭園，款洽眞弟兄；茅龍更三椽，西山爽氣迎。東瀛論門地，樂善協公評；多功能寡過，可以慰平生。

施雲舫舍人士洁：

海東擁一硯，臯比亦足豪！時哉易白頭，逝水看滔滔。春明強別後，九日思題糕。少年當努力，爲底名山逃！

王香洲茂才衡之：

（王香洲一家父子兄排行皆「之」字，右軍家法。咸豐癸丑赴興花陷賊，中刀劈額，仆而甦；洎冬，忽以疾叢。同時爲林小潭方伯所羅致者：詔安謝琯樵穎蘇以畫名，甲子髮亂死於萬松關；晉江粘樹之熙光，善琴。）

義、獻家風一字排，購書入市日爲懷；畫叉我更思摩詰，琴錄今難遇伯喈！

李汝洲三尹觀濤：

（予己巳、庚午臺陽修志總纂之聘，閱一十五月；君時在淡水，尚能述予往事。）

滄海橫流一櫂還，狂歌曾識舊時顏；鬢絲禪榻茶烟後，腰鼓重煩説對山。

陳鏡河舍人澄清：

（同治壬戌舉人，戊辰與予同到閣里，居廈門。君本淡水籍。）

藥階舊侶漸凋零，待漏曾同數曉星；早脱朝衣成小隱，田園生計付東溟。

【附註】

註：據民國七十年元月輔大尹章義教授所著《新莊（臺北）平原拓墾史》，引用最新發現之臺灣北部平原拓墾史料——張廣福文件，得知康熙二十八年墾戶「陳賴章」並非人名，應爲墾號名。

# 第七章 光緒年間之詩

## 緒論

自光緒元年（一八七五）至光緒二十年甲午（一八九四）清廷與日本簽定馬關條約期間，政治等方面之情形，爲：

**㈠政治方面**

光緒元年：設臺北府

光緒十年：中法戰起

光緒十一年：臺灣建省，劉銘傳任臺灣巡撫前後六年。積極建設臺灣，使臺灣走向現代化。

光緒二十年：移臺灣省會於臺北。中日甲午之戰爆發。

光緒二十一年：中日馬關條約割臺。成立臺灣民主國。日本以武力征服臺灣。

**㈡社會方面**

光緒八年：林汝梅墾苗栗南庄。

光緒十四年：臺北置電燈。

光緒十六年：臺北大稻埕鼎盛。

### ㈢文化方面：

光緒二年：建鳳山縣試院。臺南建長老會神學院。

光緒六年：臺北府建臺北儒學及登瀛書院。

光緒八年：臺灣縣（臺南）設明新書院。淡水建牛津理學堂大書院（今淡水工商管理學院）。

光緒十年：淡水設女學堂。

光緒十一年：臺南建男子長老會中學堂。

光緒十二年：臺南改引心書院爲蓬壺書院。

光緒十三年：設西學堂於臺南大稻埕。苗栗建英才書院。臺南建女子長老會中學堂。

光緒十五年：臺中城內建臺灣府考棚及宏文書院。

光緒十六年：臺北府設番學堂。各縣添設義塾。大肚建磺溪書院。臺北電報總局設電報學堂。

光緒十七年：彰化建興賢書院。巡撫邵友濂撤西學堂。

光緒十八年：臺北設通志局，以修《臺灣通志》。各縣廳分纂採訪冊。邵友濂撤番學堂。

光緒十九年：林豪輯《澎湖廳志》十五卷成。臺北建明道書院。基隆建崇基書院。

光緒二十年：各廳縣採訪冊成。彰化李清琦中進士，再中翰林。

自光緒元年起至二十一年，前後二十年間，臺灣除受中法戰爭之影響，一時稍呈紛亂外，大致尚稱太平。中法之戰結束，臺灣於光緒十一年（一八八五）建省。隨著政制之改變，大量官吏、幕客，從大陸擁進本省。由於這些人之提倡與鼓勵，加以省籍科舉出身人士雅好，臺灣詩壇日趨活躍，終至在臺灣詩史上畫一光輝燦爛時代。

## 第一節　省籍詩人

光緒年間省籍詩人以施士洁、丘逢甲、許南英等三進士暨鹿港洪繻最爲傑出。此外尚有陳日翔、徐德欽、謝維岳、謝道隆、陳鳳昌、盧德嘉、鄭拱辰等人。

### 一、施士洁

施士洁，字應嘉，號澐舫，晚號耐公，臺南府人。同治十三年（一八七四）進士。官內閣中書，後掌彰化白沙、臺南崇文及海東書院山長。光緒十一年（一八八五），唐景崧於道署斐亭，盛開文酒之會，嘗爲羅致，乙未割臺後西渡歿於廈門。著有《後蘇龕詩集》，新竹鄭毓臣編《師友風義錄》收錄其詩最多。

澐舫之詩，乙未前，意態悠閒語多淡雅，其〈大武攏秋夕〉云：

清晨不知倦，一燈眠獨遲。豆棚風欲剪，竹屋雨如絲。喚茗驚僮夢，焚香讀杜詩。倏然千萬籟，秋在五更時。

臺灣至光緒時代，全省皆已開發，生活亦稱富足，由於科舉名額之鼓勵，文風已盛，暇時喜文之士乃有餘裕同遊名山，賦詩助興。澐舫有〈俗佛前一日，唐維卿廉訪招同倪耘劬大令、楊稺香孝廉、張漪蒹廣文、熊瑞卿上舍、施幼笙茂才遊竹溪寺，次廉訪韻〉詩，即爲文友唱酬之作，詩云：

擬攲僧寮訪貫休，肩輿帶雨出城遊。歷千百刼園林古，剩兩三分水竹幽。境隔紅塵諸佛笑；香埋青塚五妃愁（明寧靖王五妃塚在寺後）！草雞漫話前朝事（鄭成功有草雞之讖），半日茶禪品趙州。

修禊蘭亭此濫觴，長官同侶盡求羊。七賢韻事追千載，四省詞人聚一場（廉訪、耘劬粵人，稺香黔人，瑞卿楚人，予與漪蒹，幼笙則閩人也。）山賊任呼謝靈運；酒狂誰似賀知章！蕉衫葵扇蕭疏極，砭俗何須海上方。

巡瀛聽徧竹枝辭，丈室閒來綺席施。賓從多才蓮幕豔；溪山有味筍廚知。地隣蝶夢遊仙宅，節近龍華浴佛期。十載鴻泥仍故我，籠紗慚對壁問詩。

去年吟社笑紛爭，消夏樽開不夜城（去夏廉訪及豸署創「斐亭吟社」）。今雨重招三島客，下風群奉六如名。花前泛螘新篇出：竹裏歸騶暮靄橫。吏隱分途歌詠合，海天笙磬許同聲。

此詩足見乙未前文人雅士公餘之暇之雅興。亦足以知道早期詩社斐亭詩酒之熱鬧場面。可惜好景不常，乙未之役，粉碎了多少如詩如畫的生活。其〈別臺作〉云：

往刧空談紙上兵，□□□□一書生。化身甘作遼東鳥，遺恨難屠海外鯨。島嶼陸沈昆舍國，欃槍氛起薩摩城。潮聲十萬軍聲苦，長爲安平咽不平！

一角天南夢蝶園，當年遺老跡猶存。流將鯤島重洋水，幻作鯫生雙淚痕！恨未喪師先失地！問誰揖盜自開門？陽樊到處呼倉葛，何苦強鄰又伐原！

百雉高城赤堞西，鵂鶹啼罷子規啼。樓前人去如黃鶴，夜半軍來盡水犀。鬼已無頭怨羅刹；僧猶有髮愧闍黎。逐臣不死懸雙眼，再見英雄縛草雞！

澐舫爲許南英（蘊白）、邱逢甲（仙根）之老師，其〈廈門晤蘊白〉詩有「今日已無乾淨土，九原愁殺六安汪！諸君戮力復神州，可奈新亭滿目愁！」之句。其〈和同年易哭菴觀察『寓臺詠懷』〉云：

滄海桑田一往還，眞仙泥爪尚人間。妖欃五百童男壘，瘴霧千里鬼子山。俠客騰蹤龍變化，參軍學話鳥緜蠻。痛君墨絰從戎去，我亦椎心值母艱！

兩字頭銜署棄民，避秦羞見武陵春。梓桑脈絡關泉、廈，棠黍恩膏失召、郇！誰向南天撐赤手？那容東海變文身！紛紛灞棘都星散，淒絕田橫島上人！

擊楫瀛壖訪法華，佛光憐影七鯤沙。虎貔帳下窺詩草！鬼蜮波間避劍花。鋏甲藏胸驅怪鱷，寶珠在手握靈蛇。易言空應籌邊詔，奉使今歸八月槎。

黑子彈丸海盡頭，漂搖誰與念同舟？風聲鶴唳千村驛，火色鳶眉萬户侯。戍婦刀頭難夢到；居人釜底且魂遊。扶餘尚有虯髯客，況我堂堂赤縣州！

易哭菴即易順鼎，字實甫，光緒二十一年奉命來臺，其〈寓臺詠懷六首〉語多悲壯，如：「玉門何路望生還，恍忽長辭天地間。」「田橫島上此臣民，不負天家二百春。……」等。丘逢甲、許南英於乙未後，皆有詩以和之。哭菴爲湖南人，清末詩人，以寫實詩見長，其詠臺、懷臺詩甚多，足見其與臺灣之深厚情感，臺灣籍之詩人見此，頗感「吾道不孤」，因此，奉和之作特別多，皆多出於激憤悲涼之情。

澐舫西渡後，日夜以臺灣爲念，其〈榕城除夕夢延平王祠古梅〉詩，尤爲痛切，云：

草雞夜鳴七鯤穴，怒潮幾度變成血；中有寒香三百年，年年花開傲紅雪。憶惜婆娑洋未通，蠻烟瘴雨猶鴻濛；那有然犀到牛渚？更無仗劍入蛟宮。自從夾板荷蘭駛，鑿齒雕題皆赤子；扶餘國未王張髯，艸兮城已築徐市。此花生長古蓬萊，曾見昆明萬刼灰；菻櫚南海訶陵種，楊柳金城元子栽。一朝冠帶騎鯨至，異姓王封牛革地；桔枕門高赤手開，菻茶井在紅毛避。於今老榦幾滄桑？剩有荒祠弔夕陽；赤嵌鹿耳霸圖盡，紫色鼃聲閏位亡。草竊紛紛竟烏有，朱林張戴亂梟首；武陵桃笑世人迷，白社蓮爲方外友。蜃樓一瞥又飛煙，獨樹亭亭冷可憐；翠羽縞衣雜荊棘，冰肌玉骨染腥羶。我與梅花相伯仲，餘生已斷羅浮夢；銅瓶紙帳泣飄零，塵中何處逋仙洞。

延平郡王祠內之古梅騷人墨客爲之吟詠者甚多，然澐舫爲避日禍，遠走他鄉之時，猶念念不忘，最難堪者乃是「夢裏不知身是客」，午夜夢迴，才發現，自己生長之故土，已是「別時容易見時難」，澐舫心情，其慟可知矣。

自明鄭以後，在臺忠義之士，保持民族氣節，義憤塡膺，發之爲詩者，爲數甚多，丘逢甲、連雅堂爲其中之代表。

## 二、丘逢甲

丘逢甲，字仙根，又字仲閼，彰化翁子社（今臺中大坑）人。自少勤苦讀書，光緒十六年（一八九〇）進士。曾任臺南府義學崇文書院山長。常與當時文士唱和，臺灣詩學爲之一興。甲午年（光緒二十年，一八九四）中日之戰，滿清戰敗，議割臺以和，臺胞紳士力謀挽救，以逢甲爲首，函電力爭，皆未如願。乙未年（一八九五）逢甲乃議自主之策，衆和之。逢甲任團練使統率義軍。事敗西渡，居祖籍廣東鎭平。民國元年逝世。

逢甲七歲能詩，十四歲應童子試，獲全臺第一，受知於學使丁日昌，贈「東寧才子」印一方，其後巡撫唐景崧屢稱其爲「丘才子」。臺人施梅樵集其詩合黃遵憲所作輯印《丘黃二先生遺稿合刊》有謂：

> 丘逢甲進士，字仙根，官工部主事，臺中州人。詩名聞海内外，與嘉應之黃遵憲（字公度）之詩相伯仲。此二老平生著作宏富，雖已作古人，全讀其遺篇，心爲之醉，朝夕不忍釋。

足見其詩在晚清時代之地位。其詩在當時之臺省及閩粵，堪稱數一數二。

「丘才子」之詩現存者爲《嶺雲海日樓詩鈔》，可惜此一詩鈔未收其早年詩作，除第三版加入〈離臺詩〉六首外，其餘一千六百七十九首全爲其西渡後所作。其中一千首左右全爲懷念臺灣或與臺灣有關者，故亦可謂即懷臺詩。其中多悲壯哀涼之作，幾無風花雪月之吟。其〈離臺詩〉六首爲詩鈔中最早作品，係乙未年離臺前一月所作，云：

宰相有權能割地，孤臣無力可回天。扁舟去作鴟夷子，回首河山意黯然。

虎韜豹略且收藏，休說承明執戟郎；至竟虬髯成底事？宮中一炬類咸陽。

捲土重來未可知，江山亦要偉人持；成名豎子知多少，海上誰來建義旗？

從此中原恐陸沈，東周積弱又於今；入山冷眼觀時局，荊棘銅駝感慨深。

英雄步出即神仙，火氣消除道德編；我不神仙聊劍俠，仇頭斬盡再昇天。

亂世團圓骨肉離，弟兄離別正心酸；奉親且作漁樵隱，到處名山可掛單。

仙根與巡撫唐景崧抗日事敗後西渡，時人有不諒解者，指其應與臺灣共存亡。仙根以〈有書時事者，爲贅其卷端〉詩四首述其心志云：

化碧三年血有痕，當年哀感滿乾坤。鶉維剪後天方醉，無路排雲叩九閽。

此局全輸莫認眞，東南風急海揚塵。世間儻有虬髯客，未必扶餘別屬人。

殘山剩水冷斜暉，獨向西風淚滿衣。皀帽藜牀成底事？全家遼海管寧歸。

人間成敗論英雄，野史荒唐恐未公。古柳斜陽圍坐聽，一時談笑付盲翁。

仙根西渡後，日日以臺灣爲念，其哀痛令人不忍卒讀，〈天涯〉詩有「已分生離同死別，不堪揮涕說臺灣」之句。

乙未割臺已成定局，士紳紛紛返回大陸之閩、粵原籍；間亦有重返臺灣者，蓋以臺灣爲其先祖所闢建，其本人亦生長於斯。大陸原籍已無家業，親友率皆不相識，於時局稍定，乃有返臺之舉。仙根有〈送頌臣之臺灣〉八首：

涕淚看離棹，河山息戰塵。故鄉成異域，歸客作行人。鯤海三更夢，鷗天萬里春。分明來路近，來信遽迷津。

小別寧須惜，天涯歎此行。家書沈遠道，兵火脫餘生。東渡龍無氣，南飛鵲有聲。送君惟夢寐，同到刺桐城。

此去仍鄉里，家山擁畫鞍。未頒新政令，猶見舊衣冠。落日鷗盟改，寒雲雁影單。相逢翻一笑，已作漢人看。

漫作居夷想，何妨海且浮。冠裳蝦建國，金碧蜃噓樓。淪落憐交舊，遲回問釣遊。都將留戀意，扶淚上歸舟。

殘壘過南嵌，孤城枕北江。鬼雄多死別，人士半生降。戰氣花間堞，夷歌柳外艭。傷痍猶滿目，愁煞倚蓬窗。

親友如相問，吾盧榜念臺。全輸非定局，已溺有燃灰。棄地原非策，呼天儻見哀。十年如未死，捲土定重來。

王氣中原在，英雄識所歸。爲言鄉父老，須記漢官儀。故國空禾黍，殘山少蕨薇。渡江論俊物，終屬舊烏衣。

　　預計君來路，榴花照眼中。山光仍故國，海氣滿征蓬。鰲背看紅日，鯤身靜黑風，洗塵尊酒在，收淚話瀛東。

頌臣，即謝道隆。臺中豐原心田人。光緒年間入津。乙未有〈刺血三上書〉，旋從丘逢甲從戎。失利後走閩粵，後遯歸臺灣，行醫佯狂詩酒。遺有《小東山詩存》，曾有〈歸臺〉、〈歸臺寄仙根〉等詩。仙根見頌臣返臺，想到自己身世，不盡感慨萬千，頗似當年蘇武與李陵河梁萬里長別之慨，後人讀之，猶爲落淚。而詩中「親友如相問，吾廬榜念臺。全輸非定局，已淨有燃灰。棄地原非策，呼天儻見哀。十年如未死，捲土定重來。」於哀痛之餘猶抱捲土重來之希望。仙根復有〈重送頌臣〉詩云：

　　惻惻重惻惻，行人適異域。華夷忽易地，何處爲鄉國？車馬多離聲，川原帶行色。同來不同往，欲語涕沾臆。論交本世好，古誼吾所式。結髮論文字，廿載忘形迹。海氛忽東來，義憤不可抑。出君篋中符，時艱共戮力。書生忽戎裝，誓保臺南北。當時好意氣，滅虜期可刻。何期漢公卿，師古多讓德。忽行割地議，志士氣爲塞。刺血三上書，呼天不得直。北垣遽中亂，滿地淆兵賊。此間非死所，能不變計亟。親在謀所安，況乃虜烽迫。乾坤已中變，萬怪競荒惑。人情易翻復，交舊成鬼蜮。君亦挈家來，航海期不忒。得君意中慰，歸粵途始即。卜居家再遷，山中事稼穡。與君此偕隱，山水況奇特。君言暫歸視，尚有舊廬室。來如潮有期，信在期不失。聞君言未畢，哀淚拂能拭。翹首滄海東，蒼波渺無極。昔時乾淨土，卵育長鯨匿。吾兄去秋往，三春阻消息。因君速歸駕，異類安可慝？願君信如雁，勿竟誓成鰂。歸途逼炎景，珍重愼眠食。到期常寄書，千里若門閾。書來君不來，累我長相憶。形影爲君單，語言爲君默。我欲從君往，天不假羽翼。時因西風夕，吹夢到君側。送君詩盈幅，難展腸結轖。詩成復自寫，不辨淚和墨。願君置懷袖，長鑑此悃福。（交舊成鬼蜮，指部將呂某叛降倭事。）

送別本爲黯然銷魂之事，而所送之人又爲「論交本世好，結髮論文字，廿載忘形迹」之人，其悽惻可知；而行人所去處，又是自己日日夜夜思念不已，欲歸不得之臺灣，想起「同來不同往」，雖是大丈夫，又怎能不「欲語涕沾臆」呢？此詩纏綿悱惻之處亦在此。頌臣回臺後有書寄仙根，仙根乃賦〈得頌臣臺灣書卻寄〉：

故人消息隔鄉關，花發春城客思閒。一紙平安天外信，三年夢寐海中山。波濤道險魚難寄，城郭人非鶴未還。去日兒童今漸長，燈前都解問臺灣。

丙申年，臺灣淪入日人手中已一載，仙根〈春愁〉云：

春愁難遣強看山，往事驚心淚欲潸。四百萬人同一哭，去年今日割臺灣。（四百萬人，臺灣人口合粵、閩籍約四百萬人也。）

仙根以詩當哭，往往將「臺灣」入詩，其〈往事〉云：

往事何堪說？征衫血淚斑。龍歸天外雨，鰲沒海中山。銀燭麈詩罷，牙旂校獵還。不知成異域，夜夜夢臺灣。

故仙根於詩中所用多爲「刪」韻，蓋其嘔心瀝血、朝思暮想者唯「臺灣」！不但廬名念臺，其子亦名「念臺」。

革命先進鄒魯先生云：

> 與臺灣相終始者，吾得兩人焉。其一鄭成功，其一吾師丘倉海先生。兩人者，所處之時與地不同。而其爲英雄則一也。光緒時中日之戰，臺灣見割，先生合臺灣紳民力爭不可免，奮然謀自立。……當是時，義聲震天下，事雖不濟，儼然開今日中華民國之始基矣。先生歸自臺灣，一意發爲聲詩，多哀涼悲壯之作。自乙未至辛亥，因年分集，都署曰《嶺雲海日樓詩鈔》。……遭時多故，不獲設施其萬一，乃從事教育，培植後進，……地方利弊，盡力興革。時革命之說已盛，莘莘學子，人人思有所樹立，以雪民族之恥。先生贊翊而調護之者無不至。……辛亥，清廷已覆，粵人推先生爲組織臨時政府粵代表赴南京，以憂勞卒。論者惜之。（見《嶺雲海日樓詩鈔》鄒序）

連雅堂《臺灣通史》丘逢甲傳云：

> 逢甲既去，居於嘉應，自號倉海君，慨然有報秦之志。觀其爲詩，辭多激越，似不忍以書生老也。成敗論人，吾所不許。……

文窮而後工，天縱英才，仙根遇此空前之時代，無怪乎乃有此空前之作品也。

## 三、許南英

與丘逢甲同時之許南英，號蘊白，又號窺園主人。今臺南人（祖籍潮州）。咸豐五年（

一八五五）出生，光緒十六年（一八九〇）進士，欽點主事，籤分兵部車駕司，加員外郎銜。旋請假回籍。掌蓬壺書院山長。組「浪吟詩社」。與蔡國琳、胡南溟、趙雲石、謝石秋、陳渭川、鄒少奇、張秋濃、曾福生、楊痴玉等，日夕唱酬，賡續韻事。臺灣巡撫唐景崧聘入通志局協修「臺灣道志」。乙未之役，統領團練局，維持治安，協助劉永福守臺南。淪陷後，西渡大陸，歷任三水等縣事。足跡遍及南洋諸國。曾二度回臺，民國元年返臺南省墓；五年回臺參加共進會，九月赴蘇門答臘棉蘭，爲僑領張鴻南編輯生平事略，六年病卒於棉蘭。著「窺園吟草」，其第四子許地山爲後來文界之巨擘。

蘊白刊於《窺園吟草》之詩，計一千零三十九首。七律四百七十五首。七絕三百三十五首。五律一百三十二首。五絕三十八首。五古三十七首。七古二十三首。

蘊白之詩善於敍事。其〈閒散石虎〉一首，更情見乎辭。序云：

臺南南城外有法華寺，即明末李正青夢蝶園故址也，其北畔一古墓，題曰閑散石虎之墓。考志乘，臺灣流寓並無其名，意亦正青之流亞歟。正青先生名茂春。

詩云：

夢蝶園邊一抔土，殘碑斑駁勒石虎。墓中虎骨化灰塵，頭銜獨以閑散取。不知年代何許人，是清是明難判剖。臺灣自鼎革而還，鄭氏開荒爲初祖，其時亦有濟時賢，文武衣冠難僕數。王（忠孝）、辜（朝荐）、盧（若騰）、沈（光文）、張（士郁）、郁（永河）、俞（荔）剌桐花上詩壇聚。正青先生別一流，好佛自作蝶園主。之數人者我俱知，理亂不聞謝簪組。吁嗟乎，生方亂世總不祥，不如閑散之爲愈。斯人不聞與虎群，虎亦不與斯人伍。賸水殘山一虎墳，春草秋花荐牧豎。短歌當虎墓誌銘，嗚呼石虎足千古。

蘊白爲施士洁之學生，與丘逢甲有先後同窗之誼，三人間頗有酬答之作。蘊白於〈讀施澐舫山長詩草，恭擬題詞〉云：

吾師福慧本雙清，弱冠馳驅遊帝京。珥筆射策宴春明，秘省聯班榮復榮。冲霄健翮如飛鵬，直上青雲萬里程。小臣自許答昇平，老母承歡有長兄。忽聞斷雁心怦怦，予季行役悵孤惸。或出或處兩念縈，況有倚閭望歸旌。挂冠買棹回東瀛，閉門不與世逢迎。人中佼佼鐵中錚，實之大者聲自宏。當軸聞名耳爲傾，臯比講學舊家聲。海東桃李門墻盈，吾師應消爲文衡。造士棫樸詠菁菁，十餘年來叶士評。風流道學兩齊名，人擬漢代鄭康成。我必是天上奎精，乃與東坡同日生。所以餘事假詩鳴，偶得佳句錦囊盛，手自編訂未梓行，先將稿本示南英。驗壇一隊勁敵兵，何止五言策長城。雄渾勁健春雷轟，纖穠綺麗語流鶯。猶如古俠一劍橫，猶如兒女對吹笙。窺園寒月漏三更，高吟時復剔殘檠。陸離光怪眩目睛，窓外知有鬼神驚。

一韻到底，古雅鏗鏘，饒有音節。

蘊白之詩乙未前與乙未後風格迴異，近人對其批評，認爲是中國封建和平時代典型之士大夫。陳逢源〈雨窗墨滴〉云：

許少年時既於其生活範疇中選了四民之首而爲士，不用說，在那封建時代中，不走士大夫的路，又有什麼路可走？但士大夫中也不乏正氣磅礴，忠貞愛國之士，像丘逢甲和許南英便是一例，非等閒之士大夫可比。

黃典權於〈許南英〉一文中亦云：

許南英是臺南的名士，富有民族意識的詩人。

蘊白之詩可分爲：

㈠早期作品：仍有濃厚士大夫之意味。〈窺園漫興〉云：

秋風石徑長蒼苔，久與衙官謝往來。天上時時雲狗幻，人間處處火牛催。豫章舊榻無徐穉，易水臺荒弔郭隗。笑爾樞曹閒散吏，不當官去愧無才。

就花缺處補茅廬，擬似衡門泌水居。幽徑半村還半郭，小窗宜畫亦宜書。堦前生意栽紅藥，籬外秋光種綠蔬。除卻搢紳官氣習，秀才風味憶當初。

天生傲骨白嶙峋，不合時宜只合貧。容我讀書皆造化，課人藝圃亦經綸。雨雲翻覆一雙手，冰雪消磨七尺身。不信駑駘鞭不起，也曾馳聘九京塵。

相逢俱是濟時賢，愧我無能著祖鞭。原祿故人無一字，措資散吏又三年。杜陵老屋秋風破，庾亮高樓夜月圓。蘭秀菊芳長誤我，酒酣頻喚奈何天。

以上爲蘊白科第成名後，在鄉之作。

㈡動亂時期：蘊白中年正逢乙未之役，詩風乃爲之一變，如：〈和乙未之役時陳仲英觀察的感時示諸將原韻〉云：

茫茫誰是濟川舟，費殺籌邊設戍樓。已撤屏藩資廣島，那堪保障督并州。如斯縱敵成騎虎，遂使蹊田竟奪牛。半世紫光名相業，一朝斷送海東頭。

妖氛終息十三年，烽火東溟又起煙。秦帝有心收黨郡，魯人無計返汶田。從今梓里非吾土，何處桃源別有天。欲隱樞曹爲散吏，宦囊蕭索轉淒然。

潛移兵禍海之東，礮火澎瀛殺氣紅。大師易旆能禦敵，平民制梃願從戎。岳家軍信山難撼，宋室金輪庫已窮。有詔班師臣不奉，聖明亦諒此愚衷。

難揮退日魯陽戈，除是神鯨再耀波。望歲有誰催免胄，求援終屬側持阿。牢羊已失成蠻觸，市虎紛傳幻戰和。一局殘棋渾未定，甲兵何日洗天河。

其前後和易實甫觀察之詩，尤見警策。連雅堂《臺灣詩乘》皆錄之。其〈奉和實甫觀察原韻六首〉云：

黑海黃河任往還，榆關廻首白雲間。悲歌有客來燕趙，憑弔無人管海山。寇準信能司北鑰，趙龍浪說長南蠻。有誰起任籌邊事，國土無雙尚內艱。

浮槎爲我難中民，清節和神澤似春。儒將風流君借寇，黍苗膏雨□思郇，結交肝膽同盟血，誓許頭顱不惜身，記得白齊菴裡會，澧蘭沅芷憶佳人。

赤嶺孤島萃狼鋒，仁軌天生間氣鍾。毘舍耶山開一局，婆娑洋海隔雙重，殘山剩水呼倉葛，晚歲寒天見老松。竟使葫蘆依舊樣，紫橋尚有黑旂踪。

元武旗撐五丈嶢，扶桑霸氣黯然消，不甘披髮冠冠楚，猶是章身服服堯。議院廣開民主國，版圖還隸聖明朝。請看強弩三千彀，鹿耳門前射怒潮。

茶樟炭礦萃精華，況有金苗日揀沙。爭羨五行山獻寶，急驚兩度礟開花。紙糊媪相貽蜂蠆，錢賜金人豢豕蛇。失馬塞翁渾禍福，問天欲泛斗牛槎。

投筆從戎戀虎頭，巨川欲濟苦無舟。涕零闕下陳同甫，談笑軍前李鄴侯。仗劍定應醜虜，執鞭竊願逐豪遊；滿腔熱血向誰灑，諸葛先生近豫州。

乙未之後，蘊白四十一歲。日本遣軍來擄，臺胞組義軍與抗。蘊白任籌防局統領。率團練至阿里關，冒瘴得病。聞臺北已失，連夜趕回臺南，協助劉永福保守臺南。九月初三日，安平砲臺被日軍攻據，臺南已不能守。日人入城後，又圖衆索之急，南英始出城，於初五日，由漁人以竹筏引上輪船，避居廈門。〈奉和實甫觀察原韻〉即敍述乙未抗日之事。

易實甫，即易順鼎，字實甫，號興庵，湖南漢壽人；官河南侯補道。光緒二十一年（一八九五）割臺後，奉兩江總督劉坤一之命，兩渡臺灣。實甫之詩，語多慷慨，著《四魂集》，其中〈魂南記〉多詠臺事。其〈閩舟感懷〉詩有「珠崖棄地豈良圖，赤手擎天一柱孤！忍見伊川皆野祭，況聞倉葛有人呼。……」對臺事之同情可見一斑。蘊白再賦〈和哭菴道人易實甫觀察臺灣舟中感懷原韻〉四首：

兩洋無水濟枯魚，妄誕紛傳息一車。願渡長江追士雅，那堪秋雨病相如。誰偕秦伯無衣賦，猶作顏公乞米書。傀儡登場已作戲，暗中任彼線提予。

悲笳隱隱月當窗，黃鳥哀鳴去此邦。漫道分龍渡東海，竟無趌鮒決西江。干戈滿地孤城險，波浪兼天巨艦撞。羨煞餘姚吳季子，星旂隊裡換雲幢。

東征果爾鈌戕錡，將士南來力不支。新鄭牽羊降楚子，臨洮牧馬許胡兒。丈夫意氣千金重，壯士恩仇一劍知。心鐵磨餘磨鼻盾，指揮子弟守城陴。

投鞭快語聽苻堅，將帥弢鈐只望天。教戰衛公空好鶴，思鄉蜀帝共啼鵑。成蛇始信難添足，群蟻如何不慕羶。半壁東南留半壁，餘生効死亦時賢。

蘊白力挽時局，不果，其悲憤可知。西渡後還有和易實甫之詩，題目是：〈昨於汪辛伯同年處，讀易實甫觀察原唱，辛伯與邱仙根各有和章。易公於甲午渡臺，思挽危局，曾與酬唱，今讀其詩，悵然有感，即步其韻，率成二章〉：

愁腸醉酒未能醅，眼底荊榛氣不春。舊地釣遊誰是主，新亭慟哭爾何人。重城赤崁家何在，小劫紅羊跡已陳。四萬萬人黃族裡，頭銜特別署遺民。

宦況蹉跎氣轉醅，隨緣五嶺看青春。不知避地依然我，始悔趨時不若人。士本長貧終自好，官如此苦向誰陳。還山無處思山隱，夢斷桃源世外民。

從蘊白四度和易實甫之詩，可以反映：㈠當時臺灣文人對於割臺之事，曾盡一切努力，以挽時局，於激憤、哀痛之餘，率皆以歌（詩）當哭，故多唱和之作。㈡四次奉和之作，有四種心情，從舉義軍抗日到心有不甘之西渡，其中有多少激情、多少知其不可而為之之氣魄。及至大局已定，猶有「不信其不可為」之哀痛。此不但為蘊白對於乙未之役所反映之心路歷程，亦爲當時所有臺灣同胞之心路歷程。

㈢針對乙未之歷史眞相：蘊白內渡廣東初期之詩作，可爲乙未之臺灣歷史事實作證。連氏臺灣通史〈丘逢甲傳〉稱「逢甲挾款以去」，恐非的論。證之丘詩，即有：「竟難赤黑辨狐烏，眼底雲成萬變圖，名士窮搜呼作賊，王孫苦逆乞爲奴。茝蘭沈痛留湘水，禾黍餘哀志亳都。涕淚新亭果何益，有人江左薄夷吾。」又有「人間成敗論英雄，野史荒唐恐未公」（有書時事者，爲贅其卷端），「扁舟但益飄零感，過海何曾便是仙。」（答臺中友人），「本無曠土容安插，難恃高文濟困貧。」（答臺中友人），皆不類「優游享樂」者口吻，正相反，丘乃「冷守平生心迹在。」所以許蘊白對丘不但無微詞，且於詩中爲其不平。以蘊白數首〈無題詩〉可知，在蘊白心目中，「挾款以去」者乃唐景崧，而與丘仙根無關。蘊白之〈無題詩〉云：

請纓日記筆如椽，紙上談兵是汝賢。急智劉錡能步武，北船去後又南船。

出走虧他氣不麤，遺黎今尚有周餘，縱然一戰遭屠戮，此罪仍難罄竹書。

毀家紓難作王尼，鐵馬金戈賸此身。寄語多金文弱士，莫將成敗刻論人。

纏腰有客號知幾，官帑搜羅十萬歸。太息蓬門貧女命，爲他人作嫁時衣。

貽書本欲求王蠋，圖貌翻爲索伍員。無用恩威相逼促，本來與汝不同群。

壓境分驅十萬師，家家齊插順民旗。傷心狐鼠憑城社，還嗾胡兒殺漢兒。

「爲他人作嫁時衣」，「莫將成敗刻論人」，皆別有所指。

㈣念臺之作：光緒二十三年，蘊白有〈丙申九月初三日有感〉詩，並注：「去年此日，日人登臺南。」詩云：

涼秋又是月初三，往事回思衹自慚。漢代衣冠遺族恨，順昌旗幟老生談。血枯魂化傷春鳥，繭破絲纏未死蠶。今日飄零遊絕國，海天東望哭臺南。

蘊白離臺後十六年，有〈臺感〉詩六首，其一云：

風雨先人一敝廬，羈人何日賦歸輿。世情似水分寒暖，宦跡如雲任卷舒。酒後喜談高士傳，燈前時展故人書。里鄰鄉黨平安否？翹望東溟訊起居。

於平淡中見其眞摯之情。

蘊白之詩，汪春源序《窺園留草》云：「君以厓岸自號，胸之所寓，筆之於詩。君詩不事塗飾，栩栩然自鏡其元象。」林景仁序云：

……先生椎輪大雅，丹雘元氣，嬋娟不在貌，孰睇君如美人。傲睨不受憐，知何物士爲名其爲詩也螢光望氣，火珠驗經，鏡乎萬殊，約之玉精。惟其博：挽歌野諺，古蕩今肆。好好笑笑，頭銜自署。惟其達：冰壺貯月，玉盤聚露，八垓清氣，累刧不涸。惟其潔：伯麟題壁，司馬指山，偶作激語，亦有微言。惟其諷：結念悽心，作泥化石，嫠鸞啼紅，病鶴唳碧，又惟其怨：於是倏發蕤播，微咀高含，麗南朝之金粉，雄朔部之山川。吾不知其曷爲而使人仰也可歌，俯也可潸，悲夫！

此則對其詩與人之推崇。

## 四、洪繻

乙未之後，以著述爲職志、隱遁一生者，爲鹿港洪棄生先生。棄生原名攀桂，學名一枝，字月樵。臺灣淪陷後，改名繻，字棄生。生於同治十一年（一八七二）十二月。卒於民國十八年（一九二九）年二月九日。其生平，哲嗣洪炎秋先生述之甚詳，云：

> 先父幼攻舉業，每遇觀風，試輒冠群。性至孝友，有撫孤寡姑常恃先父書院所得膏火以維生計。光緒十七年，以案首入泮。割臺後，絕意仕進，不再赴考，遂潛心於詩古文辭。身居棄地，危言危行，扢揚風雅，鼓舞民氣，不爲威屈，不爲利誘，以遺民終其生。臺灣淪陷五十年，民族精神訖未泯滅，祖國文化尚能延續者，先父預有力焉。

棄生之著述甚豐，有《海外偕亡記》、《中東戰記》、《寄鶴齋詩話》、《八洲遊記》、《八洲詩草》、《寄鶴齋詩古文駢文集》。民國十三年，連雅堂先生刊行《臺灣詩薈》月刊，除連氏作品之外，發表最多者爲棄生。乙未之役，棄生已爲三十歲之名秀才。從此遁隱一生，始終不接觸日本人，不問世事，將悲慨感慨全寄託於詩文上。批評日人，率直痛快，冷嘲熱罵，激楚蒼涼。

棄生〈秋試行役感詠十五首〉，頗能道出中國讀書人赴試，路途之艱苦與家人翹首盼歸之溫馨，頗爲感人。亦可見當時臺灣經濟、社會等之風貌，詩云：

> 微名迫我起，我行過千里。既越兩重洋，又涉百里水。波濤挾蛟鼉，時時向人跂。咫尺生風雲，天色迷瞻視。身在淜湃中，輕擲同敝履。不識有眠食，豈復有何止？言念

古戰場，安能在海裡，丈夫志四方，艱難此爲始。

我行過關山，一平復一險，馬角與船唇，流光常爍閃。一入矮屋中，蒼蒼爲之掩。如蜂攢蜜房，如蛾傍燈焰。不必帝京塵，緇衣已先染。歎息古英雄，此中多沈奄。意氣幸發越，磨刀不懼剡。擒文倚幨帷，月明星點點。俯首念歸途，胸中海激済。

歸來阻海風，臥船經八日。火輪不得施，心如飛箭疾。驚浪向面生，朝陽從波出。縮地古有人，超海今無術。一夕玉鏡平，如鯁胸中失。問津傍蓬山，陸始水已畢。扁舟過酒家，誰能辨清質？身如蟠泥龍，不免蠅與蛭。嗟彼遠遊子，何以同郵駟？

一出臺北城，即接鐵車路。萬山隨轉圜，千里失迴顧。雖喪磐石安：郤勝輿夫步。斷虹懸空中，駛輪旋飛渡。翹首望前途，煙雲蔽午樹。息駕入城門，似馬初停騖。問我從何來，天風兼海霧。坱[illegible]整行裝，明朝從此去。

一日復一日，行行將到家。前途已無幾，盼望轉成遐。馬上有秋色，路上有秋花。夕陽在樹外，反哺有暮鴉。驚心堂上親，未諗餐飯加。入門問老母，依舊兩鬢華。病體雖不康，憐子意猶賒。只爲區區者，累母望天涯。歎息古人賢，魚米亦孔嘉。

阿兄見我至，爲我拂衣裳。阿嫂見我至，爲我具羹湯。童稺先後走，相爭負行囊。自維不肖軀，滿堂何皇皇？乃知天倫中，至樂有餘長。人生思富貴，悲喜在外傍。呼僕噉晚飯，燥吻兼飢腸。一飽身已困，不復思酒漿。

荆妻房外立，望我闌干頭。相見問勞苦，翻諱已心愁。自君之出門，不敢登高樓。樓頭紅日照，樓外白雲浮。見雲不見人，風信海中漚。鯉魚常渺渺，鴻雁自悠悠。景物夙已換，自夏以徂秋。桂輪圓復仄，橘柚綠已稠。道上漸輕霜，言念季子裘。相見雖云歡，明日將遠遊。嫁君在少年，離別何如流。爲卿話旅況，卿當添煩憂。

丈夫負弧矢，豈復戀家室？惟有高年親，艱難離雙膝。幽禽鳴木中，時亦思琴瑟，逐逐雞肋名，似飢拾橡栗。謀名復謀利，驥馬徒奔佚。思之輒不解，未能遺纖悉。倥傯風塵中，金玉鎖素質。

行人已歸家，家書始附至。汪洋一海橫，飛鴻失其翅。嘆息遠行人，數語空自寄。上有靦縷懷，下有平安字。日月兩周天，一紙滯途次。草茅望闕情，寸衷無由致。委質數篇文，與此亦何異。江湖與故鄉，遙下數行淚。

俛念大海中，求珠應不夜。自恃驪龍精，當有神光射。一寸明月輝，豈無神雀下。象罔眼如箕，搜尋何能罷。升之在雲衢，鱗甲風雷化。沈之在重淵，光芒泥塗藉。得失兩心煎，欲脫不能卸。本無毫末加，何爲動驚咤。但思出身階，此爲乘時駕。成都有相如，不屑貲郎借。是以一卷文，珍重不輕假。可憐遭按劍，猶望連城價。

九月月既望，桂樹開花時。蕊傍將懸闕，顛倒郢中兒。我身在海角，引領望天池。雲程阻風信，得失未應知。寸心已先往，大夢猶奔馳。飛電空中下，一刀割亂絲。得意不須喜，失意何庸悲？翻悔昨日情，此心如醉癡。

月色淡將曙，天明秋路遠。鳥聲喚行人，蕭蕭到山館。上嶺午煙蒼，下嶺夕陽晚。

乙未割臺，棄生悲慟愈恒，著〈瀛海偕亡記〉以記其始末，並自序云：

自古國之將亡，必先棄民。棄民者民亦棄之。棄民斯棄地，雖以祖宗經營二百年疆土，煦育數百萬生靈，而不惜軏斷於一旦，以偷目前一息之安，任天下洶洶而不顧；如割臺灣是已。

當鄭氏之開拓臺灣也，北不踰諸羅，南不踰鳳山，其地不及今五之一；兵二、三萬，番二、三十萬，其眾不及今十之一；而西驅荷蘭，東敵倭人，南控呂宋，北犯大清而有餘。而今負之以大清之大，重之以本島之庶，而不能有爲，反舉而畀之島國；天下孰有痛於此者乎！

唐棄維州，宋棄臨州，明棄三衛，乃陷於強敵而後棄，初非以行成也。況一州不過兵民數萬，孰有若臺灣數百萬乎？且唐失維州，以牛僧孺妬德裕成功也；宋失靈州，以孤懸廈境，救援不繼也；明之大寧，則以兀良哈從成祖出篡逆之兵，予以酬勞也，蓋猶石晉之去燕雲也，其後興和軍弛，開平以孤立徙塞內，亦非故棄邊地如臺灣之齎寇資也。……

激憤悲慟之情，令人不忍卒讀。其「兵火之後，舊時街衢但存瓦礫，感賦」寫臺胞抗日事敗後之景象，頗見悲涼，詩云：

驚天驀地起兵戎，閭左繁華瞬息空。喧路鶺鴒同上蔡，失家雞犬異新豐。蔓煙無復炊煙綠，燐火猶疑燹火紅。舊日樓臺何處認，亂堆殘瓦夕陽中。

另有〈感事自傷存〉詩五首亦見其絕望心情，詩云：

素願文章報太平，誰知雷硠駭神京。著鞭無復中原路，問鼎爭揚雒邑兵。王導安然求故節，終童孤負請長纓。年華已長時艱大，老我浮生百不成。

自歎匏瓜繫此身，更無事業到斯人。閒中日月餘雙鬢，世上河山付一塵。痛絕朝綱隨晉宋，怨他天酒賜戎秦。從今淚滿英雄袂，白眼江湖戴素巾。

淪落天涯寄異鄉，今生蹤跡永茫茫。遼東白鶴歸丁令，海上青蠅弔仲翔。叵耐胸懷吞芥蒂，其如身世付鴻荒。須知造物驕洋鬼，祇可低眉莫激昂。

強敵年年起是非，老成洪認但依依。河山日蹙如崩土，朝局終來繫落暉。種菜賣瓜豪士去，涉江哀郢楚人歸。有懷莫憶傷心事，富貴功名願已違。

今後浮名不可期，故宮禾黍欲離離。生無骨相留麟閣，死有文章付豹皮。半世君公求晦迹，一囊巨朔恥啼飢。此身未合蓬門棄，安得澄清再出時。

〈重遊滬尾感詠十二首〉，則不勝今昔之感：

灣灣航路水遲遲，到處洋樓亞樹枝。碧海青山潮上下，再來不似太平時。

形勝空居大海東，輪船今日泊雞籠。一江清淨無煙火，兩岸樓臺有好風。

一櫂今來豈勝遊，遠看房屋似鳧浮。雲濤煙樹重重裏，不見當年舊酒樓。

依舊雲山面面收，潮來碧海接天流。紅毛城上一回首，已近滄桑四百秋。

人物津梁異昔時，河山雖在可勝悲。閩關咫尺空登望，不見黃龍故國旗。

絕頂浮雲鬱不開，西南底處伏波臺。刼灰已出昆明涸，何日樓船過海來。
已是蓬萊淺水時，問津嬉水豈相宜。海水風月無東晉，孤負煙波載客兒。
八里坌前波習習，獅頭渡口風徐徐。停橈直上三層閣，忽覩吾家充隱居。
幕府無端勝會開，金錢散出滿全臺。此間不是他遊窟，我自看山泛艇來。
曾向芝蘭港裏過，圓山風景亦無多。此間四面青峰繞，一海中浮安樂窩。
對面三山恰比鄰，海航一葦八時辰。可憐帶水閩山隔，分作東西兩國人。
百家樓閣屋千家，淘盡波光浪與沙。二十年前鴻雪爪，不知何處舊風花。

〈漫遊雞籠雜詠〉云：

三十年前一培塿，幻來闤闠蜃光浮。驚心此地繁華速，不是洋樓即酒樓。
海上樓船去不來，鏟平故壘長蒿萊。山川戰血無人問，猶有前朝舊礮臺。
三沙灣去二沙隄，舟到沙場說鼓鼙。方塚一堆碑一柱，纍纍戰骨佛郎西。
此地登峯又望洋，曠然雲海入詩腸。不圖挾到遊山興，竟向青山弔戰場。
漸漸入山漸漸深，穿崖剔蘚復搜林。由來此地誇生活，半爲營煤半採金。
溺來猶笑是何人，如此生涯等鬻身。入水挈魚還出水，海中相見琉球民。
一穴山中縹緲虛，石泉滴滴海風徐。洞庭果有神仙洞，願與靈威出禹書。
煙波指點與兒看，一櫂雞峯蠡海間。雁宕謝家偏不到，未探屐齒月眉山。
風來海上利如刀，西北山鈐萬頃濤。憶昔清時繁盛日，三吳兩粵八閩艘。

滄桑後，女子皆不敢出門，棄生有「看花感賦四首」以諷之，並注云：

（滄桑後，漢上游女之出，大有彪前感悦之虞，故深閨相戒以避暴，偶見其行，感而賦之。）

春滿園林盡閉扉，嫣紅深鎖綠深肥。秦淮煙柳撩鴉落，建業江山誤燕飛。時有月明孤鬼拜，更無風靜綺羅歸。偶然牆外花枝出，猶恐崔家失護旂。

江南煙火月蕭蕭，冷落紅橋又板橋。湘水有波妨步襪，華亭無鶴怕吹簫。花前每降天魔舞，柳外難停宓女腰。今日亂離如一夢，不勝金粉散飄飄。

玉碎崑崙珠碎淵，蛾眉何處逞嬋娟。塵生閬苑難爲麗，水涸蓬萊莫問仙。芳草美人榛莽裏，桃花明月刼灰前。天寒翠袖憐修行，其奈豺狼在道邊。

麋鹿登臺虎上邱，姑蘇蘿苧可勝愁。自從吒利橫京國，何限珠孃墜谷樓。洛下鵑聲花下血，秦中月色鏡中頭。無端錦瑟瓊琚地，一嘯嗔人出楚猴。

〈遊臺北雜詠〉，則可看出日據時期之臺北街景，詩云：

車道弓彎卻向東，亂峯飛舞驛亭空。夜深半月明如鏡，一路看山半鏡中。

急車飛駛如飛梭，一送山雲淡欲波。一石凌風飛不去，路人爭説似鸚哥。

行行遊到劍潭南，終日禪扉鎖夕嵐。記得去年春雨後，無邊山色入珠潭。

新式橋梁倚半空，圓山山頂百花紅。孔屏翡翠熊羆虎，點綴林皐柳檻東。

天然風景翠微間，流出溫泉玉一灣。浴罷納涼高閣裏，青青坐在北投山。

溫泉入檻碧玲玲，昔日曾過六一亭。誰似福州金粉地，玉屏山色滿簾青。
金蚨百萬鐵車馱，南北遊人滿載過。載到北城看賽會，會中倭女粵娘多。
鋪揚高會要同登，幕府嵯峨設五層。我到二層偏不上，一場夢境冷如冰。
到處人家匝電燈，街衢入夜電光青。廣寒宮裏知何樣，一寸紅牆萬點星。
不愛樓中愛櫂中，煙波晴雨擁孤篷。稻江搖過芝蘭港，一水看山任好風。

## 五、陳日翔

光緒詩人尚有陳日翔，字藻耀，號梧岡，鳳山人。光緒十一年（一八八五）舉人，雄於財，捐道銜，任中國駐呂宋總領事。光緒二十年與盧德嘉分修《鳳山縣採訪冊》。藻耀於光緒十一年舉人中試之作，頗見氣勢，題爲〈賦得李杜文章在〉，云：

萬丈光何在，遺徽溯盛唐。大才推李杜，曠代擅文章。一曲清平譜，三篇典禮襄。氣凌滄海濶，歌引塞雲長。艷麗生花筆，神靈護草堂。江山留酒聖，今古拜詩王。春月瓊筵醉，秋風幕府涼。淵源誰付託，鼎足有潮陽。

## 六、徐德欽

徐德欽，字仞千，嘉義人。光緒十二年（一八八六）進士。官工部屯田司主事。十月回籍，聘主玉峰書院講席，辦理嘉南清文總局，賞五花翎五品銜。其〈牛溪晚嵐〉詩云：

牛稠溪畔晚風輕，得得漁歌互送迎。烟樹蒼茫平野異，雲巒掩映夕陽晴。兩三茅屋炊烟直，屈曲村橋石徑平。況值暮秋好天氣，有人策馬趁歸程。

## 七、謝維岳

謝維岳，苗栗人。光緒十九年（一八九三）舉人，乙未割臺，參加抗日。維岳擅寫景詩，其〈三臺疊翠〉乃寫新竹縣境諸山，在其心目中，故鄉之山如泰山之雄偉，因其愛鄉而參加抗日詩云：

巍巍高聳鎮城東，入目悠然泰岱同。斜倚闌干閒眺望，滿山蒼翠夕陽中。

遙望三臺勢不齊，重重疊疊翠雲迷。北連五指探驪手（新竹五指山在三臺山之北）南挂雙峰步月梯（雙峰山在三臺山之南）。筆大如椽頻握管，硯平似砥等懸璨（筆架山、墨硯山俱在三臺山下）。從茲人物三公貴，生色名山未許躋！

## 八、謝道隆

謝道隆，字頌臣，臺中豐原心田人。光緒年間入津，未幾，值乙未割臺，激於義憤，曾有〈刺血三上書〉壯舉；旋從丘逢甲從戎，失利後走閩粵，後遯歸臺，佯狂詩酒。歿後遺有《小東山詩存》未刊，乙酉臺灣光復，始由其後人付梓傳世。頌臣與許南英、丘逢甲同爲客家人，逢甲每將割臺之恨與念臺之悵以「寄頌臣」之方式賦詩，前已述及。頌臣亦多感觸，其〈割臺書感〉：

和約書成走達官，中原王氣已凋殘。牛皮地割毛難屬，虎尾溪流血未乾。傍釜游魚愁火熱，驚弓歸鳥怯巢寒。倉皇故國施新政，挾策何人上治安。

乙未後，頌臣內渡大陸，避地鎮平有下列數詩，表露其不安之心情：

避地鎮平作：

萬里孤鴻海上歸，爪泥印處跡猶微。哀鳴尚懼來繒繳，敢學山禽說是非。

送葉魁歸臺：

不避風波險，來通骨肉情。成河雙眼淚，隨汝注東瀛。

除夕：

生別既經年，相思各一天。覆巢雛鳥在，今夜傍誰眠。

聞早歸鳥作：

春鳥聲聲喚早歸，天涯淪落意多違。故園消息傳疑信，今昨難分是與非。

〈避地鎮平作〉寫於西渡廣東之後，見朝廷對割臺一事之冷漠，無視臺胞之奔走呼號，只好三緘其口，不敢說「是非」。然見同來之人，有忍不住思親之痛而回臺者，自己雖未成行，但以「眼淚隨汝注東瀛」。〈除夕〉、〈聞早歸鳥作〉已有回臺之念頭，但又不敢貿然行動。後來忍不住仍然啓棹「歸臺」，一年之別，頗有人事全非之感。〈歸臺寄仙根〉詩曾引起仙根〈逢甲〉詩興大發，亦哭亦賦以答之，令人同情。

其〈歸臺〉詩云：

腥風吹到刼灰飛，海島孤懸困四圍。避地人因驚鶴唳，覓巢鳥爲戀雛歸。重分社肉情猶洽，再整門楣事已非。無奈深山狼虎穴，夷齊難採首陽薇。

〈歸臺寄仙根〉云：

烽火歸來尚未休，海天愁思正悠悠。緘情遠寄邱工部，書到蕉陽恰暮秋。

## 九、陳鳳昌

陳鳳昌，字卜五，號鞠譜，光緒間安平縣人，監生。乙未臺灣抗日，曾任議院議員，上書言事。後渡廈門，著《拾唾》詩集。

鞠譜〈弔吳季籛六首〉云：

書生戎馬總非宜，自請前軍力不支。畢竟艱危能仗節，果然南八是男兒。（季籛爲劉淵亭鎮軍幕容，臺北失後，請赴前敵。）

溪南溪北兩鏖兵，不愛微軀愛令名。淮楚無聲人散後，屯軍五百殉田横。（季籛先據大甲溪北，不利，淮楚各營多潰，乃退溪南，唯有屯勇五百相隨。）

短衣匹馬戰城東，八卦山前路已窮。鐵礮開花君證果，刼灰佛火徹霄紅。（八卦山在彰化城東，季籛授命之處。）

留得新詩作墓銘，九原雖死氣猶生。赤嵌潮水原非赤，卻被先生血染成。（季籛曾和易實甫觀察臺陽感懷詩，有「忽往忽來心上血，可憐化作赤嵌潮」句！）

大長扶餘說仲堅，一時忠憤竟徒然。六朝金粉笙歌鬧，知否臺陽有季籛。（唐維卿中丞爲臺灣大總統，去後居金陵，猶以歌宴爲樂？）

幽草萋萋白日昏，無人野奠出東門。阿來本是催租吏，收拾遺衣樹小墳。（祝豐館租趕吳阿來途見季籛之屍，爲葬東門之外。）

吳季籛即吳彭年，浙江餘饒人。來臺任劉永福記室。割臺之後，抗日陣亡於八卦山。鞠譜此詩一則哀悼，一則諷刺唐景崧挾款以去，見季籛之陣亡，應感汗顏。

### 十、盧德嘉

盧德嘉，清光緒間鳳山縣諸生。嘗纂輯《鳳山縣採訪冊》，其〈鳳山竹枝詞〉云：

巧製蛟螭燈夕逢，盤旋屈曲肖形容。家家競放連珠砲，多少兒童呼弄龍。
士女紛紛到八莊，元宵三日正迎王。乞糖乞米求多福，一倍還須兩倍償。
鄉人有子娶新娘，待到三朝始拜堂。若問何儀爲執贄，荷包箇箇繡鴛鴦。
堪笑鄉愚寡見聞，些些曲直竟難分。欲教省事憑何法，罰箇檳榔便解紛。
鳳梨山下是儂家，郎若閒時來吃茶。采葉爲絲成幾兩，寄郎城內換棉花。
郎來視妾紡棉花，妾紡棉花郎賣紗。花價怕昂紗怕賤，莫教容易看搖車。
一帶漁家住海邊，烏魚捕得慶盈船。正頭肥美回頭劣，入市人人問價錢。

臺灣之竹枝詞多半爲遊宦之士，見南國風光之殊妍，乃賦之，德嘉爲鳳山人，寫來尤爲平實眞切，遣詞用字亦爲平日臺人所用之通俗語。

## 第二節　遊宦詩人

光緒間，遊宦之士皆能詩，有專輯問世者如：王凱泰、劉銘傳、唐景崧、唐贊衮、林鶴年、俞明震、蔡德輝等。其餘以詩聞者如：陳衍、胡傳、陳文騄、吳彭年、陳季同；而黃遵憲之臺灣行，亦令人痛哭。

## 一、王凱泰

王凱泰，字幼軒，號補帆，又號補園主人。本名敦敏，字幼絢；江蘇寶應人。道光進士，同光間任福建巡撫。光緒元年蒞臺。著《臺灣雜詠》三十二首，續詠十二首，前作多道民俗土宜，後則有關形勝建置。錄〈臺灣雜詠〉數首於后，詩云：

海上猶存樸素風，檳榔不與綺羅同。無端香火因緣結，翻笑前人製未工！（檳榔扇頗爲古樸，大都鄉邨中用之。傳聞用於士大夫，自徐清惠公始；亦崇儉之意。近者犀柄錦邊、藝香圖畫，聲價昂而本眞失矣。）

網羅瓌寶海東隅，玉樹交柯葉本無。一笑看朱忽成碧，人家籬落盡珊瑚。（綠珊瑚有枝無葉，臺人植之以爲籬。）

辟瘴名聞七里香，一叢玉蕊白於霜。人間果有瓊花種，豈獨流傳在故鄉。

好竹連山覺筍香，馬蹄（筍名）入市許先嘗；誰知瘴霧蠻烟裏，別有花豬二尺長。（檳榔筍較竹筍尤嫩。）

珠湖美酒最芬芳（高郵有木瓜酒），鄉味難忘是半醺。聞道此邦有佳果，不堪投報誦詩云。（臺人好食木瓜，其臭可惡。）

朗誦心經海外州，山前不見後山求。採菱剝栗尋常事，難得青青上佛頭。（波羅蜜出內山，大者數十斤；形如佛頭，剖食。其子似菱似栗，鹼不可食。）

釋伽名亦亞波羅（釋加果，似波縷蜜而種小，出荷蘭），異種分來外國外！禹貢厥包無此品，手香終讓綠橙搓。

南無知否是菩提（「府志」：菩提果，其色白，其實中空；狀如蠟丸、與南無相似。俗名染霧），一例稱名佛在西（臺中果名多用梵語）。不染雲霞偏染霧，慈航欲度世人迷。

參差鳳尾聚林端，染就鵝黃秀可餐。畢竟熱中非所貴，只宜位置水晶盤。（黃梨，一名鳳梨；味頗甘美，性熱，發病不宜多食。置之几案，尚有清香。）

高樹濃陰盛暑天，出林樣子最新鮮。島人艷說蓬萊醬，誰是蓬萊藉裏仙？（樣子，俗稱番蒜；切片醃食，名蓬萊醬。臺屬二百年來未得館選，常以此勗多士。）

霜柑品類八閩多，番社東西各號螺。每到歲寒風味別，箇中甘苦竟如何？（閩省柑子，以嘉義西螺爲最；東螺亦出柑，其味特苦。）

西風已起洞庭波，痲豆庄中柚子多；往歲文宗若東渡，內園應不數平和。（孫萊山學使極贊平和內園柚。李子和制軍曾議福建學政渡臺考試，而未果行。）

雍正年間，巡臺御史夏之芳有〈臺陽雜詠〉傳播藝林。同治末，日本借番社起釁，朝廷命重臣經理其事；於是開山撫番之議起，移福建巡撫駐臺主持大局。光緒元年，王凱泰蒞臺，海波不興，庶務畢舉。暇時，作〈臺陽雜詠〉，與夏公後先輝映。凱泰之詩清華婉約，深得古竹枝之遺。其隨員何澂、馬清樞亦有續作。

## 二、何澂

何澂，字竟山，浙江山陰人。宦遊福建，光緒元年（一八七五）隨巡撫王凱泰來臺，掌記室。其〈臺陽雜詠〉云：（二十四首錄二）

巨瀛無際接扶桑，海澨依然晝晷長（海外晝日，視中土較長，蓋迤西巨瀛無際，陽曦無蔽虧故也）。都道四時皆是夏，有時六月亦飛霜（光緒元年，吳鎮軍開路至八同關。六月二十八、九日，嚴霜兩夜；次日，雨雪交霏。八同關。彰化內山地也）。風來捲地天容慘，露湛層霄夜氣涼（臺地露水甚濃，故夏夜乃涼）。不信佳期三五誤，一鈎初二見蟾光（初二即見新月）。

雙冬稻穀熟畦町（俗呼穀熟曰「冬」，有「早冬」、「晚冬」，兩熟曰「雙冬」）豆麥菁麻遍野坰。廣闢山場茶利溥（近年臺北產茶甚多），高裝村廊蔗漿馨。息求五倍堪浮白，價問三郊（聚貨而分售各店者曰「郊」；來往福州、江、浙者曰「北郊」，泉州者曰「泉郊」，廈門者曰「廈郊」，統稱三郊）或賣青（未熟先糶者，曰「賣青」；先期定價給資，及時而取，曰「買青」）！況值聖恩蠲雜稅，漁租厝餉一齊停（臺灣仍鄭氏舊制，有厝餉、番餉、蔗車、牛磨、港潭、蠔箔等雜稅。現已奏請蠲免，奉旨准行）。

前詩乃寫中央山脈於六月仍有飛霜，蓋因地處高山之故也，八同關，又名八通關，清吳光亮奉命從臺灣中部南投縣境開山闢路直至花蓮玉里，此路至今仍在，爲登山健行者所喜行之路，沿途多番社。而初二即見新月，乃因地處高山四處皆爲原始森林，每屆黃昏，西天新月格外清晰，此亦難得之經驗。後首寫臺灣農村習俗，足爲文獻之徵。

## 三、馬清樞

馬清樞，字子翊，福建侯官人。以舉人任臺灣府學教授。子翊有和〈臺陽雜興〉三十首，並自注云：（錄三首）

門臨煙水室依林，歷日何煩紀古今（番社無憲書）。婚聘儀文資吠蛤（以蛤爲聘），吉凶朕兆卜鳴禽。紅絨繫髮年猶少，綵罽圍腰冷不侵。父老能知興廢事，長官莫更採黃金（哆囉滿地產金，鄭氏季世遣人採之；老番曰：「昔日採金，荷蘭奪之；荷蘭採金，鄭氏奪之；今又來取，豈遂晏然無他事乎」？見《臺灣志略》）！

端午先籌贌社錢（五月初二日，各商認辦「社餉」。見《諸羅雜識》），海隅原共戴堯天。焚將紙虎驅窮鬼（除夕以鴨祭紙虎，焚之驅厲），買得韓盧當美田（番人重獵犬，有值百金者）。藥水不醫淮上客（明王三保置藥於水，以療番人；時淮軍來臺，死者甚眾），橘岡誰訪洞中天（在鳳邑岡山。見「古橘岡詩序」）？尤燐暗澳人難返，一日居然是一年（臺東北有「暗澳」，春夏爲晝，秋冬爲夜。紅夷昔以二百人居其地，無一生者。見舊志）！

南番不及北番強，款客殷勤掃草堂。銅釜煮殘加雪白（豆名），砂盆炊滿過山香（米名。俗曰「香米」）。未堪刀俎論肥瘠，秖合羇維作蔡荒。試覓當年分界石，熙熙中外少痍傷（社番南弱於北。見《臺海採風圖》）。

何竟山、馬子翊之詩綜練謠俗、經緯風雅，山川之靈異、習俗之俶詭，物產之繁變，舉可考知。可貽采風之資。

王、何、馬三人之〈臺陽雜詠〉所寫仍以番俗爲主。而第一位把臺灣帶向現代化之人便是劉銘傳。

## 四、劉銘傳

劉銘傳，字省三，安徽合肥人。少有大志，年十八，即屢建大功。光緒十年（一八八四）以巡撫銜督軍務渡臺，十一年臺灣建省，爲首任臺灣巡撫。在臺六年，擊退法兵，開山撫番，興建鐵路，大有政聲，光緒十六年卸任還鄉。中日甲午之役，清廷欲起爲領兵大臣，固辭不受。二十二年薨於故里，年五十九，清廷軫悼，追贈太子太保，謚壯肅。准建專祠，溯其功業，足與臺灣同不朽。著有《大潛山房詩抄》。

壯肅公初抵臺灣，有〈偶感〉云：

半壁皆烽火，江南不見親。離家三四月，航海八千人。才繫蒼生望，身承寵命新。丈夫願抱負，舉止自天眞。

省三在臺建樹甚多，然兵備道劉璈時常從中作梗，省三之〈書感〉或因此而發，詩云：

自從宦海苦風波，懶向人間喚奈何。名士何妨知己少，英雄原是布衣多。尚憐浮泛無肝膽，不會逢迎受折磨。飢有臭糧寒有帛，蓬茅歸去且高歌。

「英雄原是布衣多」，省三之澹泊明志可以想見，而其〈遊古奇峰垂釣寒溪〉，忙裏偷閒，令人嚮往，詩云：

山泉脈脈透寒溪，溪上垂楊拂水低。釣罷秋光閒覓句，竹竿輕放斷橋西。

## 五、唐景崧

光緒十八年（一八九二）春天，唐景崧在臺北成立牡丹詩社，成爲臺北最早之詩社。景崧，字薇卿（或維卿），號南注，又號請纓客。廣西灌陽人。清進士，以翰林出關。與劉永福破法軍於越南。因功授臺灣兵備道，旋遷布政使，光緒二十年署巡撫。乙未割臺，臺民義不臣倭，自立「臺灣民主國」，共擁景崧爲大總統。秣馬厲兵，以衛桑梓，基隆失守，所部兵叛，景崧失措，棄臺而去。議者頗有難言；然景崧在臺之時，對於文教之啓迪，貢獻特大，似未可一併而抹殺之。

景崧於光緒十一年（一八八五）因平法軍有功，任臺灣兵備道。道署舊有「斐亭」，景崧葺而新之，自署曰：「鐵馬金戈萬里歸來眞臘棹，錦袍紅燭千秋高會斐亭鐘。」公餘輒邀僚屬，爲文酒之會。臺人士之能詩者，悉禮敬之，扢揚風雅，蜚聲壇坫。十七年陞布政使，置巡撫。移駐臺北。是時，臺北新建省會，遊宦寓公，簪纓畢至，景崧又時以詩勗之。建牡丹詩社，重張旗鼓以續斐亭鐘聲，稱盛一時。連雅堂《臺灣詩社記》載之甚詳。林軺存跋王松《臺陽詩話》云：

壬辰歲（按：即光緒十八年，一八九二），余侍先大夫東渡，恰唐灌陽亦承宣來臺，公餘輒邀臺士百數十人，刻爲詩鐘，例分詠於官廳，先大夫得潮州牡丹若干種，餽之，遂名其社爲「牡丹吟社」。

按：輅存即林鶴年（鷺雲）之子。景崧提倡風雅，不遺餘力，與會者之作品甚多，後來唐贊袞將其輯之曰《澄懷園唱和集》，收在南時之詩稿。而牡丹吟社之吟稿，則另錄於景崧手輯之《詩畸》。詩畸分本外二篇，本篇八卷，外篇二卷，除錄《詩畸》外，有七律二二一首，似在臺北時唱和之佳什。社員如丘逢甲、林鶴年、施士洁等人之詩皆收錄之。景崧之〈老僧〉詩云：

剃度難尋卻老方，雲遊何處不滄桑，禪門一樣光陰速，退院閒身歲月長，壽相合皈無量佛，餘生空返建文皇，涅槃尚早營生壙，自署詩僧古道旁。

「品茶」詩云：

消閑何物最流連，井裏清泉竹裏煙，領略餘香當酒後，徘徊佳味在花前，功能破睡參餘潤，悟比談經得妙詮，苦境遍嘗甘境出，茶神從此有眞傳。

「苔」云：

到無人處立徘徊，欲共飛花一掃開，深淺芳階蟲獨語，高低滑路雨初來，石間著色常千點，草外銷魂又一堆，敗草頹闌隨意綠，十年前是好樓臺。

由《詩畸》所收牡丹吟友之作品，諸如以「酒痕」、「花痕」、「老伶」、「老妓」、「老馬」……等題目看來，在當時景崧所提倡之詩乃是文酒之會中一種助興之雅趣，所反映者乃是臺灣經過多年之開闢，經濟發達，臺北人文薈萃，一片昇平景象，料不到事隔兩年，晴天霹靂，好景不常，割臺之約已簽，在無任何心理準備之下，景崧終至「挾款以逃」。

## 六、唐贊袞

光緒十七年，唐贊袞署臺澎道。旋補臺南知府。贊袞，字韡之，江蘇善化人。著有《臺陽見聞錄》，輯刊《澄懷園唱和集》。

韡之在臺時，與施澐舫、丘仙根、許蘊白常相酬唱。施澐舫有詩記之，韡之亦有〈偕施澐舫、許蘊伯遊竹溪寺〉詩：

曲徑入幽邃，鐘魚寂不聞。一亭寒抱石，萬竹綠攙雲。蓬壁題詩富，蘭言入座芬。野花披錦帔，誰覓五妃墳？

另有〈次韻和丘仙根山長寄懷〉四首，想必為乙未前，唐因在臺任滿，返大陸後所作。詩中可見昔日臺灣文士相聚之盛況，又有「電話」一辭之出現。按：臺灣—廈門及廈門—福州間之水陸電線於同治年間沈葆楨向閩浙總督建議架設，至光緒間已陸續完成。其詩云：

春風桃李簇花開，雲海親身洗眼來。衣鉢師傳欽碩學，始知巖邑有瀛臺。

南國甘棠愛戴同，園亭結構善尤工（淨翠園為唐維卿方伯新建。）斐亭豔說江郎筆，獨有才情壓海東（方伯與君斐亭酬唱詩有「更有門生壓海東」之句，謂君也）。

海上思君倍悵然，新恩同拜九重天。垂楊不綰離情住，眷戀庭闈忽七年。

數點紅蕉挹露濃，窗橫棟影互蟠胸。花間酬酒邀明月，電話三更斷壁鐘（君淨翠園和作有「三更電語壁鐘鳴」之句。）。

韡之《臺灣見聞錄》詳載光緒十七年，其在臺所考知舉凡建制、洋務、行政、水利、文教、防務、風土，無一不備，爲考臺灣故實者所必讀之書。其〈開元詩題壁〉云：

幽雲遮野墅，飛雨過滄溟。傑閣幾人倚，晚濤同佛聽。烟蒸海氣白，風閃寺燈青。願逐南飛鶴，高吟入杳冥。

## 七、林鶴年

牡丹吟社因林鶴年致送牡丹而命名。林鶴年，號氅雲，福建安溪人。光緒八年（一八八二）鄉貢，官至道員加按察使。十八年（一八九二）來臺承辦茶釐船捐等局務。乙未割臺內渡，居廈門鼓浪嶼。自號怡園老人。著有《東亞書院課藝》、《福雅堂全集》、《福建堂詩鈔》等。

連雅堂〈臺灣詩社記〉云：「……臺北初建省會，簪纓薈萃。景崧又時以詩集之。時安溪林鶴年以榷茶在臺北，鶴年固能詩，一日自海船運至牡丹數十盆，致諸會。景崧大喜，名曰牡丹詩社。……」

氅雲之詩，得古人雄古之氣，很受當時騷壇之推重，成爲詩會之中堅。生平之作分爲十六集，其中〈東海集〉皆旅臺之作。目擊滄桑，心傷民命，無一不是血淚之結晶。新竹王松稱其不讓渭南入蜀，東坡去儋之作。其〈乙未五月朔越日，全臺紳民權推唐中丞總統民主國有紀〉云：

天祚扶餘未可知，兩河忠義盼星旗（劉雲七星黑旗）。陳橋擁趙兵虞變，鄭國封韓帝不疑。執梃降番尊使相，築臺朝漢長蠻夷。五洲琛賮圖王會，海上樓船望六師。

〈家時甫星使端午招同幕府板橋園夜集〉云：

海雲島月付滄桑，眼底扶餘識霸王（新立民主國）。金谷園亭詩酒錄，玉溪身世綺羅場（郭賓石同年）。隔江喧奪龍舟綵，列戟光凝燕寢香。天漢星槎望牛斗，宣防移節鎮珂鄉（星使籍漳州）。

〈五月十三日臺北激於和議兵民交變，偕家太僕遵旨內渡倉皇，礮燹巨浪，孤舟瀕於危者屢矣，虎口餘生，詩以志痛〉云：

內變方乘外侮憂，掀天波浪截橫流。忽驚車鬼方塗豕，始信冠人盡沐猴。猿鶴化來山月黑，鸛鵝聲亂陣雲浮。滄桑再見田橫島，錯計燕雲十六州。半壁斜陽列嶼空，大江王氣黯艨艟。依來劉表原非策，哭到唐衢共効忠。萬里隨槎虛奉使，千秋孤注誤和戎。早聞馬後書生諫，得失何心語塞翁。

光緒二十三年，四月七日，距乙未四月八日割臺，正好兩年。鼇雲有〈丁酉四月初七日，廈口東望臺澎，泣而有賦〉云：

海雲燕雲涕淚多，擎天無力奈天何。倉皇赤壁誰諸葛，還我珠崖望伏波。祖逖臨江空擊楫，魯陽揮日竟沈戈。鯤身鹿耳屠龍會，匹馬中原志未磨。

乙未內渡士紳，率皆日日以臺灣爲念，甚或重返臺灣者，鶩雲〈六弟歸自臺北述近事有賦〉云：

時局滄桑變，風雲意氣平；北門思寇準，孤島結田橫。荒服蠻夷長，雄邊子弟兵；累朝培植意，海國屹長城。

鶩雲之詩，時人王國璠先生稱其句律精嚴，思致縝密，既有清倉，復具蘊藉，不失雅音。論臺灣詩學者無不以大宗推之。

## 八、俞明震

俞明震，子恪士，號觚菴；浙江山陰人。光緒間任刑部主事。乙未臺灣抗日，任內務大臣。事敗西渡，宦遊江南，後赴甘肅蘭州道，著《觚菴集》。

觚菴〈甲午除夕登臺北城樓〉詩云：

瘴外日光芒角動，殘年出戶晝常陰。寥天有此登高興，暮雨飄殘隔歲心。役役談兵清議在，冥冥入世幾人深。迷離爆竹千家晚，鉞孔光陰耐苦吟。

此爲割臺前夕，已有山雨欲來風滿樓之家，「役役談兵清議在」是也。

## 九、蔡德輝

蔡德輝，字醒甫，福建晉江人，寄籍彰化。光緒間生員，設帳課讀，著有《龍江詩話》。其〈沙連即景〉即寫當時之彰化縣境，今南投縣境之日月潭風光，詩云：

嘉義形勝此中分，奇迹搜尋廣見聞。濁浪排空多滚水，危巒繞社半籠雲。天斜北斗光長映，地接東埔氣不紛。塵世依然仙境在，笑看泉石酒微醺。

林君開墾姓名留，綠畝青畦入望幽。獅象分形蹲峽口，馬牛相背亂風頭。三春曉起人披絮，九夏宵深客擁裘。不遇張騫浮棹去，茫茫何處覓源流。

華夷隔界世紛爭，殺戮相尋莫變更。事異中原偏逐鹿，景躭幽谷好聞鶯。松亭掩映烟光斂，梓里低徊月旦評。二百年來恩澤遍，何時番俗洽民情。

沙色分披水色連，水沙連處地名傳。四圍耕種無荒土，千仞登臨有洞天。虬影削成松作棟，龍孫養就竹如椽。遨遊海外知多少，勝概應推上地先。

## 十、胡傳

胡傳，字鐵花，號鈍夫，原名守珊，故一字守三；安徽績溪人。同治四年（一八六五）廩生。光緒十七年（一八九一）奉旨發往臺灣差遣，十九年，代理臺東直隸州知州。乙未割臺內渡，遺有《日記》和《稟啓》。其哲嗣爲胡適。

鐵花之詩多爲贈答之作，其〈和王蔀畇孝廉臺灣秋興〉八首云：

亂山虬木四時青，莫訝蓬萊在渺溟。土可藝禾皆沃壤，人因蹀血有餘腥。頑民逃死悲無地，降將要功討不庭。從此炎荒歸版籍，百年海外作藩屏。

犬聲如豹吠村尨，蹴踏街頭木屐雙。肆虐每愁風刮地，酣眠不管日當窗。山中有藪憂逋寇，海上無城築受降。聞道野番將出草，催編保甲效姚江。

王師東渡迅如雷，幸阻倭奴互市開。鑿險何人探虎穴，撫蠻有例乞烏臺。健兒枉化蟲沙去，野老空持牛酒來。每到夜深聞鬼哭，可憐荒塚沒蒿萊。

富貴端由擇術工，草茅崛起即爲雄。衞青不恥居奴下，卜式曾聞牡禁中。大比三年分解額，鄉園一例附邊功。兒童出入爭誇耀，門榜高標到處紅。

遙望甌閩在海西，中原隔絕水煙迷。已占蜃氣銷兵甲，猶懍鼉聲咽鼓鼙。秋夜驚人狼虎嘯，春風惱客鷓鴣啼。皇華久罷巡臺使，空說紅塵逐馬蹏。

鑿空搜奇意未闌，山陬海澨遍添官。原田賦重民心蹙，瘴氣春興將膽寒。不惜帑金供酒肉，張招醜虜襲衣冠。功成便乞閑身去，高向岡梧翥鳳鸞。

劈開島嶼控巖疆，哀我民勞望小康。戰鬥自應資灌絳，撫綏尤願借龔、黃。海邦足擅魚鹽利，山澤常聞草木香。俯恤瘡痍兼教養，何時仁政被窮荒？

滄桑世變問誰何，鐵戟猶存任洗磨。戎伏綠林宵柝警，浪翻碧海敵船過。吳宮教戰空三令，漢代詮才有四科。仰視飛雲天外起，酒酣愁聽大風歌。

## 十一、陳衍

清末同光間陳衍，主張學詩何必專於一代一家？成爲吳江詩派之主流。陳衍，字叔伊，號石遺。福建侯官人。因其旅居於蘇州之胭脂巷，而擁護其說者有章氏國學會，及無錫國學專修之學生及畢業生，皆住於京滬、滬杭鐵路之路線上。故稱吳江詩派。然據錢萼蓀《點將錄》所著籍貫統計，絕大多數爲福建人。陳桂尊論現代詩即曰：「今之言詩而有成者，閩人最衆。」錢萼蓀、王蘧常合刻《江南二仲集》，沈同叔讀後記云：「閩詩素尚清眞雅正，而以妙悟爲著眼，不肯空言神韻，專事音節也……。」閩詩正是吳江詩派所揭櫫之宗旨。吳江詩派正是閩詩之支衍。

石遺於光緒十二年（一八八六）曾應臺灣巡撫劉銘傳之招，東渡參戎幕，在臺年餘。其在臺所作，皆贈答詩，其〈九日寄丹曾甥二首〉云：

他鄉無賴強登高，故國園林憶聽濤；偕弟讀書眞一樂，攜家負米笑徒勞。難除積習空投筆，未必封侯想大刀。爲報京華書札到，近年老阮不能豪。

風雨朝來尚滿城，海天愁思不分明。明年此會知何處？老子胡牀劇有情（近移居一樓，面南，入望甚曠。）惡竹萬竿剛得地，好山一邏未知名。柳州遊記、東坡論（愛蒼來書云），孤負經年海外行。

「晚渡獅球嶺，放舟至水返腳，乘月肩輿抵稻江詩」云：

棲棲辭親愛，念念乍悽惻；已乘浮海桴，入此瘴霧國。戒徒遂踰嶺，徒矗艱登陟；狡夷淪陷地，僅此限其閾。海壖瘴癘重，天意會殺賊！放溜買輕舟，石瀨下轉側；地濁水氣腥，山惡月色黑。停舟水返腳，沮洳不堪息；帶月遂宵征，去去將何即！命儔罕吾侶，投止乏素識；重增惘惘懷，知有怏怏色。平生出門遊，逸興脫羈勒；一爲稻粱計，蹭蹬無縱翼。茲邦夙云陋，云胡就偪仄！三復遠遊言，一葦杭猶得。

「水返腳」即今汐止，「稻江」在今臺北市。此詩情溢乎辭，然充滿怨言，以來臺爲苦，無怪乎其以居吳江爲適意。

## 十二、易順鼎

易順鼎，字實甫，號興庵，湖南漢壽人；官河南侯補道。乙未割臺後，奉兩江總督劉坤一之命，兩渡臺灣。著《四魂集》。順鼎詩才綺絕，自少至壯，所作將萬首。尤工裁對，與樊增祥稱兩雄。順鼎之詩變動不居，學大小謝，學杜，學元白，學皮、陸，學李賀、學盧仝，無所不似，而風流自賞，以學晚唐溫李者最佳。所詠關於臺事之詩則語多慷慨。其〈閩舟感懷〉云：

珠崖棄地豈良圖，赤手擎天一柱孤！忍見伊川皆野祭，況聞倉葛有人呼。故鄉眞定辭先壟，異代延平訪舊都。南越今方爲漢守，長纓祇願繫東胡！

〈續別臺詠懷〉云：

八極神遊世界空，寒門慓闕往來中；東雲龍向西雲露，南海牛從北海風。館問碧蹄平秀吉，城尋赤嵌鄭成功。紛紛蠻觸都經眼，莫把英雄溷乃公！

十二連山擁白銀，水晶宮闕與爲鄰。鼇騰軸底思掀地，龍入窗中欲攫人；水立九天雲四海，風乘萬里日三神。臨淵翻洒垂堂淚，蟣蝨從何有此身。

走南走北意如狂，衝暑衝寒祇自傷；春露秋霜悲故國，炎風朔雪感天王。胭脂坐令輸胡地，翡翠何曾賺越裳！總爲死生難自了，人間天上兩高堂。

九江英布聽隨何，六郡任囂教尉佗。萬里橋邊一杯酒，三垂岡下百年歌。深州未出牛元翼，浪泊難歸馬伏波。回首鴟軍斜日遠，風雲無計起沙陀。

實甫於臺事危急之時，從大陸來臺，與臺胞共存亡，眞有「風雨故人來」之慨！臺士與之唱酬者甚多，每將滄桑之痛寄託於詩中與實甫贈答，如上節所引施士洁有和哭菴〈續寓臺詠懷〉韻等。蓋以實甫是眞正同情臺灣同胞之人，不但以實際行動支持，並賦詩以言志，誠然難能可貴。

## 十三、陳文騄

陳文騄，字仲英，直隸大興人。同治十三年（一八七四）翰林。光緒十八年（一八九二）任臺灣知府，旋遷臺灣兵備道。亦能詩。其〈悲臺灣〉二首寫乙未之事云：

狂瀾誰障百川東，日下金蛇電掣空。劉帥渾如魏得狗（劉淵亭軍門好犬，每出，群犬隨之），唐王豈復鄭芝龍（唐維卿中丞爲臺灣大總統）。鴻溝恥劃諸番界，鯨浪橫飛半線中（半線地名）。莫笑銅鈴沿舊俗，傷心有淚灑雞籠。

中原鼎沸肆鴟張，電爍飈馳莽戰場。東海難塡精衛石，西天已渡達摩航。將軍鼓角三更咽，武帝旌旗十日忙。千里金湯淪異域，竭來白日黯無光。

## 十四、吳彭年

在臺民抗日之役中，身先士卒，以致身殉之中土人士，吳彭年是也。彭年，字季籛，浙江餘姚人。光緒間生員。乙未，以縣丞來臺。劉永福延爲記室，割臺之役，統義軍出戰中部，陣亡於彰化八卦山。季籛有〈次韻和易實甫寓臺詠懷〉六首，悲壯蒼涼，頗具見地，詩云：

定遠天教去復還，書生勳業出行間。澄清有志翻滄海，片石何年認峴山。姑息和戎仍逐鹿，果能堅壁早平蠻。包胥甘作奏庭哭，叱馭何辭九折艱。

九重何忍棄斯民，斗柄寅回又是春。反側夷情終割宋，回思遺澤豈忘郇？烏江羞渡八千旅，孤島堅存五百身。太息唐衢徒自負，贏將佳話說逃人。

東南聞說淨狼烽，大師天生氣特鐘。鐵甲久經沙漠苦，泥丸穩塞玉關重。蕭蕭易水辭燕客，鬱鬱濃陰憩鶴松。收拾珠崖珍重地，緩騎款段任遊踪。

南荒天濶勢嶢嶢，霸業分明百折消。草木皆兵思萬福，衣冠垂拱服神堯。饞延儘聽吞他國，讜論難教悟聖朝。忽往忽來忠義血，可憐齊化赤嵌潮。

戎馬倥傯老歲華，還憐痛哭賈長沙。江南快捧援師檄，帳下齊簪使節花。縱不封侯誇射虎，那容藏拙運靈蛇。中流好掬盟心水，擊楫同浮犯斗槎。

祇為蒼生放一頭，身閒不泛五湖舟。胸中有子爭先局，海外何人識故侯？成敗漫言歸大錯，笑談無補愧清游。無聊試上澄臺望，淚眼撐開隘九州。

季箋將其寶貴之生命，獻給臺灣，其事蹟可歌可泣，臺士為詩以祭以哭者甚多。陳鳳昌憐其為一書生，竟以身殉，乃弔曰：「書生戎馬總非宜」，並以此質問挾款以逃之人云：「六朝金粉笙歌鬧，知否臺陽有季箋」？

## 十五、陳季同

乙未割臺，倡議組「臺灣民主國」以抗日之事，乃出於陳季同。季同，字敬如，閩縣人，曾留學歐洲。任駐法參贊。光緒間劉銘傳撫臺時，延為幕客，以功官至副將。臺灣組民主國，季同任外務大臣。季同有〈弔臺灣〉對臺灣之遭遇甚抱不平，詩云：

憶從海上訪仙蹤，今隔蓬山幾萬重。蜃市樓臺隨水逝，桃源天地付雲封。憐他鰲戴偏無力，待到狼吞又取容。兩字亢卑渾不解，邊氛後此正洶洶！

金錢卅兆買遼回，一島如何付刼灰？強謂彈丸等甌脫，卻教鎖鑰委塵埃。傷心地竟和戎割，太息門因揖盜開。聚鐵可憐眞鑄錯，天時人事兩難猜！

鯨鯢吞噬到鯤身，漁父蹣跚許問津。莫保屏藩空守舊，頓忘唇齒藉維新。河山觸目囚同泣，桑梓傷心鬼與鄰。寄語赤嵌諸故老，桑田滄海亦前因。

臺陽非復舊衣冠，從此威儀失漢官。壺嶠居然成弱水，海天何計挽狂瀾？誰云名下無虛士？不信軍中有一韓。絕好湖山今已矣，故鄉遙望淚闌干。

附錄：黃遵憲「臺灣行」

清末大詩人黃遵憲，有感乙未之事，賦〈臺灣行〉以誌哀，氣劫悲壯，聲淚俱下，堪稱大家。遵憲，字公度，廣東梅縣人。光緒舉人。官拜湖南按察使，當出使日、英諸國，戊戌政變，被累罷歸。著有《日本國志》、《人境廬詩草》等。其〈臺灣行〉云：

城頭逢逢雷大鼓，蒼天蒼天淚如雨，倭人竟割臺灣去！當初版圖入天府，天威遠及出出處。我高我曾我祖父，艾殺蓬蒿來此土。糖霜茗雪千億樹，歲課金錢無萬數。天胡棄我天何怒，取我脂膏供仇虜。耽耽無厭彼碩鼠，民則何辜罹此苦？亡秦者誰三戶楚，何況閩粵百萬戶。成敗利鈍非所覩，人人效死誓死拒。萬眾一心誰敢侮？一聲拔劍起擊柱。今日之事無他語，有不從者手刃汝！堂堂藍旗立黃虎，傾城擁觀空巷舞。黃金斗大印繫組，直將總統呼巡撫，今日之政民爲主。臺南臺北固吾圉，不許雷池越一步！海城五月風怒號，飛來金翅三百艘，追逐巨艦來如潮。前者上岸雄虎彪，後者奪關飛猿猱。村田之銃備前刀，當輒披靡血杵漂。神焦鬼爛城門燒，誰與戰守誰能逃？一輪紅日當空高，千家百旗隨風飄。搢紳耆老相招邀，夾跪道旁俯折腰。紅纓竹冠盤錦條，青絲辮髮垂雲霄。跪捧銀盤茶與糕，綠沈之瓜紫蒲桃。將軍遠來無乃勞，降民敬爲將軍導。將軍曰來呼汝曹，汝我黃種原同胞。延平郡王人中豪，實闢此土來分茅。今日還我天所教，國家仁智如唐堯。撫汝育汝殊黎苗，安汝家室毋譊譊。將軍徐行塵不嚻，萬馬入城風蕭蕭。嗚呼將軍非天驕，王師威德無不包。我輩生死將軍操，敢不歸依明聖朝！噫吁嚱！悲乎哉！汝全臺！昨何忠勇今何怯？萬事反覆隨轉睫！平時戰守無預備，曰忠曰義何所恃！

此詩悲壯，不僅天地同悲，兼以筆鋒犀利，音韻鏗鏘，其中亦有鼓勵臺民奮勇抗侮之意，難怪此詩一出，風動當時。

# 第八章　日據時期之詩

## 第一節　日本佔據臺灣與臺胞之抗日

### 一、清廷之割臺

光緒二十年，西元一八九四年，中日甲午之戰，中國敗績，滿清政府與日本簽訂馬關條約，規定臺灣割讓予日本。光緒二十一年（一八九五）五月上旬，日軍在臺灣北部登陸，五月十六日（西曆六月八日）日軍進入臺北。繼而南下，至十月而佔據全臺。西曆十一月二十日，日本第一任總督樺山資紀在臺北舉行所謂「全島平定祝賀會」，志得意滿，宣佈佔據全臺，臺灣乃成爲日本對華侵略而獲得之第一個戰利品，割臺之舉有下列兩項影響。㈠由於日人食髓知味，清之弱點暴露無遺，乃使日人侵華之野心越大越急。㈡孫中山先生以革命救中國之志向更加堅定與急迫。

割讓臺灣，不僅爲臺胞之恨事，亦爲全中國之恨事。當日本要求割臺之消息傳出後，中國民情大譁，臺灣巡撫力陳「賠兵費，通商則可，與土地則不可」。翰林院編修黃紹箕、徐世昌等亦反對割地，以爲臺灣「何罪何辜，而淪爲異域」？此外翰林院侍讀文廷式、編修丁立鈞、給事中全聯元、給事中褚成博、御史王鵬運，均上書力言不可割臺。及馬關條約簽訂，臺澎割給日本，翰林院編修李桂林等八十餘人聯合請勿予批准，並指責清廷割臺之舉，非但無以對忠義之民，海內聞之，誰不解體？隨之，反對割臺之奏摺如雪片湧至。此時，正値會試於京，康有爲、梁啓超聯合廣東、湖南、四川、江蘇、奉天、湖北、山東、江西、河南、浙江等省舉人，紛紛赴都察院投遞呈文，指稱「臺灣一矢未加，而遽以千餘里之嚴疆，千餘萬之蒼黎與人，眞古所未聞，外國所無者。」清廷未採納，於是康有爲再約十八省舉人一千二百餘人召開大會，共商拒約之法。當時大吏如張之洞、李秉衡、劉樹棠等亦反對割臺。然一切反對終歸無效！

光緒二十一年四月十四日（西曆五月八日）馬關條約互換，五月初十（西曆六月二日），清廷代表李經方與日本代表樺山資紀在臺灣海上舉行簡單割臺交接手續。

從馬關條約談判開始（光緒二十一年二月二十四日，西元一八九五年，三月二十日）至完成割臺手續爲止，兩個多月間輿情之反應，可以知悉全中國幾乎一致反對將臺灣割予日本，無奈清廷主政者無能，以致無法挽救臺灣淪入日手之悲劇。

## 二、臺胞之抗日

㈠抗日先聲—臺灣民主國清廷既無法保臺灣，臺灣同胞只好抗日以自保。工部主事丘逢甲領導紳民上書，巡撫唐景崧云：「願與撫臣誓死守禦，……如倭酋來取臺灣，臺民惟有開仗。」紳民並以血書呈唐景崧，血書云：「萬民誓不從倭，割亦死，拒亦死，寧死於亂民手，不願死於倭人手。」唐景崧於馬關條約簽定後四日取電北京軍務處稱：「臺民食毛踐土二百餘年，一旦棄之，昨日閉市，紳民入署呼籲，慘不可言。」

光緒二十一年（一八九五）五月初二（西曆五月二十五日）丘逢甲等向唐景崧上「臺灣民主國總統之印」（或謂印文爲「臺灣民主國家伯里壐天德之印」，伯里壐天德即president之音譯，惜此印失傳。）及藍地黃虎國旗，年號永清。

臺灣民主國成立，發佈文告：「割臺之款，事出意外，聞信之日，紳民憤恨，哭聲震天。……今已無天可籲，無人肯援，臺民惟有自立，推擁賢者，權攝臺政，事平之後，當再請命中朝，作何辦理。倘日本具有天良，不忍相強，臺民亦願顧全和局，與以利益，惟臺灣土地政令，非他人所能干預。設以干戈從事，臺民惟集萬衆禦之，願人人戰死而失臺，決不願拱手而讓臺。……如各國仗義公斷，能以臺灣歸還中國，臺民亦願以臺灣所有利益報之。……此非臺民無理倔強，實因未戰而割全省，爲中外千古未有之奇變。臺民欲盡棄田里，則內渡後無家可歸，欲隱忍偷生，實無顏以對天下，因此搥胸泣血，萬衆一心，誓死固守，倘中外豪傑，及海外各國能哀憐之，慨然相助，此則全臺百萬生靈所痛哭待命者也。」可見臺灣民主國建立的唯一目的乃是抵抗日本侵佔臺灣。

臺灣民主國成立後的第四天（即五月初六，西曆五月二十九日），日軍在三貂角附近的澳底登陸，從此，臺胞展開了抗日戰爭。不幸由於臺灣守軍內部不和，使日軍迅速攻陷基隆，進逼臺北，五月十四日（西曆六月六日）唐景崧潛往淡水，乘船內渡廈門，臺灣民主國僅存在十三天便消失了。

㈡日據初期之抗日：日人據臺五十年，在此五十年間依其對臺之統治方針與策略，大致可分三期：

初期：一方面以武力鎮壓臺民，一方面部置統治機構，以安撫臺民。（一八九五—一九一八、一九一九）。

中期：採用「同化政策」，希望消滅臺民之中國民族意識，以爲其侵略中國與東南亞之人力物力供應站。（一九一八—一九三七盧溝橋事變。）

後期：日本從一九三七年起，由於長期戰爭，國力消耗極大，感到「同化政策」太緩慢，乃大力推動「皇民化運動」，欲使臺民完全日本化，爲日本作忠狗。（一九三七—一九四五日本投降。）

而在這五十年間，臺胞之抗日亦可分爲：

㈠武力抗日：日據初期臺胞採用武力方式抗日，一因受臺灣民主國影響；一因臺胞之性格使然。光緒二十一年日軍初入臺，任意殺戮，姦淫搶刼的暴行，不知多少臺胞家破人亡，更增加了臺胞對日本的仇恨感。日本企圖以武力鎮壓臺胞的反抗，結果反抗更多更烈，據統計日本統治臺灣五十年期間，臺胞先後發動的抗日革命運動，北部有三十三次，中部二十六次，南部四十三次，共一〇二次，臺胞犧牲死難者達六十五萬人之多。其中規模較大者有光緒二十一年的唐景崧、劉永福、林大北抗日，二十二年的劉德杓、簡義、柯鐵等人分別抗日，二十四年的陳發抗日，二十七年的詹阿端抗日，三十三年的蔡清琳抗日。民國元年的劉乾、黃朝、陳阿榮、羅福星等人分別抗日，二年的張火爐、李阿齊、賴來等人分別抗日，三年的羅阿頭抗日，四年的余清芳抗日。

臺胞抗日犧牲慘重，他們豈是天性好亂，他們實在是民族大義和反抗暴政的雙重心理下，作出大忠大勇的壯烈行動！

㈡政治抗日：由於臺胞在日人武力統治下，無力反擊，乃轉而以政治抗日。組織「新民會」、「臺灣青年會」、「法律六三號撤廢請願團」、「臺灣議會設置請願團」、「臺灣文化協會」、「臺灣民衆黨」、「臺灣地方自治聯盟」等等。要求政治平等，民族自主。並創辦《臺灣青年》、《臺灣》、《臺灣民報》、《臺灣新民報》等等雜誌與報紙以鼓吹之。

政治抗日之領導人物，多半曾經留學日本，得風氣之先之革新派人士。如：蔡惠如、蔡式穀、王敏川、林幼春、林獻堂、蔣渭水、羅萬俥、林呈祿、楊肇嘉、黃得時、蔡培火、陳逢源、吳三連、葉榮鐘等。政治抗日一直持續至民國三十四年臺灣光復，才告一段落。

㈢文學抗日：文人之抗日自甲午至光復始終不停在進行著。文人以萬鈞筆力，表達心中之不平，如：詩人施士洁、丘逢甲、黃遵憲、許南英、洪月樵、王松、許劍漁、湖南濱、林幼春……等，皆留下痛惜臺灣淪陷之哀詩。而各地之知識份子爲保存中國傳統文化，乃：設立私塾、成立詩社以激發民族意識。

而自民國九年開始，臺灣新文學運動亦同時萌芽。留日青年於一九二〇年一月十一日在東京蔡惠如寓所成立「新民會」。揭櫫之綱領爲：「專爲研究臺灣所有應予革新之事項，以圖文化之發展。」並舉辦演講，刊行《臺灣青年》對臺灣同胞作新文化啓蒙。

一九二一年七月，開業醫師蔣渭水、吳海水、林麗明與林獻堂商定組織「臺灣文化協會」。是年十月十七日下午一時在大稻埕靜修女校召開成立總會。此一團體日後成爲臺灣民族運動大本營。文化協會舊幹部蔣渭水、蔡培火等初擬組織「臺灣自治會」，至一九二三年六月成立「臺灣民衆黨」。……諸如此類，皆爲文人抗日之方式。

國父領導革命，對臺胞抗日運動影響甚大，爲臺灣革命志士提出抗日運動之總目標。民國三十四年，中國戰勝日本，是國民革命之又一次勝利，臺灣亦因之重回祖國懷抱。

## 第二節　日人對臺灣漢詩所抱持之態度

日人據臺之後，一般士子仍戀戀不忘昔時之科名。王松《臺陽詩話》記述日據十年後之臺灣情形云：

今人之所重者，惟科名而已。世俗混稱科名曰功名，甚而官納保舉，凡有服官服者，皆以功名中人目之。功名！功名！最足以炫耀於庸耳俗目之場。吾臺灣改隸已經十載，國籍雖移而習氣猶存，寄金捐官者，故每遇慶賀祭禮，紅帽黑靴，漢官之儀，依然如在也。嗚呼，實之不存，名將安用？我能立功立言，雖布衣下士，其聲名自可傳於後世、何用此泛泛爲哉！

日人據臺時，地方士紳相繼崛起，保衛桑梓。事敗，不願役於異族，紛紛內渡。嗣因治安不寧，生活無計，陸續歸來；或因他故，不能內渡，避居僻壤，此類士紳多爲舉人秀才，精通文墨，且善唱酬，深受地方器重，其言其行，衆多奉爲楷模，故其向背，對於地方之治亂影響絕大。種村保三郎著《臺灣小史》即云：

> 持有舊政府時代之學位—舉人、貢生、秀才等等者，全島尚存不少。渠輩費多年努力，而獲得之學位。在新生臺灣等於一片廢紙而成無何價值，故其不平不滿，實有難於掩蔽者。渠輩概爲地方指導者，具有相當勢力，漠然置之不理，洵爲不可輕視之一大問題也。

日人於圍剿臺士抗暴之餘，又恐文士日久生變，乃極力籠絡順民，期能收攬人心，斷絕臺胞思漢之情。其具體之事例爲：㈠據臺之次年，即光緒二十二年，總督桂太郎擬定「頒發紳章制度」，凡臺灣住民具有資望學識者，頒與紳章，以示優厚。其論告文云：

> 本島人民今日之境遇，不論賢愚良否，概未享得相當之待遇，甚至具有一定之見識，或資望者，尚且須與愚夫愚民爲伍，實不忍睹。如斯，實不獨非待良民之道，復於島民之撫育上關係不尠。因此，茲特創設優遇具有學識資望者之途，俾能均霑皇化，惟

此乃最必要之事也。(①)

㈡光緒二十四年，總督兒玉源太郎來臺履任，深感統治臺灣之根本要義，首在綏撫島民，乃於是年七月七日舉辦「饗老典」，邀請臺北縣內八十歲以上之老人，會集於臺灣總督府，開饗宴，演新劇，奏洋琴，各贈扇子一對。百歲以上者另贈鳩杖一支以示紀念。總督並親致開幕祝辭。其後於彰化文廟、臺南兩廣會館、鳳山辦務署舉辦「饗老典」，均由總督親臨主持。

㈢光緒二十六年二月十九日(西晋三月十五日)，兒玉源太郎總督又舉辦「揚文會」，邀集全島士紳—詳言之即有廩生以上之科名者。在臺北淡水館舉行盛大「揚文會」。(取自唐明皇送王晙巡邊詩：「振武威荒服，揚文肅遠墟。」之意)。兒玉總督之開會祝辭云：「……夫揚文之會，望能搜羅文人學士，共會一堂，施優待之典，隆敦風勵學之儀，展其所長，以同贊文明之化。」

㈣日人本身之文獻，亦屢見其懷柔省內遺老之主張，例如：中村櫻溪曾上書兒玉總督乞留籾山衣洲之理由爲：「……(籾山)參揚文之會，爲臺疆人士所推服，其冥功陰績，非尋常百執事之倫也。……閣下若處之一閑地，委以翻譯編輯之事，其及有賓客饗宴之時，則使筆詩助歡，詩賦唱酬，則内以和鄉紳巨室之心，而外使鄰邦人悦服，於閣下政教，未必無所裨益。」

玉山吟社宴會記亦有「彼我相望，新舊不間，人人既醉，……而斯土人士亦忘其爲新版圖之氓也。」

臺灣詩社大會引述內由嘉吉總督之言云……「會茲重來，更望列位提倡風雅，並有補於本島之統治。」（見《臺灣詩薈》第四號）

以上諸事，皆可以知日人對臺灣文士之籠絡以及對於漢詩之「重視」。在此情況下，㈠臺灣士紳爲保存國粹寄託情感不得不提倡漢詩。㈡日人爲便於統治臺民，亦提倡漢詩。因此日據時期之詩社林立，詩學大興即此原因。

**【附註】**

① 見王詩琅〈日據初期的籠絡政策〉（臺灣文獻）。

## 第三節 臺灣之詩人

### 緒論

清廷明制，以科舉取士，寒窗苦讀，浸淫於八比試帖，望能及第，光宗耀祖，榮貴終身。士之樂此不疲者，利祿使然。臺灣文士，與大陸同，經年累月，潛心舉業，冀能飛黃騰達，得意科場。由於科舉制度，「詩」與「文」同樣重要，不論歲考、鄉試、會試、殿試，皆有

「詩」，如果詩作得差，便難望仕進，因之大家對於詩皆曾下過苦功。光緒二十一年，日本據臺，制度遽變，廢除科舉，設立學校，數百年來，士子所熟悉進身之路斷絕，失落之情油然而生。由於學非所用，生活坎坷，傷古弔今，於是相率爲詩，或自我解嘲，或抒寫鬱悶，或期望中興。再則不免斯文廢墜，淒楚之言，溢於筆端，文獻俱在，俯拾可得。同時，臺灣漢學日趨式微，書房、私塾之設置，又遭限制，數十年之後，恐無漢學文種子，故有心之士奮而創立詩社，以維國本。

日據時期，臺省詩社常常舉行聯吟，後來此種聯吟曾演變成「全島詩人大會」。

據連橫〈臺灣詩社記〉所載，民國十三年全省詩社六十六。又據〈臺灣省通志稿學藝志文學篇〉所載，民國二十五年全省詩社有一百七十八社。其數不可謂不多。據筆者之統計詩社之數目應不止此數，約有二百八十社。而日據時期成立者亦有二百社。詩社在日據時期突然增多之原因，已於本文第三章專論之。此時詩人，多爲詩社之成員，平日或設帳課徒，或任職於報社，吟會雅集之時，互爲唱酬，以抒積鬱。又因歐風東漸，交通比昔日發達，出門與詩友切磋亦較方便，以致時有各地詩社社員之聯吟。茲分北、中、南敍述之。

## 甲、北臺詩人

北臺，指新竹以北而言。新竹爲舊時淡水廳治之所在，復有「北郭園」與「潛園」二名園之獎掖文風，自有其文學環境在。臺北在日據時期，已成全臺行政之中心，市街繁華，機關林立，爲一茁壯中之新興都市，人文之鼎盛，可謂空前。

臺北詩社活動頻仍，是直接促成吟風興盛之主因，詩社中又以「瀛社」爲北臺之代表。

考臺北詩社之創設，最早應推至光緒十七年（一八九一）唐景崧所倡之「牡丹吟社」。而由省籍人士所組成之最早詩社，則爲光緒三十一年（一九〇五）由黃純清、劉克明、王明和三位所倡之「詠霓吟社」；首次集會，由趙一山就社名拈出「衆仙同日詠霓裳」爲題，即席賦詩者約達三十餘人。就當時環境言之，可謂盛況空前；然因社址遠在樹林，臺北詩人赴會不便，不久瀛社成立，社員多轉入瀛社。

「瀛社」之創立日期，據吳鐘英〈己酉祝瀛社成立賀詩〉考定，爲宣統元年（歲次己酉，一九〇九）二月十二日「花朝節」，倡始人謝汝銓、林馨蘭在艋舺（萬華）「平樂遊」召開成立會，入社者一百五十餘人。公推洪以南爲社長，謝汝銓爲副社長。瀛社社友之作品皆刊於謝汝銓所編之《臺灣日日新報》漢文版。

民國三年（一九一四）十月五日，瀛社社友顏雲年新築「環鏡樓」落成，柬邀南北詩人一百二十人舉行聯吟大會。後來又與桃園、新竹之詩社同組「瀛桃竹聯吟大會」於艋舺公學校。連雅堂先生亦曾與之唱酬。據連氏《臺灣詩社記》云：

> 臺北爲全臺省府，而瀛社爲之主。改革後（即日據後），陳淑程、黃植亭等曾設玉山吟社，開會於龍山寺，未幾而息。迨丁未春（按：即光緒三十三年民前七年），謝雪漁、洪以南、趙一山、劉育英、倪希昶等乃創瀛社，社員幾及百人。復興新竹之竹社，

桃園之桃社，互相聯合，時開大會。多士濟濟，集於一堂。可謂盛矣。余自己未移家淡北，納交於瀛社諸君子，文字之歡，有逾疇昔。顧念滄桑以後，吟社之設，後先而出，今其存者六十有六。文運之延，賴此一線，是亦民俗盛衰之所繫也。（按：當時詩社不止六十六。）

茲就北臺之重要詩人分述於下：

### ㈠王松

王松，字友竹，又字寄生，別號滄海遺氏，新竹人，生於同治五年（一八六六），卒於民國十八年（一九二九）。爲人有奇氣，不喜仕途，但以詩酒爲樂。乙未割臺，挈家內渡，值海盜，罄其所有，無慍色。及臺局稍定，始返竹塹。富紳鄭肇基極推重，聘爲記室，雖私事亦諮之。著有《臺陽詩話》、《滄海遺民賸稿》、《友竹行窩遺稿》等。

連雅堂於〈王處士友仁先生五旬壽序〉中論其爲人、生平云：

……先生古之嶔崎人也，其爲人也冲而澹狂而簡；其爲詩也淵而穆宏而肆；其論時也放而微廣而約；其出而與世接也縱懷自任，適可而止，不以利害中於中，而貧富易其節。蓋士之所處雖不同，而樂天任性無往而不自得也。先生少孤處境困。

節母吳太孺人教之嚴，學乃日殖，弱冠入北郭園吟社，與鄉先達相唱和，嶄然露頭角。顧不屑爲帖括家言，或勸赴試不應，醉以酒迫使言，始軒眉而語曰：公等以吾爲不樂仕宦乎？吾自顧非才，無益於世，顧世人一服儒巾，反厭厭欲死，公等將使我爲木偶乎？又進而言曰：今世界交通競爲藝術，海疆有事，則臺灣必先被兵，公等幸勿以士自囿。方是時，太平日久，文恬武嬉，士之出入庠序者，爭以入比博高等，聞斯言者莫不笑之。顧未幾，而法人猝犯臺，基隆、澎湖次第淪沒，草草議款而罷。先生又語鄉人曰：公等毋以息兵而自憙也。臺灣孤懸海上，富殖久聞於外，利之所在，人所必爭，苟不早圖自衞，必貽後悔，及甲午之戰，而臺灣竟割讓矣。當是時，兵馬倥傯，蒼頭特起，　先生知事不可爲，翛然遠去，將避地泉州，途遇盜，傾其資，嗣再東波，居故廬，以奉先人之丘墓。陳孺人者，　先生之德配也，淑婉知大義，相依於患難困苦之間，志不稍挫，未幾而逝，　先生哭之慟，誓不再娶以酬其義。先生既屢遭世變，益隱居不出，所居曰如此江山樓者，藏書萬卷，坐臥其中，愈肆力爲詩，取從前所作而刪之曰焚餘集，又以其餘力撰臺陽詩話上下卷刊諸世，凡所採多一代名作，而論詩論人不爲谿刻之語，其禪益於臺灣文獻者不少。前輩鄭香谷先生愛其品學，延入北郭園，四方來游之士，苟及新竹，無不知有詩人王先生者，嗟乎！如　先生者，豈甘以詩人自老耶？使出其少年豪爽之氣，稍稍與世推移，豈不足以建一功立一業，爲鄉族交游光寵，而貧困以約之，患難以阸之，疾病以苦之，使之不得不以詩酒自娛，動心忍性增益其所不能？蓋其所拂者，人之所全者天也。……

友竹之詩大抵宗法隨園，以性靈爲主。其《臺陽詩話》發行於光緒三十一年（一九〇五），北部園老人鄭如蘭、日人籾山衣洲、海澄邱菽園爲之序，鹿港洪棄生爲之題詩，林輅存爲之跋。書中論人論詩頗多中肯，不爲谿刻之語，連雅堂稱其裨益貢獻於臺灣文獻很大。

洪棄生久聞友竹之名，於友竹《臺陽詩話》將出版之際，有〈讀友竹詞兄大著並以致相慕之忱〉云：

> 相聞不相識，日日望新城。每逢北人至，輒詢君姓名。君家在何處？迢迢新竹路。憶昔承平年，驅車城外度。可惜遲聞名，彼時未迴顧。一自喪亂初，始得君素書。知君詩學好，展卷再欷歔。灰燼兵燹中，播土揚瓊琚。傷心各悽惻，將詩慰離悰。卷裏起秋聲，中有胡笳拍。陸公昔亂離，哀音鳴鬱噫。至今呼望帝，千載有餘悲。滄茫懷古意，願君長詠詩。（鹿港洪一枝月樵拜題。）

同是「滄海」之「棄民」，惺惺相惜，一在新竹，一在鹿港，允爲詩壇佳話。

友竹之詩早期作品收於《滄海遺民賸稿》，晚期作品則刊於《友竹行窩遺稿》，二者之風格不同。錦江王一剛論其早年作品曰：

> 友竹族叔於弱冠處身清末衰亂之世，繼於乙未又逢臺地割讓之變，晚年則屈於異族統治而終其一生；畢生濟世經綸終未得伸，故其牢騷抑鬱之意，無所發抒，因而韜晦隱遯，假托歌詠以自見。本來這種例子，東西都屢見不鮮，在臺灣論者則常舉洪棄生月樵和他爲例；不過兩人的詩，洪棄生如黃鐘大呂，宏亮大音，他則是在和婉中寓悲哽小雅，而弦外有餘音，這是兩人性格之不同，也是兩人處境之相異使然。另外的一個理由則是他和洪棄生一樣，雖然也是刼餘孤憤，但自日據中葉，日人治臺已遠非昔比，

控制綦嚴故其發洩的方法也自然不同。

友竹族叔的詩，如邱菽園所說：「不工古體，近詩則獨見性情。」也如連雅堂所說：「淵而穆，宏而肆。」每讀到他的詩，覺得清詞麗句，流露行間，很多唐人的風格，其措字用句典雅精深，藻不妄抒，有其獨得的妙趣，迥非凡響。

乙未割臺，眼見故里易色，友竹於內渡後甚多感憤之作，如：

感興：

和議知非策，瀛東棄可傷；墜天憂不細，籌海患難防。兵燹殃千里，親朋散四方；故鄉歸未得，淚眼閱滄桑。

海上望臺灣：

如此江山坐付人，陋他肉食善謀身；乘桴何用頻回首，懶學長沙論過秦。

避亂：

不求聞達祇山林，荒盡田園又廢吟；避俗恨無千日酒，著書枉用一生心。百年文物悲塗地，幾姓江山兆採金；畏域愁城朝夕困，那禁霜雪鬢邊侵。

遣興：

東南半壁絕通津，那有桃源可避秦；厭世幾如都散僕，憂時曾作太平民。干戈劫外清修驗，石火光中往跡陳；極目山形猶拱北，且收忠骨滿江濱。

偶感：

學書學劍廿餘年，不意瘡痍滿眼前；報國豈宜論在位，當途更少力回天。隱憂恰爲梁甌缺，守節應如趙璧全；從此癡聾無一事，免教洗耳累清泉。

述　懷：

我本田間一老農，怕提舊事話康雍；何鄉可葬烟霞骨，有酒難澆塊壘胸。憂患轉移因識字，笑啼不敢若爲容；倘非桑梓眞堪戀，一葉扁舟去絕蹤。

書　懷：

生逢割地亦徒憂，烽火連天尚不休；家有兩姑難作婦，國無一士覓封侯。安危於我何輕重，得失勞人問去留；大局不禁長太息，華夷從此是春秋。

書　感：

幾許匡時志已灰，中朝偏少出群才；親朋遠別犀望月，兒女無知鴨聽雷。一去王嬙難復返，三呼宗澤有遺哀；可憐春燕巢林木，桃李如今半廢材。

春日閑居：

肥遁兼全寵辱身，香爐茶椀足怡神；不才願作池中物，得意羞看世上人。杜老奇愁吟苦竹，放翁異夢靖邊塵；舉頭怕見青青柳，抱膝長吟又一春。

感　述：

滄海遺民在，眞難定去留；四時愁裏過，萬事死前休。風月嗟腸斷，山川對淚流；醉鄉堪匿影，莫作杞人憂。

上列皆為乙未後不久，身歷時變，激昂傷感之作。俟大局底定，其激憤之情遂轉為無可奈何之諦觀與哀涼，此時作品錄二首於后：

書感：

從來懷古意，須借濁醪澆；辱學淮陰忍，賤憑韋陟驕。凌雲空有志，醉月最無聊；也作英雄語，身閑髀肉消。

和吳水田廣文逢清春國書懷韻

十日晴無一日陰，今年青帝愛人深；看花不離杯中物，諛墓羞藏篋底金。經世有方長落拓，感時無病也呻吟；何時得遂澄清志，獨立蒼茫耗壯心。

晚期作品則在心平氣和中作，逝世後刊於《友竹行窩遺草》，其〈生日述懷〉云：

少小溺帖括，長大事經史；報國用文章，志迂每不喜。馳騁翰墨場，聲名動桑梓；愧無金榜緣，拂袖歸鄉里。既得樂天倫，兼可游山水；捷徑笑背郎，丈夫寧作此。況值國步難，幾欲東山起；無路可請纓，但願稱善士。家運復中衰，知命任身否；德薄不自殞，蓼莪痛慈妣。三載棘人冠，廢詩悲不已；名心從此忘，怡情書畫裡。詩酒與琴棋，此生長已矣；意外忽滄桑，壯懷空撫髀。避世樂山園，困苦居城市；坐臥群書堆，咿唔聊復爾。窮愁學著書，復恐興謗毀；天意殊茫茫，祇可坐待死。吁嗟平生心，付與山妻誄；倘得假以年，願早干戈止；迴憶母難辰，低徊淚滿紙。

滄海遺民賸稿收〈如此江山樓詩存〉，鄭家珍於序中云：「即以是集而論，其興高采烈華若春榮者，即前二十年自豪之友竹也。其思遠憂深淒如秋日者，即後二十年自晦之友竹也。」為中肯之論。

乙未割臺，友竹正好三十歲，早年生長於衰亂之清季，中晚年復在異族統治之下，心中之苦悶與滿腹牢騷，正是當時千千萬萬臺灣同胞與知識份子之苦悶與牢騷。友竹自號「滄海遺氏」、「寄生」與洪月樵於乙未後之自號「棄生」，有相同之含意。復題其居曰「如此江山樓」，乃是顯露其心情之寫照。陳淮曰：「如此江山樓者，若曰如此江山付之庸奴而不能守也，付之異族而不能托也，惜乎如此江山也。」其詩、其名號、居處皆藉以明志，寄其感慨。其所反映之憤時憂世，孤懷抑鬱之音，激越高邁之格調，在日人據臺半世紀中，有其獨到之境地，或謂邱滄海之後，友竹可與棄生洪月樵，雅堂連横，南強林幼春等諸家並肩媲美矣。

### (二)劉育英

劉育英，字得三。光緒庚辰歲遊泮，籍板橋，民初始遷稻江，為北市名宿，善文章，工詩詞，尤擅楹聯。乙未之後，無意進取，韜晦家園。日人聞知其道德文章，先後聘為板橋公學校與第二師範教師，講授漢文，桃李徧全省。其〈秋味〉詩云：

(一)

滿地秋風起戰塵，華民忘卻苦吾身。
自從嘗膽深知趣，何愛葡萄美人唇。

(二)

食瓜剝盡迭更新，詩爲因時感物陳。
別有籬東佳趣在，曷觀泛酒掇英人。

(三)

西風落葉最傷神，寤寐蕭然客裏身。
爲憶故鄉鱸膾美，幾回辜負約歸人。

(四)

蓴菜鱸魚未足珍，饜我襟期別有眞。
今宵風月無窮好，得意銜杯喜入神。

而其〈敬輓王友竹先生〉（次其絕命詩韻）之輓聯用典工穩，爲人稱道：

其一

滄桑換刦歷多秋，甘作遺民效釣遊。
如此江山樓失主，先生韻事未曾休。

其二

自將詩酒度春秋，何遽修文地下遊。
噩耗徧傳知己友，輓歌悼痛幾時休。

**(三)洪以南**

以南，字逸雅，號墨樵，別署無量痴者。同治十年（一八七一）生於艋舺土地後街。祖騰雲，營米郊致富。以南幼有異稟，祖喜之，延泉州名孝廉龔顯鶴授諸經、詩、賦、六法，皆婉麗風波，卓然可登大雅之堂。乙未，避地晉江，得遊泮水。返臺，題其居曰「達觀樓」。詩書具佳，得者珍若拱璧。瀛社成立，推爲社長。著有《妙香閣集》。

逸雅以浩翰之才，陶鑄百家。用字工練，其齋廊晚興有「一山橫落月，千樹掩柴扉。」「野梅纔破萼，官柳半垂絲。」之句，刻畫深，著力工。其〈懷安番通事吳鳳〉云：

爲護同胞自殺身，三年赴約以成仁。自拋眷屬生前愛，卻把仇讎死後伸。從此漢村光日月，而今達社闢荊榛。餘威百載羅山在，俎豆馨香廟貌新。

### (四)謝汝銓

汝銓，字雪漁，臺南人。光緒十八年（一八九二）生員（臺南之末代秀才）。日據後畢業國語學校，曾留校作舍監。工詩，爲瀛社發起人，並任社長。主編《臺灣日日新報》漢文欄。鼓吹詩學，瀛社社友之作品多刊載該報，推波助瀾，瀛社遂執北臺詩社之牛耳。一九五三年逝世。

雪漁其〈曉起散策〉云：

曉起出門行，逍遙步紫陌，冷風吹葛衣，涼露濕桐屐。炊烟繞樹青，流水護田碧。戍壘角聲催，前溪人語隔。尋芳過竹橋，覓句蹲苔石。數里足忘疲，終朝情自懌。壯猶不如人，心苦爲形役。有錢須買山，結構幽人宅。

### ㈤趙元安（一山）

元安，字文徽，別號一山。板橋人。四十後設帳於臺北，稱其書塾爲「劍樓」，從遊弟子有王雲滄、歐劍窗、駱香林、杜仰山、吳夢周、卓夢庵、許劍亭、李樂樵、李神義、李騰嶽等。女弟子有王香禪、洪藐仙、陳飛仙、周婉香、李晚霞、容荷青等，皆爲一時之選。一山組「劍樓吟社」，以風騷座主，所宗以性靈爲主，其〈贈芝蘭女校書阿英〉、〈憶阿英〉、〈永訣〉、〈悼亡〉等詩可見一斑，錄於下：

贈芝蘭女校書阿英

一雙俊眼一彎眉，一點靈犀一種痴，秋水精神冰作骨，玉山溫潤雪浸肌。金樽綠酒春生頰，紅袖青燈夜講詩。最好曲終琴罷後，芙蓉烟裡話相思。

憶阿英

芝蘭女史喚阿英，皓齒明眸最有情。吹竹彈絲饒嫵媚，携雲握雨大寧馨。憐他癡絕顛鸞鳳，顧我緣慳隔死生。底事音容尚如昨，奈何廻溯不分明。

永訣

蓋棺成永訣，容貌尚如花，襟袖腰仍細，裙釵鬢未華。可憐金屈戍，長恨玉勾斜。雲雨巫山夢，魂歸楚岫賒。

悼亡

擱住汪汪淚，人前不敢啼；百年魂已斷，一死夢終迷。入室誰含笑，言歸孰問期。鶯鶯兼燕燕，淒絕已成泥。

後兩首係悼亡妻之作，據云：一山妻歿，悲悽愈恒，爲悼亡詩百首以哭之；惟其所傳並無百首。

### ㈥王人俊

王人俊，字采甫。光緒十七年（一八九一）科邑庠生。幼聰穎好學，攻舉子業。遊泮後，擬再赴秋闈，適甲午之役不果，遂絕意仕進，時與鄉輩相往還，寄情詩酒，藉舒抑鬱。值瀛社成立，采甫亦爲中堅。閭里列門墻者日夥，弟子近千。

采甫之詩多咏時事，其〈戲贈友人〉云：

㈠

大呼世界唱文明，一片隆隆斷髮聲；眞箇維新成別調，洋冠胡服盛聯盟。

㈡

維新聞唱表同情，種種頭髮忽改更；宴會莫能操國語，令人空笑大憨生。

㈢

面目未非認恍然，俗毛一去無拘牽；詩壇若忽逢吟侶，好似山僧學坐禪。

社友謝汝銓君、林湘沅君、黃玉階君、楊仲佐君、魏清德君、葉鍊金君、王毓卿君於紀元日斷髮不改裝，書此贈之：

歐洲習俗暫東漫，風氣維新此一番，避世何須同散髮，憤時可免上冲冠，文明頭腦今先覺，強毅鬚眉亦壯觀，君獨現身爲首唱，不教垂辮長鬑鬑。

贈社兄謝汝銓君：

君當斷髮我留鬚，莫謂形殊志各殊，同是維新經濟客，祇憑內裏見工夫。

自慚言語不維新，未敢更裝步後塵，特恐貽譏蔡總理，聲聲道是答官人。

采甫之詩，以詼諧筆調寫現實生活，令人莞爾。

## (七)黃河清

河清，字菊如，號澹薌生。福建南安蘭溪人。光緒十一年（一八八五）出生。弱冠後渡臺，寄籍艋舺，博聞強記，工於詩，瀛社社員之一。曾任職於臺灣日日新報，爲校正員，旋隨謝汝銓、王湯銘應公理報之聘赴菲。未幾返臺，設帳課徒，其館曰「薜蘿山房」。桃李徧及艋舺。卒於民國二十四年。遺有《薜蘿山房詩稿》四二六首。

菊如長於詠物，善用掌故，茲錄數首可見。

電扇：

裝置能較之伏移，纖塵滌盡不留遺；迴旋鐵葉重重鼓，震盪金輪片片馳。涼自機生吹袖袂，雄從軸動拂簾帷；楕圓形作飄搖勢，啓閉在人一霎時。

電話：

言聽渾然晤對時，腔音無假貌難窺；鏡中呼出佳人話，機上傳來故友知。得藉雙方通契濶，憑將一線慰相思；漫云道似天河隔，訴盡幽情不即離。

迎春：

有腳眞能應候旋，蓬蓬從此布方圓；回溫喜得天心麗，解凍多呈淑氣妍。鶯迓青旙歌睍睆，蝶敷紅粉舞蹁蹮；改裝女士欣增歲，齊向東君下拜虔。

春花：

(一)

天女嬉春散滿堂，繽紛香雨濕雲裳；維摩老登芳情滅，一笑拈來悟渺茫。

(二)

濯濯靈根上苑藏，詩將玉蕊比柔桑；媚姿只可供人玩，衣被蒼生愧未遑。

(三)

金容風流艷幟張，護卿儘日爲卿忙；韶光旖旎春如海，長願溫柔老是鄉。

傷春：

人盡送卿我欲留，留卿無計態含愁；杜鵑啼盡千山血，灑遍紅花尙不休。

(八)**黃水沛**

黃水沛，號春潮。臺北大同區人。幼受學於宿儒黃覺民多年，頗精經、史。乙未後肄業日國語學校，先執教，後轉任臺灣米穀同業公會常務理事。光復後改組，曾任該會理事長。

春潮素喜吟詠，嘗與林湘沅、林述三、張純甫、駱香林、吳夢周、李騰嶽諸人，組織「星社」，扢揚風雅。民國十三年二月，與社友張純甫，創刊臺灣詩報，鼓吹詩學，誘掖後進，對於維繫中國文化，尤多貢獻。春潮因任職米穀公會，其詩以民生問題著眼，率多寫實，別具風格，茲錄數首：

食甘藷：

甘藷非珍奇，民物念未止；不待米如珠，田家多啖此。顧我市居人，三餐聊異是；紅瓜始登盤，兒女色然喜。朝道甘藷甘，慕道甘藷美；數日乃不然，於密置不齒。用知食肉心，久亦厭甘旨；脫粟維啖味，百年嗜無已。

罷豆行：

（戊戌，晚穀方登，而秋雨不歇。曠曝無天日，穀遂萌牙，農民大苦之，感而成歌。）

穲稏紅，東畝西畝慶豐年，豐年豐獲穀千萬石，輸誠寧忘貢糧功？辛苦粒，我能識，插秧時節多霜風。夏耨日煎背欲裂，膝行盡日泥田中；男田女陌勤應倍，此縱無知知天公。歲歉所得詎償勞，年豐或怪嫉飢充；晚季雨來更相妬，潤穀未許曠晴空。嗚呼！乾土何處？晴何日？玉秔芽出泣田翁。

（內人以吾家周旋粒食車載斗量，間米或漏溢滿地，念農工辛苦，算粒粒之堪珍，因爲孵化雛雞，俾拾食之。計自庚辰九月十五日，命母雞抱卵，至十月初五日悉出。其間恰二十日。村居無事，輒爲孵雞行以自樂。）

母雞伏卵二十日，忽聽雛聲叫蓬蓽；檢視初得四五雛，成群終見破殼出。有鬱翮者助其生，老媼村娃知此術；故曰有生有生生，同伊雛狗成萬物。當其渾淪處卵中，不食而飽勞而逸，出穀如今卻如人，充飢寧免費米稷？方今米限日三合，爲何蓄此爭人食？周旋粒食在吾家，斗車時或有餘粒。委委滿地惜農功，以之餌畜食且得。五畜未興世需肉，豚羊欲養宜汲汲；今茲縱無陶朱疇、雞黍猶堪故人及。市儈若逢索價高，我欲因之聊自食。亂啄玉杌趁母雞，可憐雛早肥逾昔。嗚呼常化者常生，斷尾憚犧汝何必？

拾雪：

（吾臺亞熱帶地，雖嚴冬罕降雪。清領時代，屯山降雪，野老有入山取雪都市求售者，時人謂之「拾雪」。日據時期，每遇降雪，輒有學生登山遊戲，或聚雪爲達摩，或取雪徑歸者；雖非如前求售，然總謂之「拾雪」；蓋已成爲方言矣。）

歲維乙亥冬，臘月念五日；大寒梅將開，屯山初降雪，回憶在學時，眾生多熱血；拾雪披星行，登山日未出。積雪五六寸，漫山殊瑩潔；澗底雪尤深，妄行恐蹉跌。既入銀世界，居然天地別；時草例見埋，瓊枝勿愁折。我時年十八，童心所深悅，嚼之同梅花，聚之爲我佛。一尊雪達摩，畢生緣難絕；雖無課行功，眞解悟寂滅。堅冰時泮春，佛身遂如沫，庸知三戴餘，面壁者復活。一雪集眾生，何處傳衣鉢？傳衣鉢？法門八萬四、層層須解脫。

## (九)張　漢

張漢，字純甫，號筑客，又署老鈍、寄民。新竹人。幼承父教，博覽群書。日陷臺灣，隨父避亂榕垣。後返臺，居稻江。名其屋日堅白屋，號其家日三孝人家，設帳授徒。民國四年與林湘沅、黃春潮、李鷺村、吳夢周等人，創立研社，後擴大組織改稱「星社」，時開雅集，刊於《臺灣時報》，宏揚漢樂。旋移教於松山、基隆等地，復集門下諸生，創立松社、柏社，以誘後進。北臺擊鉢之盛，純甫實有力與焉。民國三十年，病逝故里，年五十四。著有《漢族姓氏考》，《非墨十說，是左十說》，遺稿有《守墨樓臺》四冊，收古今體詩二千首。另有《擊鉢吟集詩》數冊。

純甫之詩今古體皆佳，律詩尤稱工整，如〈競馬行〉、〈平溪雜詠〉、〈冬柳〉等詩，俱傳誦一時。而〈圓山砥石歌〉則對圓山出土之石器時代產物頗有感觸而發。

圓山砥石歌：

劍花考古譚砥石，往往未語先嘆息；
篳路先民藍縷功，咫尺圓山有遺澤。
客中十載百回經，曾不一度履其跡；
日者陳駱邀同游，歸途待車寺畔驛。
信足乍舒覽古服，卒然山骨露深碧；
洪荒六萬七千秋，莽莽何時此開闢？
上世無懷及葛天，結繩之政無赫赫；
尋常不識鐵與金，安得人間有劍戟。
自從石器兆胚胎，大石小石乃相迫；

或斧或鑿磨厲須，千日工夫成一夕。
斯時宰割只畜禽，無過庖廚當粟麥；
何以於今制作家，殺人利器偏充斥？
吁嗟砥石雖無情，奚忍助虐爲所役；
放置陬隅固其分，一塊黝然占一席。
劍潭風雨纔開晴，花鳥欣欣弄春陌；
麗人環珮臨水邊，寶馬香車聲絡繹。
神社莊嚴矗鳥居，佛殿深幽隱松祐；
世多秦人鞭石心，士少元章拜石癖。
可憐窮海蚩蚩氓，視此幾人知覺惜；
我聞九洲九點煙，蓬瀛況在東南僻？
任是中流障川材，其何能與風潮逆；
嗚呼守貞抱璞人，笑頑盡日無言閉一室。

(十)競馬行：

五爪坪前埃塵起，十騎環飛騁不已；
壁立人如上樓觀，爭向腰間幣搜紙，
驊騮已自作龍騰，駑駘尚亦隨風靡；

望塵落伍誰能甘，逐電追風志猶是。
鞍韉號數一一分，短後衣輕色青紫；
放轡垂策各賈勇，人姓馬名標榜裏。
有時下駟發憤雄，超中越士記料揣；
一可獲十負負多，二三著即單複比。
放送筒喧汽笛鳴，紛投靜應圓窗底；
棒心紅如欲傾囊，掉臂青年思染指。
烏騅青驄黃之驪，奮鬣展足揚其尾；
此時萬首寂無聲，惟見煙雲生尺咫。
頗憶元宵照影燈，依光旋轉毋乃似；
健兒身手達沙場，供人公博何爾爾。
驥不稱德但稱力，縱贏寧勿舍深恥；
不見昨日狂觸車，人則重傷馬則死。
鹽車伏櫪較若何，種菜使君漫撫髀；
私賭人間不可能，明知必敗聊癮止。
富似加富翻倒貧，必竟範驅濟遇詭；
寧說失鞭如洋場，敢云骸骨啓燕市。

**魏清德**

魏清德，字潤庵，新竹邑庠生，性誠樸，敦孝友。力學嗜古，朝夕誦吟不輟。日本據臺，累徵均不就。嗣以推行所謂「皇民化教育」，禁讀漢人書，始操觚於臺日新報，宏揚中華文化，表彰民族氣節，不遺餘力。故連雅堂先生極為推重。光復後卒。其子魏火曜曾任臺大醫學院院長。

潤庵之詩，深得東坡神髓。鍊韻行氣，不遜於蘇門四學士。五言古神志飄逸，語氣清新，如〈遊鼓山〉云：

(一)

聞道閩山中，鼓山居第一，白雲接滄溟，古松暗天日。十載夢寐間，奮飛終無術；今朝浮海來，茲遊神氣逸。行迴步石磴，幽邃窺巖室。果然古山松，盡作龍鱗質。一石長一松，如膠之投漆；一松抱一石，如牡之求匹。遂令萬株松，與石相間出，時傳瑤草上，甘露隆如蜜。浮世倘可遺，結茅餐松實。

(二)

民國期萬年，名山亦千古，崔巍湧泉寺，晨昏催鐘鼓。寺前香爐峯，煙雲日吞吐，庭邊羅漢泉，淙淙若風雨。我行半天下，憂國心獨苦，顧視大九洲，何處乾淨土。幸逢大叢林，連山跨蒼莽，拾級上層堦，登堂循兩廡。合十問彌勒，頂禮向六祖，男兒抱經論，功業未能樹。側身復側身，萬古一仰俯。

(三)

瀟灑水鏡亭，方塊澄可鑑，大千集毫髮，萬縷掬以驗。徐徐入幽玄，悠悠罷煩念，有時松葉墜，微波起瀲灩。風來波忽生，風去波還斂。因之悟禪機，是處得慧劍。驚人鳥離巢，最畏蟬鳴塹。小亭雖不廢，已足幽人占。感嘆行路難，名利皆阱陷。知足寧多求，二頃田足贍。有田如不隱，必爲山靈厭。

七律筆氣遒上，精警不可方物。如〈題江山樓〉云：

如此江山如此樓，相逢是處董糟邱；百年幾日酣杯酒，一錯何時鑄九州。落落乾坤星北拱，悠悠煙樹水西流；不須更問紅羊刼，小謫人寰未算愁。

〈送高橋上人北遊〉云：

落花時節子規啼，一錫問師何處棲，屠狗已無燕俠客，指駝尚有晉遺黎。黃河亂走天如瀉，岱岳高凌地盡低。莫漫盛衰今昔感，胡塵昏暗日沈西。

皆見其卓然大雅，豪傑風概。許天奎論魏氏詩有云：「昔蘇子卿竄身匈奴中，雖茹毛嚼雪，備極艱辛，而心猶惓惓於漢土，故其詩悱惻纏綿。溯其所自，殆出於小雅。然李少卿忍辱含冤，屈身絕域，其詩多慷慨悲壯之音，爲後世王仲宣、阮嗣宗輩之所從出。二子詩格雖異，而關懷家國則一也」。縱觀集中所載，多類前選，身家之痛，宗國之悲，時時在念，刻刻不忘。故抗日戰爭甫一勝利，氏即賦〈光復頌〉長歌以獻元首，至今傳爲騷壇佳話。

## (十) 林景仁

林景仁，字健人，號小眉，別署蟫窟主人。板橋大紳維源之冢孫，爾嘉之長子。幼穎悟，從進士施士洁學。及冠，留學英京，精通英、法、日、荷諸國語文。曾隨父遊歐、美。割臺事起，避居鼓浪嶼，足跡徧及印度及我國大江南北。民國九年秋返臺。十二年再往大陸，以詩謁鄭太夷、沈愛蒼、陳石遺、夏敬觀諸先生，酬唱盤桓，遂以韻語動士林。二十一年由津赴瀋，二十八年病逝於東北。著有《摩達山漫草》、《天池草》、《東寧草》等詩集。

小眉之詩清新俊逸，早期作品收於《摩達山漫草》之中，多關采風，間有懷人感舊之什，亦有憫譏勞，訪疾苦，勵忠愛者。後期作品多感時憂時之作。其〈送林駱存觀察內渡〉詩云：

聚首旬餘翰墨場，征袍看拂九秋霜。非懷鱸膾與歸思，竟聽驪歌促旅裝。掇取文明資政略，拾收風物入詩囊。未伸蠖屈羞余拙，差喜椿庭庇蔭長。

此爲其早期之作品，開拓縱横，情韻並勝，非等閒語。

## ㈢林鶴壽

林鶴壽，字兵爪，板橋林本源第三房維德之次子。風姿高徹，倜儻絕倫。及長，書無不讀，舉凡經、史、百家皆能得其精蘊。工詞翰，旖麗高華，涵情綿渺，有譽庠序間。林氏有園，自咸同而後，能文通藝之士雲集。民國建鼎，龔亦癯、陳蓁、蘇鏡潭、吳鍾善等尤以詩文負重名。鶴壽相與周旋，唱和不間。而執禮之恭，供張之盛，決非尋常閥閱公子所克能。知者咸稱其賢。五年戊午十月，從兄柏壽自英倫歸；鍾善之子普霖渡海來，遂議設寄鴻吟社於方鑑齋。拈韻分題，聯珠疊唱。雖無開榜次名之趣，卻有斟酌推敲之樂。越數載，裒然成

《泛梗集》，鍾善序之云：

戊午以後，寄居東寧者三載，主人林氏富而能文，賢而好客。撰辰卜勝，溧慮延歡，燭醉既酣，琴話方永。曉黛頻入，弔舊國之青山；夕蟾娟來，撫古春之紅樹。人民未改，城郭已非，感慨系之矣。道同於內，而氣相求；情發於中，而聲成文。爰立吟社，命曰寄鴻。匪卜漸陸之吉，用貞蒼冥之蹤。夫其坐對天涯，興懷之致一；境捐世染，爾汝之形忘。或再集於一辰；或分題於午夜；或聯珠而迭唱；或屬物而命篇。搜奇抉怪，程銖律黍。一字之窘，鉥心劌目。一篇之出，吹毛索疵。金谷之罰罕逃；領下之珠誰探。五音迭奏，韻於一堂。群山出雲，蒸爲一氣。鍥而不捨，春也再華。尋而，龔君亦癯徵赴修文，化爲異物。歡蹤日墜，近局遂荒。嗟乎，賞心之事，常遇於不期；造適之辰，恆苦其不久。若巨浸之納百谷，其斬之也；若蓬萊之引廻風情，隨事遷感，從中出也。知爲樂而樂已逝；方言愁而愁已來。索遄風於前林；徵昔夢於既寤，不可及也，曷其云忘。幸詩草尚存，圜已混乎朱墨。郊居多暇，勤理叢殘。前塵宛其在目，蜕雪泥之一爪；遣此未能，享敝帚以千金，則吾豈敢。作者七人。龔君而外，則林兵爪鶴壽；季丞柏壽；陳髯僧蓁；蘇菱槎鏡潭；吳元甫鍾善；及大兒伯施普霖也。

詎奈日本臺灣當局，對於臺人使用漢文，懸有峻法。寄鴻諸子所作，又多爲不忘君國，痛念家山者，禁網將及，宜有以避之。於是蓁與鏡潭渡往廈門，駸駸以老；普霖乞食南洋，長羈荒服；鶴壽偕鍾善，觀潮錢塘江，攬勝姑蘇臺，涉楊子，走幽燕，出居庸關，弔十三陵，旋軫青島，泛大明湖，道泰安，登岱頂，一宿而下，止於春申。獨柏壽身肩新民報、工商銀行、柏記會社及林氏公業管理重任，淑愼其身，聊以商隱。鶴壽在滬，組織鶴木公司，自爲其長，亦漸廢吟詠，然性好賓客，頗交碩學名流。嘗撰聯云：「高節外峻純誠內植，清標霜潔馨德蘭薰。」知其不忘祖訓，益勵操行也。

鶴壽之詩，隸事精切，遣詞高逈，使人有婉約清新之感。是能兼古名家之長而自有機杼者。如〈春曉〉云：

翠竹窗前覆。寒衾夢益清。暗風沉畫角。曉雨濕雞聲。花事三春了。離愁兩鬢盈。艱難辭世網。擾擾尚江城。

〈送柏施歸泉州〉云：

家世重南州。清才第一流。文章應自惜。離亂信須周。高誼囷全指。閒情酒滿甌。相期各肝膽。千莫負吳鈎。

〈望登海閣〉云：

一尊竟醉曲欄前。寂寞關河障晚煙。五嶺東來峯撲海。九州南盡水爭天。將開菊蕊黃如酒。乘興松風響似泉。卻怪靈胥尤念往。年年久浪到吟邊。

## (十三)鄭登瀛

鄭登瀛，字十洲，號竹溪詩隱，竹塹進士用錫之曾孫；稼田觀察之文孫，少希司馬之冢子也。司馬早卒，登瀛承慈訓。勤政經史第以性情恬淡，不喜交於流俗。故斂跡北郭園中，但與同門劉梅溪、羅燭南二君子煮酒吟詩，以遣濁世。工書法，與烱南同宗石菴。登瀛剛勁，猶有魯公面目。民國二十一年六月卒，得年六十。

登瀛之詩，生前無專集，所作人謂瓣香隨園，專事性靈，故憤時感奮，則慷慨激昂，有廉頑立懦之功。九一八東北事變，日人壓制臺胞無所不用其極，登瀛恐賈禍於子孫，乃將詩稿中民族意識濃厚部份付之於火。蓋亦不得已而爲之也。三十四年，臺灣光復，殘稿尚存其家，壻羅啓源先生追懷儀範，梓而行之。計收詩一百一十首，皆係醞釀深醇，詞氣雅潔之構。一字一句，出於內心，不賴外力，措詞之高雅，出筆之秀健，興會之淋漓，氣格之深穩，可與林小眉、連劍花並稱。五絕〈輓江杏村〉云：

義聲振天下，直聲存人間；可憐明末葉，竟殺楊椒山。

杏村名春霖，福建莆田人，官御史，劾慶王奕劻專權，復彈袁世凱奸惡，直聲震天下，慶王與袁將置之死，隆裕后憐其忠，放歸。登瀛以二十字道出其生平志節，不著議論，而議論縱橫，眞傳世之詩也。七絕〈謁延平王祠〉云：

滄桑幾度七鯤身，廟貌巍峨俎豆新，珍重古梅香一樹；靈旗高護海天春。

七律〈枯樹〉云：

何處香魂賦大招，斧斤多謝爛柯樵；梁材自願深山老，朽木還期大匠雕。自是蟲生心早腐，可憐相遇尾先焦。武侯祠外重生柏，刼換滄桑又幾朝。

〈次梁滄江遊臺留別原韻〉四首云：

子規漫叫不如歸，北望觚稜悵落暉，飄泊鳳鸞終得所，東西勞燕且同飛。賈生獻策言皆中，韓相調停事已非。一樣蘇卿老去國，茂陵回首淚沾衣。

萬里夜郎待赦書，那堪天寶話當初，人增閱歷心逾細，天任艱危術不虛。八俊英才今有幾，五年大國政何如。遺民無限神州感，望治蒼生四億餘。

李郭同舟訪八瀛，識荊欣慰舊聞名，採風刼誌黃楊閏，弔古人遊赤嵌城。澹澹雲山風偃草，離離禾黍鳥催耕；可憐亂倒狂瀾日，猶作唐衢痛哭聲。

滄海曾揚幾度塵，痲姑難話此前因；東南地已屏藩棄，蘇李情猶骨肉親。墮溷落花空戀樹，感時飛鳥自鳴春，江山如此燕雲遠，一樣吾生嘆不辰。

愴言家國，感嘆興亡，宜其傳也。張純甫論其詩，有「典贍乃類義山」一語，亦見有地。如〈挽張息六〉句云：「梅吟心血憐多嘔，竹社詩魂痛屢招」。〈秦始皇〉句云：「萬里長城秦土地，千秋奇貨呂春秋」。〈紅菊〉句云：「白露蒼葭秋水外，黃橙綠橘夕陽中」，均沉著厚重，得玉谿之長。

## 乙、中臺櫟社諸詩人

光緒二十八年（一九一一），霧峰林朝崧創「櫟社」於萊園。林資修於民國十年撰〈櫟社二十年間題名碑記〉云：

櫟社者，吾叔癡仙之所倡也。叔之言曰：「吾學非世用，是爲棄材；心若死灰，是爲朽木。今夫櫟，不材之木也，吾以爲幟焉。其有樂從吾遊者，志吾幟！」同時，賴丈紹堯及予聞其言而贊之。既而，傅君鶴亭、陳君滄玉、陳君槐庭、呂君厚菴、蔡君啓運、從兄仲衡聞其風而贊之，始定社章，立題名錄，爲春秋佳日之會。

自是和者寖眾，丙午（清光緒三十二年）莊君太岳、張君子材、陳君豁軒、鄭君濟若、王君學潛、黃君旭東、鄭君汝南、蔡君惠如、丁未（三十三年）林君望洋、魏君品三、張君升三、袁君炳修、陳君基六、己酉（清宣統元年）連君雅堂、庚戌（二年）從叔灌園、呂君蘊白、辛亥（三年）林君少英入社。是歲三月，集全島詞人大會於瑞軒。再會於萊園，時梁任公、湯明水兩先生亡命海外，適然戾止；觴詠之歡，有逾永和。然而耆舊風流，抑亦盛極不可復繼矣！逾月，蔡君啓運徂謝：乙卯、丁巳（中華民國四—六年）之間，癡叔、賴丈亦相繼下世。當一線未絕之秋，奪我老成；此非特吾社之憂，蓋亦吾土斯文所同戚也！己未（八年）蔡君子昭、施君嘯峰、林君竹山、丁君式周、庚申（九年）林君耀亭、張君笏山入社；辛酉（十年）仲秋，復開大會於萊園。溯自壬寅結社，至是二十年矣。經營肇始於癡仙、規模大具於鶴亭，提攜羽翼，則又灌園之力爲多。計前後大會者三次、小集者數十次，……。

連雅堂序《櫟社沿革志略》云：

櫟社既設之二十載，樹碑萊園；又集同人之詩而刊之，將以示諸後。嗟乎！櫟爲無用之材也，詩亦無用而眷眷於此者何也？文運之盛衰、人物之消長、朋簪之聚散、道義之隆污，均於是在；何可以其無用也而棄之！先是，戊戌（清光緒二十四年）之歲林子癡仙始倡是社，和者十數人。越七載，余居大墩，邀入社。余固無用之材也，幸而得從諸君子後以扶持風雅，則余何敢以不材也而自棄。海桑以後，士之不得志於時者競逃於詩，以寫其侘傺無聊之感。一倡百和，南北並起；其奔走而疏附者，社以十數。而我櫟社屹立其間，左縈右拂，蜚聲騷壇。文運之存，賴此一線；人物之蔚，炳於一時。詩雖無用而亦有用之日，莘莘學子又何可以其不材也而共棄！然而林子往矣！林子非棄材也，而以此自幟。追懷道義，睠念朋簪，余雖無用，期與我同人共承斯志；請以此集爲息壤。

壬戌（中華民國十一年）仲秋，臺南連橫序於萊園。

傅錫祺撰〈櫟社沿革志略〉記櫟社自光緒二十八年至民國二十年，計三十年間之年譜。櫟社之社員、吟會、作品皆備焉。

## (一)林朝崧

櫟社創始人，林癡仙之生平，據日據昭和十年修《林氏族譜》士籍考補遺云：「朝崧字俊堂，號癡仙，臺中人，十九歲爲邑名諸生。二十歲值割讓，遂絕意仕進，有無悶詩集行世。」癡仙之從弟獻堂於《無悶草堂詩存》序云：「先生幼即耽詩，爲諸生，不日課舉子業，而課詩。」其友傅錫祺亦云：「光緒辛卯，錫祺獲識林君癡仙於舉子試場，時君年十七，早有能詩名。以君夙慧，繼以力學，其於詞林中出一頭地，早爲當時能詩諸先輩所期許。」

乙未之變，癡仙二十一歲，避亂晉江。轉徙申江，徧歷名山大川，益以助長雄壯澎湃之詩思。晚歸故林，築無悶草堂於霧峰詹厝園，日以詩酒自樂。光緒二十八年春，倡設「櫟社」，集諸同好，互爲唱酬，誘掖獎勸，不遺餘力。

癡仙之詩，造詣甚深，於時局，悲憤無已。乙未西渡，有〈此去〉詩，乃別臺之作，甚是傷感，詩云：

江山無主盜如毛，此去眞慚擊楫豪。萬里扁舟家百口，只憑忠信涉波濤。

內渡後，回到其祖籍晉江，癡仙心中仍爲時局感到不安，有〈避地泉州作〉云：

百口飄零乍定居，刺桐花下理琴書。故人萬里無消息，日日臨江釣鯉魚。

當時癡仙之居所爲洪承疇故宅，乃賦〈所居洪衙埕即清初洪經略承疇故第，今尚有祠堂在焉〉云：

香火荒涼破廟空，廣庭灌木自成叢。可憐遺臭眞千古，此巷如今尚姓洪。

其贈丘仙根與哭謝頌臣之詩，寄寓甚深。〈無題次丘工部韻八首〉云：（錄二首）

碧玉新妝豔狹斜，舞衫歌板寄生涯。從來月旦誇聲價，那識風流是過差。志潔有人嗤固執，心清無夢到繁華。情知同病相憐者，只有秋階怨女花。

一篇悲憤蔡姬文，毳幕衾寒策酒勳。苦恨鵾絃彈落月，久將翟茀視浮雲。風沙塞外愁行色，羅綺場中枉冠軍。惆悵人間憶天上，漢宮簫管斷難聞。

〈哭謝頌臣先生〉云：

我欲哭謝公，匝月詩不成，失我忘年之老友，使我執筆未下淚先零，公在甲乙間，攘臂隨武夫，中興慕羅李，恥作章句儒，失志走閩越，嶺海窮崎嶇，金盡復歸來，父子畊山隅，少從潛翁游，青鳥早研究，又熟仲景書，云是仲山授，方技一以精，車馬門輻輳，避名名轉盛，多才深自咒，我昨居棟東，隣近時相覓，頃又徙詹園，未疏來往迹，登堂出妻子，過飯忘主客，蕭然勢利外，意氣相感激，櫟社會文間亦至，小詩往往饒壯氣，菽園詩話錄兩篇，中原才人識謝四，我詩骯髒公獨嗜，高歌每擊唾壺碎，嘗言平生文字交，後有林十前邱二，嗚呼往事在眼前，公事齎恨已長眠，一生刀圭起人死，無藥自療寧非天，我歸自東未及訪，素車會葬叢塚邊，歎公生壙手自築，官山令嚴竟舍旃，大坑坑東科山上，舊遊處處固無恙，百年魂魄不復返，溪山一望一惆悵，海外耆舊遂凋謝，結交少年誰可仗，人生知己能幾人，臨風痛哭聲一放。

前首感於乙未之變，以含蓄委婉方式表之，後首則紀事抒情，寄託其愛國情懷。

癡仙與鹿港洪棄生亦常唱酬，有〈月樵聞余歸自滬江以詩問彼都山川形勝，有感時事拉雜成詩二十二首次答〉云：（錄四首）

紫帽山前春復秋，風吹秀夢到瀛洲。浮萍再泛吳淞水，海上鶯花憶我不？

廋信江南築小園，花爲四壁竹爲門。閒居忽憶滄桑事，一領青衫濕淚痕。

險阻中江號隩區，擇肥人早割膏腴。和戎臺塞頻年有，留得偏安寸土無。

江山無地不塵埃，欲掃妖氛愧不才。空念楚詞哀郢句，又聞蜀使借荊來。

不僅爲臺灣，亦爲祖國哀也。

癡仙在閩三年，有〈送三兄紹堂東歸〉、〈送家叔回臺〉、〈送呂厚庵秀才東歸〉、〈寄懷八叔父允卿〉等寄懷之詩，如怨如訴，其送〈家叔回臺〉云：

客中聚首慰蹉跎，餞別匆匆喚奈何。第一傷心歌黍麥，再三致意慎風波。中年陶寫宜絲竹，遺老栖遲合澗阿。莫向黃公罏畔過，舊時朋輩已無多。

故鄉回首白雲飛，同逐飄蓬君獨歸。在昔庭階多玉樹，祇今門巷少烏衣。賦成思舊宵聞笛，歌就登山曉采薇。他日重來華表鶴，人民城郭是耶非。

歸家若遇舊姻親，小阮情懷請代陳。筆墨疎來羞説學，田園掩盡諱言貧。了無長策求名利，剩有哀歌泣鬼神。未滿百年終望返，會看滄海再揚塵。

癡仙在閩三年，乃再返臺，有〈歸故君〉三首，十分蒼涼，云：

勞勞走風塵，一身爲形役。飛蓬尋本根，暫返山中宅。嘆息陵谷遷，人事亦變易。交情一雀羅，世味兩雞肋。

我居楠木堂，堂後舊栽竹。去時如人長，歸來長過屋。蒼翠撲人衣，依依娛醉目。愛之抱甕澆，何暇嗔懶僕。

枯荷聚秋聲，西風來何驟。回歸曾幾時，月圓驚已又。撫事多慨傷，淚落滿衣袖。爲人驅煩憂，有味是醇酎。

癡仙回臺後，曾二度內渡大陸，從晉江抵上海，有〈將由晉江移家滬瀆示海外親友〉云：

離家不返又移家，薄葉隨波詎有涯。好在鯉魚城小住，熟梅時節看黃花。

癡仙第二次從大陸回臺，有〈歸里書懷賴二悔之紹堯即次原韻〉，對於居臺或大陸二者深感進退兩難，一爲家園所在，然爲異族統治；一爲祖籍所繫，然而見清廷之腐敗與家國之欲碎。詩云：

避地四五年，轉徙江湖間。落拓愧書劍，風塵凋玉顏。游子念舊國，高堂念家山。進退羝觸藩，去留兩爲難。飛蓬尋本根，目前雖苟安。傷哉魚躍淵，將爲鳥入樊。神州又破碎，瓜剖議早傳。既無中流柱，何以廻狂瀾。峩冠肉食人，大抵袖手看。徒令草茅士，痛哭天步艱。沈吟復沈吟，五噫歸故關。直將蓬萊島，視作武陵源。軒冕非吾招，世事誓不言。夸叔久絕跡，黃綺猶可攀。已矣跌踶馬，從此解征鞍。顧言采紫芝，分與同心餐。

此詩寫於兩度遊覽大陸之後，對時局已有了解，乃作「世事誓不言」，「從此解征鞍」之決定，而其心境卻是「將爲鳥入樊」之光景也。

癡仙之詩，有學養，有才氣，不若丘仙根之露骨抒懷，亦不似張蒼水、錢牧齋之健朗悲壯。而婉約淒愴，充滿感傷。因悶悶不樂乃築「無悶堂」，將其沉鬱之情寄託於婉轉詞句中。其從弟獻堂稱其詩「含思婉轉，託興綿緲，務爲雅俗共賞之音！」癡仙侄兒幼春則云：

吾島自斯菴以來而有詩，吾邑詩人自丘丈仙根而大著。島系中絕，諸老播遷。當鶯啞燕暗之交，有作唳鶴哀猿之逸響者，則叔父痴仙是已。嘗試論之！先生之詩，當其轉徙桐城歐浦間，勝賞既多，時有小謝清新，太白俊發之語。及其歸隱故林，雖豪氣未除，而機心已茁，則頗雜以玉溪恢詭，昌谷詩曲之風。三十以外，憂患飽嘗，乃折而學陶學杜，學韓學白。正如周處自游俠少年，射虎斬蛟，一變至道耳。初吾輩常見先生於妓筵頑飲中，身不離席，口不絕談，次均和丘仙老所寄秋感八律，驚嘆無已！迨及中歲，則又見其一字未安，苦吟移晷。及今思之，非先生之才有時屈，蓋先生之益以善用其才，獨奈何其不永年也。

幼春之論，可謂知言。

### (二)傅錫祺

傅錫祺，字復澄，號鶴亭，臺中豐原人。光緒十九年（一八九三）生員。日據時爲塾師，主《臺灣新報》漢文欄筆政，執櫟社牛耳。工詠史詩，櫟社因鶴亭規模始大。著有《鶴亭詩集》、《櫟社沿革志略》等。

鶴亭之詩雄渾有力，其〈老馬嘆〉云：

死骨不惜千金市，老馬雖老還未死；漫云齒長筋力衰，伏櫪壯志猶千里。當年遭遇九方皐，妙得天機相術高；賞識驪黃牝牡外，將軍此際著征袍。往來馳騁同奔電，身歷沙場數百戰；絕塞風霜半世經，瘦骨如柴形容變。去時堂堂逐旗鼓，金勒銀鞍齊部伍；歸來戰士半死生，同槽什九委塵土！龍驤將軍承優詔，芻豆曾支三品料；轉瞬公家棄此身，不堪盡力憶年少。大宛歸來初就羈，揚眉吐氣四奔馳；君看老朽投閒日，正是群駒得意時。

贈答之作有〈再次癡仙韻，送仲衡遊東京〉：

環球智識日求新，恥作轅駒老此身！君去乘風酬壯志，我來折柳贈行人。孤帆匹馬天涯遠，黃卷青燈客裏親。上野櫻花開未了，入都猶及見殘春。

盛傳文物萃皇居，爲惜他山到故廬；人效吳風新斷髮，地多秦火未焚書。殊方父子歡相聚，絕島親朋惜暫疏。縹緲蓬萊何日返？三千弱水放船初。

容易輕裝便出門，壯心肯爲利名昏？一船琴劍航神户，三月鶯花別大墩。故里欲輸新學入，客囊還檢舊書溫。同舟難逐林宗去，賣賦慙余滯兔園！

鶴亭〈悼亡〉詩寫來眞切，哀婉感人。其四首之二云：

歸我盈盈十五時，平生婦道未曾虧；蒸梨不拂曾參意，舉案常齊德曜眉。滿望鹿車長共挽，那知雞骨卒難支！回春至竟無靈藥，枉遣諸兒急學醫。

婦人有德豈須才，笑口時因内顧開。茹苦一生無怨語，持家廿載薄私財。忘勞井臼身常任，力疾衣裳尚手裁：往事如今回首處，從頭歷歷總堪哀！

〈哭痴仙〉云：

一命商量託阿誰，神鍼妙藥奈垂危！事多拂意人增病，力不回天志益悲。厭世信陵兼縱酒，憂時子美自工詩。有才恨煞偏無壽，欲叩蒼穹與質疑！

十載爲隣許望衡，月泉還引結鷗盟；與君風義兼師友，遇我情親等弟兄。今歲秋風增殺氣，前溪流水作哀聲。孱軀未果長相保，每讀遺詩涕淚傾（君慰余喪耦，有「與君且學莊生達，各保孱軀慰九泉」之句）。

痴仙爲櫟社之創始人，卒年方四十一。鶴亭又有〈哭悔之社長〉詩；悔之即賴紹堯，曾任櫟社社長。詩云：

騷壇盟主飲中仙，詩酒清狂二十年；誰料素娥偷藥夜，恰當長吉斷魂天！珠璣錯落「題襟集」，風雨蒼涼「寶劍篇」。彈指香山餘五老，披圖眉宇重凄然（櫟社中興，社員九人；時稱爲香山九老。今已亡其四矣）！

### ㈢賴紹堯

賴紹堯，字悔之，臺灣縣人。光緒間生員。日據時任區長，與林癡仙共組櫟社。著《逍遙詩草》。悔之係萊園林家之姻親，時相唱酬，有〈圖南行，送烈堂內弟南遊〉詩云：

君不見？鯤鵬變化幾千里，頃刻摶風任遷徙；朝遊溟渤夕天池，大人豹變亦如此。昆舍耶外婆娑洋，指南針指向南航；大地舊聞稱富媼，新洲今已號仙鄉。土壤膏腴民力裕，猶認鄭和棲泊處；舳艫遠接太平洋，物產近淩西印度。百年政教屬西歐，眼見東鄰勢力侔；不特蠻酋齊屈膝，行看驕子亦低頭。廿紀移民新政策，共道南進尤宜北；已敷文教暨南邦，又樹聲威震南國。況聞啓土闢山河，大半閩嶠越雋多；此去同文更同種，信知地利兼人和。我歌「南風」送君去，一篇權作南征賦；他時返棹得南琛，翠羽明珠不知數。

### ㈣林資修

林資修，字幼春，號南強，臺中霧峰人。日據時，開罪當局，被屈不屈。著有《南強詩草》。宣統三年，粵東名士梁啓超、湯叡、梁令嫻等應邀來臺，客於萊園。櫟社員開會歡迎於瑞軒。社友二十人，來賓十二人，蔡啓運、林灌園、林南強、賴悔之、呂蘊白、林痴仙、連雅堂、傅鶴亭等社員及鹿港莊士哲、洪月樵，新竹鄭毓臣，霧峰林烈堂、林階堂、林波臣及寓臺之大陸人何作舟皆在焉。並吟詩以慶祝。南強有〈陪任公先生，分得「面」字韻〉云：

十年讀公書，一旦識公面。初疑古之人，並世無由見；及此慰平生，春風座中扇。但恨少未學，徒作臨淵羨；高深邈難測，窺管目已眩。誠願棄素業，從公更研鍊；小巫神氣索，欲進羞自薦。默念宿所志，胸次日千變；中更遭世艱，幾欲焚筆硯。君子故有恒，素行保組練；小儒自多患，汲汲憂貧賤。惻然哀吾頑，毋寧事耕佃。

南強此詩，足見在臺文人對任公仰慕之情，幾不敢相信眞能相識。及當見了面，有如「春風座中扇」，堪以慰平生。對任公之推戴可謂備至，又有〈奉和原韻呈任公先生〉云：

憂患餘生識此人，夷吾江左更無論；十年魂夢居門下，二老風流照海濱。一笑戲言三戶在，相看清淚兩行新！楚囚忍死非無意，終擬南冠對角巾。

南強先生對國事之襟抱頗似任公先生，因此乃有此種相知之言。

### ㈤蔡振豐

蔡振豐，字啓運，號應時，新竹人。光緒十七年（一八九一）進新竹縣學第一名，官浙江巡檢。乙未役，與許劍漁倡設「鹿苑吟社」。又曾任「櫟社」社長。

啓運之詩喜以淺語敍事，其〈苑裡八景詩〉足供文獻之徵，詩云：

茅舍如鱗別有村，扶藜人立夕陽墩。鯨波漸盪舟能小，蜃市初開霧又屯。生計不妨耕釣托，畫圖誰辨海山昏。得魚合喚隣翁飲，壺酒寒篝仔細論。（沙墩觀漁）

高藔極目好煙波，昔日登臨壯若何。一粟蒼茫天地小，萬聲飛射弩弓多。北來涼影雙行雁，東擁山痕數點螺。觀海餘閒時散步，無邊風日晒漁簑。（高藔望海）

一角峰巒曉更青，憑江幻作虎頭形。荒祠苔印何人到，極浦潮回有客聽。驟雨挾同山鳥疾，狂飈吹共海魚腥。黃庭閱後難成梵，九十灘音沸不停。（虎嶼聽濤）

艨艟如蟻泊平沙，怪石崚嶒夾港汊。日寫一排帆作字，風吹五色浪花生。鴨頭高湧新潮至，鷁尾相啣夕照斜。商女不知遊客恨，隔江夜夜撥琵琶。（苑港停舟）

招招舟子咏邛須，更好溪山入畫圖。野渡人來天未黑，綠楊馬繫日將晡。一篙亂石流偏急，十里飛沙路已殊。有客欲歸歸不得，晚鴉空向隔村呼。（蓬溪晚渡）

削壁危岩日已攲，嵐光五采現離奇。即多邃境猿能到，剩有迂途馬不知。人愛晚晴山外綺，天開妙景畫中詩。何時拄杖登高處，眼底雲煙一幅披。（火燄夕照）

在山不濁出山清，突有甘泉半壁生。珠噴千回如瀑布，簾懸一幅似磨晶。何人畫譜溪頭寫，費我茶經雨後評。記得家居方夜靜，嘈嘈時送枕邊聲。（滴水流甘）

稻鼓聲中大有秋，農家爭報早禾收。平田日暖看羅雀，隔隴煙迷聽叱牛。多稼有如雲

一片，利鐮敢比月雙鉤。祈年天子春前事，千萬倉箱願已酧。（田蘩早穫）

啓運對民生之疾苦也甚爲關心，有〈苑裡蓆歌〉云：

苑裡婦，一何工！不事蠶桑廢女紅。十指纖纖日作苦，得資藉以奉姑翁。食不知味夢不酣，人重生女不生男，生男管向浮梁去，生女朝朝奉旨甘。今日不完明日織，明日不完繼以夕。君不見？千條萬縷起花紋，組成費盡美人力！

## (六)王石鵬

王石鵬，字箴盤，號了庵，新竹人。十歲通韻語。塾師嘗以「龍媒」二字嵌首尾，命諸生作聯。石鵬所製云：「龍文猶憶楊稱姪，鳳友原憑葉作媒。」全塾無出其右，一時有王龍媒之稱。工金石，書學隸篆，後遷居臺中，與櫟社諸子交最莫逆，並爲社友。詩極清警，著《臺灣三字經》。其〈題無何有齋〉云：

塵世由來幻境多，先生夢已覺南柯。超然有象歸無象，大地蒼茫且放歌。

〈生番道中〉寫當時未化之番，出草殺人之情景，甚爲逼眞，詩云：

隘寮高築大山巓，警鐸聲從谷口傳。昨日野番祁出草，茶園十里絕人煙。

## (七)陳瑚

陳瑚，字滄玉，光緒間，苗栗苑裡人。年輕時，蜚聲壇坫，爲時所稱。著《趣園詩草》。其中有〈送汝南留學東京〉詩云：

掉頭留不住，萬里駕長風；載筆遊仙島，題詩遍海東。人言何足恤，吾道豈終窮！他日歸閭里，應非舊阿蒙。

而〈訪癡仙山莊即事〉則有劉克莊寫田家風貌之況味，云：

來訪龐公宅，雲山郭外橫；萍蓬遊子跡，雞黍故人情。栗里安耕稼，桃源隱姓名。醇醪拚一醉，重與話鷗盟。

其〈棄婦詞〉，哀婉感人，功力可見，云：

墜地爲婦女，百般多苦辛；早知難白首，不如不嫁人。翻我嫁時篋，淚下沾衣襟；此行異歸寧，何顏見雙親！堂上有翁姑，平時盡孝養；焉知後來人，承歡如既往！膝下有兒女，鞠育已漸長；焉知繼母心，果能關痛養！牆茨不可掃，長舌易招尤；妾心每兢兢，幽閒婦職修。縫紉敢離手，釵鈿不插頭；持家尚勤儉，內顧君無憂。不種後園葵，不食隣舍棗；望君折桂枝，神前默祈禱。有時君出門，使妾心如擣；鯉信問平安，秋衣寄遠道。夫壻非伯鸞，賤妾非孟光；自謂永無違，恩愛當不妨。古人亦有言：「糟糠不下堂」；以此良自恃，富貴豈相忘！孰知共憂患，不可同安樂！人事月盈虧，世情花開落；雨散並雲飛，孤身何所託！海誓與山盟，即今等諸謔。故人忍輕棄，只爲戀新歡；拔此眼中釘，再種並頭蓮。私爲新歡祝，雙棲永不單；滾滾愛河水，無復起波瀾！自嗟薄命人，日久棄膏澤；鏡汝拂塵積！自知貌醜人，荊布已足適，綺羅遺新歡，願汝裁寬窄！挂帆從此逝，蓬君更何年？忘心古井水，終不受人憐。情天何用補，恨海不須填；截髮爇心香，皈依大士前。

### (八)林資銓

林資銓，字仲衡，號隱壺，光緒間霧峰人。詩句清新，有《仲衡詩草》。仲衡少曾遠遊中土與日本，詩中可見其遊歷。其詠物詩尤爲清純可喜，〈畫馬〉云：

躞蹀秋風意態閑，似悲伏櫪老空山；畫師畢竟非知己，不寫霜蹄出漢關。

〈詠史〉云：

樓閣金銀跌蕩開，三千弱水隔蓬萊；徐郎自避秦苛政，不爲求仙采藥來。

〈詠燕〉云：

畫棟雕梁事已非，春來故國夢烏衣；危巢一覆無完卵，風雨飄搖何處歸？

〈詠蚊〉云：

貪酷居然似宦途，黃昏豹腳競先驅；脂膏顧我能餘幾，嘍喝堪供一飽無？

〈春日招櫟社友人看花〉云：

不知老至不憂貧，祇惜花殘負好春；預囑家僮開草閣，安排雞黍候詩人。

〈箱根客中〉云：

秋盡函關草尚生，江濤動地殷雷聲；可憐霜月嚴寒夜，獨自悲歌獨自行！

### (九)莊嵩

莊嵩，字太岳，號伊若。光緒間臺灣縣人。著有《太岳詩草》，部份選入《櫟社第一集》。太岳之詩，多遊記與贈答。其〈偕獻堂訪草山溫泉，山中清流四柱，芳草芊綿，桃花無廬萬樹：世傳劉省三中丞曾一遊此地，眞名邱也〉云：

驅車百里不辭勞，言訪靈邱興致豪。芳草緣坡知土潤，溪流濺石覺泉高。眷懷漁父初來徑，滿目劉郎去後桃。紗帽山頭一惆悵，夕陽流水古亭皐。

草山即今之陽明山，草山溫泉於日據時期聞名遐邇。太岳偕櫟社友人從臺中遠征至此，遊興可愛。

## (十)蔣龍

蔣龍，字雲從，光緒間臺灣大甲人。著有《雲從詩草》，部份選入《櫟社第一集》。雲從有〈長日無事，偶憶櫟社諸友，各以絕句一首贈之〉云：

青樓絃管夜嘈嘈，睥睨芳樽氣自豪；二月東風幾回醉，一時酒價爲君高（癡仙）。

滿腔熱血湧毫端，寫到滄桑淚暗彈！不信關西將家子，祇將詩句與人看（幼春）。

長康樓上一燈青，嚦嚦歌喉隔院聽；靜夜吟詩須仔細，恐教傳唱入旗亭！（傅君之寓近仙遊亭，鶴亭）。

江樓隔斷市塵飛，掃地焚香靜下幃；怪底梅花風骨冷，蓬萊島上抱雲歸（槐庭）。

籍籍聲華復社人，已看頭角煥然新；竹南風氣君開早，應有青年步後塵（滄玉）。

樓臺花月漾清波，終日書聲出薜蘿；富貴也知閒有味，出山時少在山多（獻堂）。

趣園深處掩柴關，衹共溪樵約往還；春種梅花秋種菊，一生風味愛青山（聯玉）。

羈愁春睡兩糢糊，佳客時來有鳥呼；愛汝文明除舊弊，鏡中新鑄好頭顱（惠如）。

客裏逢春莫浪愁，十分清福占林邱；孤山三百梅花樹，付與莊生化蝶遊（伊若）。
那堪回憶少年場，閱盡繁華髩欲霜！風雨一樓誰共話？知音惟有蔡中郎（基六）。
翩翩裙屐自風流，市上懸壺歷幾秋；擬向韓康低首問，世間何藥可醫愁（旭東）。
櫟社論交最少年，小樓風雨擘吟箋；愛君詩句清如貌，初日芙蓉出水蓮（載釗）。

雲從此詩一則足見櫟社諸君之平日在雲從心目中之風貌，一則足見櫟社諸君平日以文會友之樂趣。

## ㈩王學潛

王學潛，字卿淇，臺灣牛罵頭（今清水）人。光緒間廩生。日據後任區長。著《卿淇詩草》，部份選入《櫟社第一集》。其次〈黃河瑞君原韻〉以典入詩，自成風格，詩云：

城南小阮勝終南，翠竹青松映碧潭；人自趨炎君自冷，笑吟風月愛清談。
薰風吹送小窗南，水色山光類劍潭；綠竹千竿花百種，此間休與俗人談！

## ㈪蔡惠如

蔡惠如，字鐵生，光緒間臺中牛罵頭（今清水）人。性磊落，富民族思想，一然一諾，有燕趙豪俠風。日人據臺，施政每多暴虐，惠如不能甘服，時抱不平。民國十年秋，臺灣文化協會組織成立，惠如被選為理事，負責聯繫平、滬、閩、粵革命同志，共為光復臺灣而努力。並不時揭露日本統制臺灣之黑幕，曰：「愚民政策」；曰：「殘忍迫害」；曰：「差別待遇」；曰：「橫暴搾取」。日人忌之，下之獄，不懼。及釋，奔走呼號，益甚於前。惜壯志未酬，齎恨歿於福州，時民國十八年五月廿日。

鐵生遺有《鐵生詩草》，情思婉摯，蘊藉悽切，爲櫟社諸子中之佼佼者。其〈遊萬壽山有感〉云：

西石離宮創造艱，禁門深閉落花閒；頤和園已成陳跡，青史惟留萬壽山。

峨峨傑閣與長廊，虎踞龍蟠出上方；二百餘年王氣盡，空留山色弔斜陽。

集中尚有〈獄中感賦〉七律三十六首，皆力如萬鈞，精光直射牛斗，茲錄其二云：

異卉奇花裊細絲，恍然縲絏亦如斯，閉門習靜跏趺坐。把卷潛心密緻思。七子同盟先自覺，百年大計有誰知。苦中樂處光陰易，蕩蕩春風過一時。

十載飄零付等閒，只慚無計救時艱，松筠慣歷風霜苦；猿鶴能醫木石頑。滄海曾經知世變，虛名浪得滿人間。中原大地春如舊，綠水青山待我還。

是詩見全壁者無多，彭國棟先生編《廣臺灣詩乘》，錄存十首。並譽之曰：「擬之文信國在獄中集杜句二百首，雖格律不同，而心情則一也。」

## (十三)林大椿

林大椿，字獻堂，號灌園。以字行。霧峰人，其父文欽，舉光緒十九年癸巳孝廉。獻堂之生也，犖犖有大志，一言一行，眞率無矯飾。乙未之役，灌園年十五，奉命返龍溪內籍。後返臺。二十二歲任霧峰區長，已而辭去。借甘得中遊日，與梁啓超邂逅於奈良，痛談竟夕。不勝「本是同根，今成異國」之感，由是訂交。獻堂之致力於臺灣光復運動，自此始也。及返臺，堅邀啓超東訪。民國三年捐資創設臺中中學（今之臺中一中），培植革命志士。十年，請願設置臺灣議會，並組臺灣文化協會以促成之。日人派警察嚴禁，且捕同志六十餘人脅迫解散。獻堂不之懼，不爲威屈、利誘。三十年中，冒險犯難，爲民族爭人格，爲國家存正氣。其壯烈罄筆難盡。臺灣光復後，任省政府委員，省通志館館長，省議會議員。民國四十五年九月卒，年七十六。原櫟社之組織因獻堂之提倡，而由平日文友之吟會轉而成臺灣之民族與社會運動之據點。獻堂爲日據時期，臺灣民族運動之領袖，許多抗日組織與赴日留學青年皆受其幫助。

獻堂之詩有《海上唱和集》、《東遊草》、《獻堂軼詩》。前二者刊行於日據時期；軼詩則由莊幼岳、楊雲鵬等友人所抄輯。獻堂之詩，無矜奇態，無振異言，屬洗纖穠。方其少時，親見倭軍肆虐，故指陳時事，婉篤肫復；中年悲愉死生，契潤骨肉，摯情深旨，驚心動魄，則又上歷少陵之藩翰。晚歲，河山光復，海宇騰歡，詩境頓然開朗。

獻堂於宣統三年（一九一一）邀梁任公作客霧峰萊園，有詩〈陪任公、荷庵兩先生雅集萊園，以「主稱會面難，一舉累十觴」爲韻，分得「稱」字〉云：

> 大任天方降，從遊愧未能！來觀滄海日，如飲玉壺冰。即事忘賓主，傷春老廢興。勞人爲世出，先借壽觴稱。

櫟社員歡迎梁啓超於萊園曾舉行吟會，〈追懷劉壯肅〉亦爲其中一題，灌園之詩云：

> 國亂英雄起，材緣時世須；鯤鵬俄變化，熊虎共馳驅。赤羽三千餘，青袍七尺軀；策

動同翦、牧，破敵遍荆、吳。名遂身偏隱，功成服更儒；山林稱退士，文酒接潛夫。烽火傳蓬島，朝廷錫虎符；戎軒淹此土，鎖鑰綰東隅。牛酒蠻虛集，帆檣估舶趨；舟車通險阻，阡陌闢膏腴。草野謳歌在，滄桑今古殊；飄零看大樹，還有鶴來無？

其〈櫟社十五周年疋集感賦〉讀之令人低徊。詩云：

回思十五年前日，九老香山結社時：刻燭林泉詩滿篋，聯床風雨酒盈卮。僅存碩果今無幾，自愧庸材總不移！我本後來叅末席，積薪居上恐無期！

〈養蜂〉詩則頗具禪機：

朝朝銜退出香房，汎漾隨風過短牆；汝自採花人食蜜，不知辛苦爲誰忙？

## 丙、南臺詩人

臺灣之開發自南而北，日據時期，臺南已不復昔日爲全臺之首善。文化古蹟雖多，然「人才」亦多往臺北集中。此時籍隸南臺之詩人諸如：連橫、謝汝銓、林馨蘭、汪春源、蔡國琳、羅秀惠並非「發跡」於臺南，其活動與交友亦不限於臺南。連橫本身爲南臺最具代表性之「南社」倡始人之一，然其與臺中之櫟社、臺北之瀛社皆常唱酬，亦爲「櫟」、「瀛」社之社員。由於當時交通發達，北、中、南詩友之交流甚爲普及。而謝汝銓與林馨蘭皆爲臺北瀛社之倡始人，乃因工作機關在臺北之故，謝汝銓已在北臺詩人之列。茲分述南臺之詩人於次：

## 一、連橫

### (一)生平

連橫，字武公，號雅堂，又號劍花，別署慕眞。光緒四年（一八七八）四月十六日生於臺南馬兵營。稟性聰穎，過目成誦，工詩善文。二十一歲任臺澎日報社記者，嗣主筆臺南新報漢文部，光緒三十一年，携眷返廈門，主福建日日新報。旋歸臺南，重主臺南新報漢文部。

光緒三十二年，連橫與趙雲石、胡南溟、謝籟軒等十餘人創立「南社」，推蔡玉屏爲社長，趙雲石爲副社長。

光緒三十四年，連橫移居臺中，入臺灣新聞報漢文部。

宣統元年，加入櫟社。櫟社由林朝崧創於光緒二十八年。林幼春〈櫟社二十年問題名碑記〉云：「……己酉（宣統元年）連君雅堂，庚戌從叔灌園，呂君蘊白，辛亥林君少英入社。」中南部名家雲集，對維繫中國文化於不墜，有大功焉。連橫與林痴仙、賴悔之、林幼春等，以道義文章相切磋。民國十三年，雅堂作〈臺灣詩社記〉云：「櫟社爲臺中詩人薈萃之所，林痴仙之所創也。……己酉，余居大墩，痴仙邀入社，得與諸君子晉接，以道義、文章相切。」

民國建立，氣象一新，雅堂作大陸之遊，效司馬遷之遊歷以增見聞。民國三年三月，經日本轉上海，足跡遍江南、江北、關內、關外，隨時記載其所見聞，所感亦皆成詩，匆匆三載，遊歷十一省。曾先後入吉林報社及邊聲報社工作。又入清史館，閱錄有關臺灣建省各檔案。三年冬始回故里，復職臺南新報社。陸續發表〈大陸遊記〉越年，編竣《大陸詩草》。

五年完成《臺灣贅談》，七年《臺灣通史》撰竣。

民國八年，連氏四十三歲，移居臺北士林，戶對大屯山，書室曰「大遯山房」。九年十一月到十年四月，《臺灣通史》三冊，先後問世。《大陸詩草》亦出版。《臺灣詩乘初稿》，復告完成。是年，全臺人士創立臺灣文化協會，十二年秋九月，臺灣文化協會在臺北、臺中等地，舉辦文化講習會，聘連氏爲講師，講述臺灣通史及漢文精華，盛極一時。日人編行《警察沿革誌》，記載連氏之講述，謂常露「詛咒臺灣政治，挑撥民族反感」的口吻云云。

十三年，連氏四十七歲，二月十五日，創刊並主編《臺灣詩薈》，月出一期，前後出版二十二冊，名爲詩薈，實備衆體。按時間先後，爲第二個臺人辦的期刊（第一個臺人辦的是《臺灣文藝》雜誌，民國八年一月，林幼春、林獻堂等創辦，發行達七年之久。）以文會友，時時向同胞，灌輸愛國思想，以保存漢詩及整理古人遺著爲主旨，爲臺灣主要文獻之一。廣州、天津、上海、漢口等地人士，反應亦甚良好。

越年，連氏輯校《臺灣叢刊》，計夏琳著《閩海紀要》等三十八種。次年夏，攜眷居西湖，以償「他日移家湖上住，青山青史各千年」之宿願。惟以北伐軍興，江南動盪，十六年春返臺，留居臺北。十七年辦雅堂書局，推廣中國圖書，而感閩南語日益衰微，開始編撰《臺灣語典》。

民國二十二年，《臺灣語典》編至第四卷。春，連氏舉家移居上海。越年，三月三十一日日本臺灣總督府與日本中央教化團體聯合會，在臺北舉行臺灣社會教化協議會，訂立綱要，設置聯合會，以統制全臺社會教化團體，又在各地舉行講演會，宣傳日本皇室中心主義，強化日本國民精神，推行日語及生活日本化。日人之措施，連氏早已預見。

十九年，連氏五十三歲，十月二十六日，臺南市舉辦臺灣文化三百年紀念會，爲期十天，舉行煙火、競馬、扒龍船、音樂、戲劇、電影、雜技等康樂活動，同時舉行史料、教育、衛生、產業、花卉展覽會，又在臺南公會堂，舉行二天講演會，講演三百年間臺灣文化，連氏亦應講演，後將展覽史料及講演稿彙集成書，發行《臺灣史料集成》，《臺灣文化史說》，《續臺灣文化史說》三書。

二十年，連氏返臺南，在《三六九文藝小報》開闢專欄，撰《雅言》。三六九小報，民國十九年十月創於臺南，以趙雅福爲發行人，王開運、蔡培楚編輯。連氏自輯《劍花室文集》。命其哲嗣震東返國服務曰：「欲求臺灣之解放，須先建業祖國。」

二十二年，連氏五十六歲。春，連氏携眷移居上海，二十四年偕夫人遊關中、終南、渭水諸地，有詩紀之，夏間返港。二十五年孟春，患肝臟病，六月二十八日上午八時在上海逝世。享年五十有九。連夫人沈少雲女士於民國二十八年三月一日逝世於西安，享年六十有六。三十四年臺灣光復，其哲嗣奉雙親遺骨還臺，四十五年合葬於臺北縣泰山鄉。

## (二)詩學著述

《臺灣詩乘》，選古今諸家有關臺灣史事及山川風物之詩篇，編而次之。民國十三年二月十五日起，連載於《臺灣詩薈》十三次，止於卷二。三十九年臺灣省文獻委員會首次刊行，全書六卷。四十九年一月，臺灣銀行經濟研究室分兩冊再版。連氏自序云：「讀此編著，其亦有感於變風，變新之會歟！」「子輿有言，王者之迹熄而詩亡，詩亡然後春秋作。是詩則史也，余撰此編亦本斯意。」又云：「二十年來，余既刊行《臺灣通史》，以保文獻，又撰《臺灣詩乘》，以存文學，余之效忠桑梓亦已勤矣，而猶不敢自怠。」《劍花室詩集》，於四十三年，由臺灣省文獻委員會刊行，包含：①《大陸詩草》，民國元年至三年，遊歷中國所作，一百二十六首。四年編竣，十年六月，曾由臺灣通史社刊行。②《寧南詩草》，又名《龍耕詩草》。三年冬，連氏歸自大陸，仍居寧南坊，後遷臺北，十五年移家杭州，十六年返臺，二十二年離臺赴滬。所收詩凡二七五首。③《劍花室外集之一》，民國元年遊大陸前之作，凡四六五首。④《劍花室外集二》，連氏終老中國所作，凡四十九首，多為未定稿。

### ㈢雅堂之詩

雅堂之詩，收於《劍花室詩集》中，係合《大陸詩草》等四部分而成。

1.早期作品，正逢乙未前後，收於《劍花室外集》之一、二。其詩早歲肆力綿麗，失於纖巧。乙未之後，則樹骨漸見堅蒼，命意益增醇厚。頗有小雅亂離之思。當時臺人身遭亡省之痛，偶有小作，皆志氣消沉，頹廢不可讀，雅堂獨非之，嘗曰：「余見古今詩人，大都侘傺無聊，淒涼身世，一不得志，則悲憤填膺，窮愁抑鬱，自戕其身，至於短折，余甚哀之。顧余則不然。禍患之來，靜以領之；橫逆之施，柔以報之，而眷懷家園，憑弔山河，雖多迴腸蕩氣之辭，絕無道困言貧之語，故若干年來，未嘗有憂，未嘗有病……。」此足見雅堂達觀之態度，以及對於亂世所持之積極應變態度。也因此種人生觀才有其轉而從事名山之業以著述之大貢獻。雅堂並非「閉門讀書」之人，對於世界風潮亦多了解，故當乙未割臺之時，我國國民革命之風潮正雲湧於大陸，雅堂雖在臺灣，卻已由衷響應，此可見之於其詩〈卻隱〉、〈招俠〉、〈冬夜讀史〉諸篇，彼其竭忠盡智惟期活國之志願，幾與滄海同其淺深。對於沉淪異族手中之臺灣同胞，鼓吹提振，終維民族大義於一脈，其效果又何啻十萬雄師？

卻　隱：

天下雖興亡，匹夫與有責。墨子不突黔，仲尼不暖席。人生社會間，當爲國家役。何堪放義務，隻身貪安逸。吾聞古聖賢，自任爲世式。伊尹耕有莘，相湯沃明辟。武侯隱南陽，佐漢討國賊。上以格君心，下以布民澤。如何爲國民，沉淪在泉石。理亂置不聞，政教亦不識。同胞哀嗷嗷，袖手任沒溺。旁觀實足恥，敗群失公德。國所重在民，無民何有國？滅種慘爲奴，何地堪遯跡！昔有首陽山，今無陶潛宅。種柳學採薇，亦爲強者斥。君居在中原，燎原火正赫。外力日擴張，覆亡僅頃刻。危幕燕難巢，沸釜魚必赤。內有客席居，祖宗遭痛擊。君仇尚未報，胡可偷旦夕？君身非女兒，胡以甘巾幗？爲君進一言，願君志竹帛。君觀班定遠，投筆去沙磧。又觀陶士行，衙齋習運甓。人生處世間，白駒急過隙。況又炎炎中，物競參天擇。速速棄衡門，出身立功勳。毋爲巢與由，當爲禹與稷。行義以達道，大哉剛柔克。

招　俠：

吾生愛大俠，慷慨報國仇。國仇今未報，男兒死不休。荊軻挾匕首，隻身虎狼投。子房潛博浪，誓殺祖龍頭。曹沫轟政輩，大勇亦足儔。片言相契合，便請肝膽酬。俠風日鼓吹，義氣薄九州。及至東西漢，士節尚剛遒。朱雲請長劍，季布怒橫矛。誅奸絕君惡，征虜出邊陬。黃金何足貴，談笑輕王侯。此時國亦強，綱紀尚飭修。如何千年後，俠氣渺悠悠。君威愈專制，民權愈馴柔。國權愈削弱，志士愈難求。朝廷不知小，衣冠坐沐猴。國民不知恥，淪隱狎沙鷗。痛哭黃帝子，嗷嗷盡楚囚。俠風今未泯，請君一展眸。君看東海上，尊攘遍道周。烈烈武士道，櫻花鑄吳鈎。又覩鄂羅士，虛無黨難收。飲刃殪民賊，流血求自由。君居中華國，豈無大俠遊？黃河日東下，烽煙迫斗牛。胡不棄卻慮，從我上酒樓。四顧風雲急，蒼茫天地秋。莫說江山好，有國無人謀。贈君一神劍，爲君一狂謳。願君學大俠，慷慨報國仇。

冬夜讀史（二十首錄第十二）：

山海雄關揖盜開，驚聞胡騎入京來。單于代漢爲天子，回紇侵唐上露臺。朱鳥笑談開國瑞，青駝慘見刼餘灰。新亭淚灑征衫濕，江左何人賦大哀！

風雨淒涼哭孝陵，鍾山何處種冬青。畫江失守軍心潰，匝地陳屍戰血腥。三月煙花難控鶴，十年露草化流螢。史公就義閻公死，節節巍巍紹典型。

閩南突兀起延平，報國亡家熱血傾。據地雄才爭鷺島，開天偉力闢鯤溟。卅年賜姓心存漢，再世降王痛絕明。兩度北征功半挫，誰從滄海覔神鯨！

崑崙山勢走中華，禹域昀昀大足家。每恨平原馴虎豹，幾時大陸起龍蛇？宙間痛折鷩天柱，海上空懸貫月槎。故國沈淪無限感，秋隄衰柳盡寒鴉。

安樂君臣美睡濃，深宵忽警自由鐘。三軍慷慨吞胡羯，六國縱橫殺祖龍。傳檄粤西馳露布，揭竿湖北應雲從。請提十萬新磨劍，誓復中原耀漢宗。

金陵形勢亦岐豐，明社初墟繼有洪。半壁山河爭逐鹿，八旂子弟化沙蟲。可憐鑄錯終成鐵，未遂銘功竟折銅。太息天亡非戰罪，項王雖敗總英雄。

東鄰有日國安全，北望俄羅亂已然。廿紀豈餘專制地，五洲將入大同天。學堂造就虛無黨，報界昌言自主權。吳樾、鄒容俱人傑，先驅後繼好揚鞭。

大呼革命起湘人，又見江西義旅伸。黃帝有靈民不死，神州克復國方新。群龍見首飛東土，萬里喧聲拱北辰。自古南公曾示語，楚雖三户足亡秦。

2.雅堂渡海西遊後之作品收於《大陸詩草》，作於民國元年至三年。由於其閱歷，詩格大變，或為李、杜，或為梅、蘇；或為元、虞；或為王、袁；選藻摹聲幾同楮葉。既不事於峭拔，復不入於穠艷，誠所謂情直體婉，韻味旁流也。試讀〈登花雨臺弔太平天王〉、〈莫愁湖弔粤軍戰死者墓〉、〈秋風亭弔鏡湖女俠〉、〈聞張振武之獄〉、〈過新亭〉、〈東長安街弔三烈士〉、〈登大別山謁禹王宮〉、〈出關〉、〈秋雪〉、〈甲寅十月十日〉諸篇、平易、黯宕、婉約、豪逸、清新、整潔，無不具備，方之龔定庵應不多讓。

**秋風亭弔鑑湖女俠：**

（安慶之役，秋瑾被殺，其友吳芝瑛葬諸西湖。光復後，芝瑛復募款修墓，築秋風亭蔽之，蓋用女俠就義語也。余至西湖，曾拜其墓，愴然以弔。）

鑑湖女俠雌中雄，稜稜俠骨凌秋風。隻身提劍渡東海，誓振女權起閨中。歸來吐氣如長虹，磨刀霍霍殲胡戎。長淮之水血流紅，奔流直到浙之東。花容月貌慘摧折，奇香異寶猶騰烘。鵑啼猿嘯有時盡，秋風之恨恨無窮。

東長安街弔三烈士：

黑雲壓城天不開，長安市上驅車來。荆卿之歌漸離筑，使我聞之心膽摧。停車道旁出相見，快呼美酒傾千杯。生爲姦雄死盜蹠，竊鈎竊國紛紛來。一擊不中頭顱碎，血花狼籍黃金臺。嗚呼！燕丹亦奇士，至今易水風悲哀！

出居庸關：

萬山東走護居庸，一劍當關路不通。大漠盤鵰秋氣黑，長城飲馬夕陽紅。棄繻慷慨能籌策，投筆功名記鑿空。今日匈奴猶未滅，妖氛直逼塞垣雄（時庫倫獨立，方傳牧馬南下）。

張家口：

到此眞堪遂壯遊，春風楊柳滿關頭。誰知塞上玄冰地，也有笙歌起畫樓。

盧溝橋：

襴衫曾染麴塵黃，揮手東華事可傷。鄉夢漸多春夢滅，盧溝橋畔月如霜。

3.連氏西遊大陸回臺後，民國三年至二十二年之作品，收於《寧南詩草》之中，皆感新念舊之什，所鎔鑄者不外殘山賸水，豪竹哀絲沉鬱之境，諷喻之體，非學養深厚不能臻其比辭屬事也。如〈贈施乾〉、〈甲子除夕〉、〈送蔡鐵生之榕垣〉、〈觀音山〉、〈陋園即事〉等作，頗有閎中肆外，入渾反虛之長。尤於轉捩頓挫處，得古大家風采。時人楊雲萍先生許爲「一代詩宗」，誠非虛譽。

**聞南強鐵生芳園出獄，走筆訊之：**

斗室躭高臥，關心畫地人。忽聞歸里語，已復自由身。風雨沈前夕，江山認舊春。新詩如可翫，檢點寄雙鱗。

臺　南：

文物臺南是我鄉，揭來何必問行藏。奇愁繾綣縈江柳，古淚滂沱哭海桑。卅載弟兄猶異宅①，一家兒女各他方②。夜深細共荆妻語，青史青山尚未忘。

雅堂《劍花室詩集》之卷首，冠有魏清德、胡殿鵬之序文。魏氏許爲「義存乎揚勵，不嫌其夸；情迫乎呼號，不病其激。苦心孤詣，務去陳言，其辭雖騁，其旨實歸，左太冲、阮嗣宗詠史詠懷之亞也」。胡氏許爲「落日神州，仗劍壯遊，其人奇，其氣奇，則其詩亦無之而不奇。……搶攘昏墊，棘地荊天，出其死力以與五千年史學相抗衡，噩噩落落。莽莽蒼蒼，爲文獻中備一席，其造就豈等凡哉」。

### ㈣雅堂對臺灣文化之貢獻

雅堂一生著作甚豐，除《臺灣通史》外，《臺灣詩乘》、《臺灣語典》、《雅言》及詩文集等書，無不以民族思想與愛國熱誠充沛其中。雅堂深以爲臺灣所失者土地，而長存者精神，苟民族文化不滅，民族復興即爲可期；是以孜孜矻矻，發憤著述，從事於臺灣文獻之保存，冀維民族精神於不墜。雅堂爲振興衰落的臺灣文運及提倡漢文，發行《臺灣詩薈》，經營「雅堂書局」，專售中文書籍；爲挽救臺語消滅之危險，著作《臺灣語典》。不僅此也，雅堂主持文壇，提倡風雅，使國土雖淪於異族，而國粹不淪於異化。黃純青先生云：「吾臺淪陷五十年間，扶持正義，維斯文於垂絕者，唯詩。自明鄭建藩，沈光文斯庵初結詩社以來，二百餘年，其燦爛於臺灣文學史上，亦唯詩。」誠哉斯言！雅堂之詩作，即爲追求此種崇高目標之心血結晶。在日據時期，臺灣文化承接中華文化固有傳統，又表現我中華民族，不爲異族同化之偉大精神，是以論其貢獻者，雅堂之功不可沒。

## 二、胡殿鵬

胡殿鵬，字子程，號南溟，臺南府安平縣人。少補博士弟子員，嗣氣餒，割臺之變，從父內渡，僑寓廈門，鬱鬱不得志。越數年歸臺，任臺澎日報記者，與連橫共主漢文筆政，未久去。光緒三十一年，連氏在廈創辦福建日日新報，邀助之。不數月，辭歸。自是索居里巷，文、酒而外，不事生業，以至身世零丁，艱於衣食，侘傺而卒。丘海子曾論之曰：「人之生也固有幸不幸，其死也亦有幸不幸，觀夫連雅堂、林南強諸氏，則其生也不幸，而其死後則幸矣。至於南溟，生則數奇，死後詩文復不見傳於世，此非生有不幸，而死亦大不幸歟！」

南溟之詩，汪洋浩蕩，有雲垂海立、驟雨狂風之概。七言古體，最爲雄傑，雖唐之邊塞諸作，無其矯健悲壯。如：長江曲、黃河曲、漢江曲、湘江曲、曲江曲等，即世所謂南溟琴曲者，無不句句有景，句句有物，句句有事，句句有情，瑰瑋綺麗，洋洋大觀。每一篇出，士林翕然推重，既賞其語奇，復欽其體俊；於是八閩三臺，無不知狂士湖南溟其人。惜其所作未能即時刊佈，致泰半散失。臺灣省文獻委員會曾謀付梓，竟以蒐集困難作罷。然尚選載若干首於《臺灣文獻季刊》。林熊祥先生論之曰：「南溟含蓋乾坤，語每衝口而出，蓋天資異特，非困學所能擬議也」。而南溟竟嶔崎佗傺不能溫飽，豈天之特降其才，而故使抑之歟？不然何其窮耶？其自題像贊云：

予以天地爲爐，天地一大治也，治盡古今詩，鍊成如意鐵。其人、其面、其首、其膽、其心、其膝、其口，眞是江山萬古一片血，往來天地不磨滅。令人一讀一擊節。鐵御史，鐵順昌，錚錚鐵中之三傑。誰其硎者，緊維南溟先生獨有鑪錘天地之謨烈。

疏狂之氣，自負之甚，於此可見。

近十餘年來，騷壇群彥，咸推南溟歌行爲臺士第一。孰不知其七字小詩，亦思致不凡。如秋砧云：

砧聲萬户逐人來，明月樓臺畫角哀；一夜搗殘征客夢，秋風吹上望夫臺。

〈懷九曲老樵〉（按陸游號老樵）云：

晦翁死後放翁老，白髮蕭然玉局仙，東海已成嗚咽水，聲聲遺恨靖康年。

獨對梅花到暮年，劍南天地一詩顛；書巢鏖盡江山血，江上冬青泣杜鵑。

南溟之詩，經查連震東先生有稿一卷，計三十二首，彭國棟先生錄入《廣臺灣詩乘》。黃天橫先生亦存一卷，計二十八首。餘不詳。

## 三、陳渭川

陳渭川，字瘦雲，臺南菜市埔人。倜儻不羈，詩才豐蔚。喜平劇，曾自組小羅天京班，肆意遨遊。光緒二十三年，與連橫，李少青等結「浪吟社」。

瘦雲以詩名世，自訂《瘦雲集》，惜未刊行。所作玉潤珠圓，辭香藻麗，然亦間有渾雄樸茂者，如〈送胡子程（殿鵬）渡廈〉七絕云：

胸中鏤版鐵鈎筆。叱咤山河腕底生。莫斷一條衣帶水。秋風萬里送君行。

香奩詩尤佳妙，如〈無題〉云：

憐卿底事妾難爲。織就人間寡女絲。綠葉成蔭迸子日。小桃無主落紅時。依家未免傷亡壻。有姐終教累小姨。地老天荒如此恨。拚枯情淚惹儂癡。

非是妻言故耐聽。也將麴蘗戒劉伶。若看漢史宜浮白，合葬梅花祇小青。爲諒卿心從汝語。姑瞞儂意漫相應。那知濁酒休辭醉。好夢分明莫畏醒。

## 四、蔡國琳

國琳，字玉屛，安平（今臺南）人。光緒十八年（一八九二）舉人，前列三名，授國史館校對。歸臺後任澎湖文石、臺南蓬壺書院教諭。並在延平郡王祠設帳授徒。日據時爲臺南縣志纂修委員。著《叢桂堂詩鈔》，未梓，稿已佚。

玉屏於光緒三十二年（一九〇六），連雅堂、趙雲石、胡南溟、謝籟軒諸人創立「南社」時，被推爲社長。其〈遊竹溪寺〉云：

愧未交遊四海寬，奇才瀛島似君難。借籌他日隆前席，定有新猷策治安。

## 五、王芷香

王芷香，字懺農，俗呼阿湘，臺南上橫街人。稟性聰異，書無不讀。美風儀，喜笑謔，頗有白皙少年，風流自賞之雅。工詩文，瀏亮清新，獨標大幟。民國十四年，突犯狂疾，終日遊走市衢，喃喃不知所云。父妾某氏恥其辱及門楣，囚於幽室，知友謀救，不爲氏允，芷香不能自由，則咆哮詈罵；氏則斷其飲食。年餘倦頓而死，年僅三十計。

芷香著有《懷玉集》，生前友好南社諸君集資爲之刊行。所作近於香奩，摛紅綴碧，美不勝收。

**聽　漏：**

孤幃獨處淚難消。夢裡鄉關去路遙。金鴨灰殘煙縷縷。銅壺漏滴夜迢迢。風敲鐵馬聲相遞。月冷銀床影寂寥。無限相思眠不得。教人怎度可憐宵。

**過半月樓故址：**

缺圓何處辨歌臺。剩有紅羊劫後灰。花月幾隨流水逝。也同蝶夢喚難回。

**法華寺雅集送楊宜綠謝星樓二君東渡：**

李郭同舟仙侶偕。長征琴劍喜相携。喚回蝶夢醒猶未。唱罷驪歌意轉迷。秋水蘆花千里遠。夕陽雲樹一帆低。知君別竟相思處。應在蓬萊向島西。

盂蘭盆會：

紙灰化蝶影飛忙。燈綵千家翠幕張。媚世無才偏媚鬼。聊將前悔懺空王。河燈放罷夜初長。獻果家家剪綵忙。畢竟人間將餓死。更於何處覓餱糧。

電話姬：

機邊靜坐可憐生。一縷高牽萬縷情。偏與他人遞消息。自家心事未分明。

病中撮影自題二首呈島內諸親友即希郵政：

鵑血啼殘淚亦紅。沈腰消瘦怎禁風。從茲萬恨都銷盡。無日西湖不夢中。生來衞玠本多愁。酒入愁腸化淚流。自是天生好身手。狂名一日遍瀛洲。

## 六、趙鍾麒

趙鍾麒，號雲石，別署畸雲。臺南諸生。性敦睦儒雅，喜引掖後進，人多樂近之。爲南社第二代之社長。

雲石有詩集《畸雲小稿》，溫厚雄渾，恰如其人。無論古今體，皆是鏤心瀝血之作。例如〈嵌城秋望〉云：「半壁河山銷霸氣，一天雷雨冷詩龕。」〈輓蔡啓運〉云：「紅土鶯花齊下淚，青春桃李有餘哀。」

〈迷樓〉詩並序云：

（古今詩話：煬帝時，新宮既成，帝幸之曰：使眞仙遊此，亦當自迷，乃名迷樓。故址在今江蘇治西北七里。）

西苑窮奢慾未厭，重樓複閣炫觀瞻。陳宮不鑒胭脂井，禍水沉迷竟自淹。

## 七、盧德嘉

德嘉，光緒間鳳山縣廩生，嘗纂《鳳山縣采訪冊》。其詩蒼茫有情，錄於后：

秋　涼：

一年容易等駒光，又値新秋報早涼。三徑菊花添爽氣，半池菡萏吐幽香。金風颯颯晨初動，玉露霏霏夜未央。靜對書燈渾不覺，曉來霜意滿山房。

秋　蔭：

回顧蒼茫日影沈，者番醞釀是秋陰。村容黯淡看難辨，山意模糊望轉深。未遇雲霓誰詐雨，若逢雷電定爲霖。來朝天挂羲和馭，照耀黃花滿地金。

鳳山竹枝詞：

巧製蛟螭燈夕逢，盤旋屈曲肖形容。家家競放連珠砲，多少兒童呼弄龍。

仕女紛紛到八莊，元宵三日正迎王。乞糖乞米求多福，一倍還須兩倍償。

鄉人有子聚新娘，待到三朝始拜堂。若問何儀爲執贄，荷包箇箇繡鴛鴦。

堪笑鄉愚寡見聞，些些曲直竟難分。欲教省事憑何法，罰箇檳榔便解紛。

鳳梨山下是儂家，郎若閒時來吃茶。采葉爲絲成幾兩，寄郎城內換棉花。
郎來視妾紡棉花，妾紡棉花郎賣紗。花價怕昂紗怕賤，莫教容易看搖車。
一帶漁家住海邊，烏魚捕得慶盈船。正頭肥美回頭劣，入市人人問價錢。

## 第四節 在臺日僑之漢詩

日據之初，正爲日本明治維新之後期，當時日人對於漢學仍有相當基礎。據臺初期，百政伊始，著手建設，一時人才輩出，其中文人墨客，亦多參與。而政府官員以及社會人士，多能詩文，其詩不在省籍人士之下。

旅臺日僑漢詩最盛時期爲光緒二十一年至民國五年左右（即明治、大正之交）。當時作者有：森鷗外、水野大路、安江五溪、小松欽堂、土居香國、伊藤棲霞、加藤雪窗、籾山衣洲、磯貝蜃城、村上淡堂、櫻井兒山、崗本韋庵、石川柳城、木下大東、館森袖海、祝起雲、尾崎白水、內藤湖南、後藤棲霞、鈴木豹軒、中村櫻溪、結城蓄堂、宮崎來城、小泉盜泉、伊藤暘谷、伊藤天民、白井如海、澤谷星橋、中瀨溫獄、柳原松塢、湯目北水、草場金臺、山口東軒、關口隆正、横澤陶城、藤井葦城、加葦曉齋、八田霞山、滿井嚴海、田原天南、佐佐木有齋、横堀鐵研、金子芥舟、寺崎秋蘋、大內隈川、日下峰蓮、丹野廣川、石井化石、神田由道、豬口安喜、久保香夢、吉川田鶴、山形雲林、德田多喜丸、隱內四郎，梶原宮藏、村上先、長谷川泰、原田春境、岸邊半佛、牟田翠煙、石田成治、池田健助、崗村巴城等，均爲明治末年、大正初年來臺之錚錚者，誠濟濟多士也。當時之作品多爲寫景之作，有如清初中土文人首來臺灣，對此「新版圖」之好奇，亦以寫景詠物爲多。茲列數位代表作家如次：

## 一、籾山衣洲

籾山衣洲，本名逸也，光緒二十四年（明治三十一年），應臺灣總督兒玉源太郎之聘，來臺任《臺灣日日新報》社漢文主筆，深獲兒玉之知遇及信任，以文藝顧問之資格，居於總督別邸南菜園，吟風咏月，時開雅會，柬邀士紳，互相唱酬，以收攬本省人心。曾輯《南菜園唱和集》一書，輯錄自作〈南菜園記〉一文並諸家和韻凡八十七首，稱盛一時。衣洲在臺六閱年，握毫摻簡，贊襄政化，嘗陪兒玉南巡，並參揚文之會，正如中村櫻溪所言，其冥功陰績，與夫尋常百執事，非可同日而語。雖然後甚失意，於光緒三十年（明治三十七年）悄然撤離臺灣。臨行，在臺日人頗爲惋惜，中村櫻溪曾上書兒玉總督乞爲留用，並未見效，後之論者，頗有訾議。斯時衣洲年僅五十歲，歸國後無聞，其坎壈之狀，可想而知。神田喜一郎及島田謹二共推衣洲爲當時文壇代表，其詩幽婉高雅，鏘鏘可誦。茲列〈南菜園雜咏〉於下，以窺其一斑。

残蟾淡抹水邊村　露重荷花臉有痕
知是幽人先鳥起　綠楊烟裏半開門
青山猶隔霏霏霞　修竹窗前生細籟

白雨一過天欲明　水禽聲戛微茫外
煙郊如畫遊絲惹　處處相思花繫馬
說到滄桑人不知　裙香織影芊眠野
四山欲雨晝濛濛　水碓無聲野渡空
白鷺飄然自天下　與吾分領稻花風
棋聲敲罷夕陽催　風起空庭竹掃苔
曾種秋花瘦如許　參差莎草獨先開
雨餘難著花間屐　繞舍小渠波拍拍
借問前灘幾尺添　暮煙林杪半帆白
雲破月來山有煙　夜深詩思更冷然
此時應似漁洋句　門外野風開白蓮

## 二、中村櫻溪

中村櫻溪，本名忠誠，字伯實，東京人。秉性醇和，好尚古學。其道得之倉田幽谷。文名素著，著作豐富。光緒二十三年（明治三十年）抵臺掌臺灣總督府國語學校教鐸，以暇登臨，遇佳山水，輒抽豪記勝概，或會友飲酒敲吟，而與世無忤。時值日據臺後二季，烽火稍戢，在臺日人多恃才高傲，耽溺聲色，唯櫻溪以氣節文章自許而恂恂如，故眾頗敬重之。鑒谷青山，有評謂：「世之于役臺疆者，往往無聊不平，耽溺聲色，橫罹癘毒；吾兄雅懷，加以文詞托興，隨過自安，從容樂命，眞高人一等矣。」又謂川口濯父有言：「自臺疆開府，未有眞學士游寓者，其有之，自吾伯實始，余以爲知言。」所著〈答客言〉一文，頗能傳其質實雅澹之本色。

櫻溪寓臺數年，著作頗多，館森袖海謂：「其文紆舒，如春雲出岫，皎潔如明月照水，而氣韻妙遠無嵬瑣之氣，尤不易及矣。」歸國後，輯錄舊稿，刊行《涉濤集》，《涉濤續集》二冊，錄文二十四篇，詩十首。文有〈玉山吟社會宴記〉，〈上兒玉總督乞留籾山逸也書〉，〈題江瀕軒八勝圖〉，〈移臺灣遊寓詩人文〉，均爲研究當時文壇重要參考文獻。

其〈城南雜詩〉云：

城中城外長相思，此樹曾從香島移。
媚態猶含千古恨，當年不入鷺洲詩。
（相思樹同治初年自香港移植，張湄號鷺洲乾隆年間人著瀛壖百詠）
雨後出門須小心，惡蛇橫路伺蛩音。
尤懼赤尾兼青竹，百步僵人毒更深。
（赤尾青竹並蛇名，遭其噬者百步即僵）

## 三、館森袖海

館森袖海，本名萬平，又名鴻，字子漸，日本仙臺縣人。少承家教，聞先世出大職冠公，奮然自思立身行義以自見，游學日都，曾列重野博士門墻，狩野可均謂其「天分高邁，志行超絕，而邃於學，雄於文。其文諸體略備，若探求經義，闡明聖賢之道，則當世士無及之者。」日侵本省即隨軍南來，凡有交涉文劄，皆出其手。水野秉權時，效力尤多。後事後藤新平，嘗僑其鳥松閣讀書，博覽群籍，手不停披。時後藤任民政長官，綜攬庶政，賓客車馬喧嗔於門，周旋請謁者，多赫赫冠帶中人，而袖海暫館其間，朝夕過從，惟以詩酒相徵逐外泊如也。其篤學如此，其信道之篤亦如此，故時人多歎慕之。

在臺二十餘年，交遊甚廣，與本省人士，亦相契合。丁巳夏，盡室歸日，卜居於東京四谷愛住町。民國八年，刪存舊稿一百七十篇，輯成一集四冊，題曰：《拙存園叢稿》，刻行於世，凡序、記、論說、誌傳、題跋、書贊、碑銘、諸體賅備。後藤棲霞謂：「其大趣在於闡明經義，表彰人物，其文淵雅芬鬱，當世無比，足以躡跡古人矣。」洵非溢美。茲錄其詩數首於下：

平頂彩霞：

萬家紅樹帶江流　斷雨斜陽一片秋
平頂雲晴山似染　落霞孤鶩水明樓

觀池大雅畫山水歌：

峻峰兀立骨皆石　谿樹蓊蔚澗苔碧
茅屋高出喬林梢　中有高人安几席
首陽穎水吾不識　境如太古情自適

遺世清風一萬年　三公之貴不可易
此畫傳稱池大雅　氣韻飛動闢一格
董巨荊關誰是師　脫盡恒溪無限迹

## 四、小泉盜泉

小泉盜泉本名政以，日本仙臺人。祖父梅軒，善詩能畫，盜泉自幼，受其熏陶。稍長師事板垣桑陰、山崎鯢山，博學強記，宿有神童之稱。

因爲家道清淡，肄業中學，半途而廢，初任小學教員，旋爲北海道廳俗吏，後受札幌《北門新報》主筆賞識，聘爲同報論說記者，光緒二十六年（明治三十三年）辭歸岩手縣，纂修《海嘯志》。是年五月，應滬尾辦務署長村上先之邀，飄然來臺。在《臺灣日日新報》上發表〈咒爆雜記〉等文章，以此爲機緣，光緒二十六年（明治三十三年）秋，受聘於同社，撰寫論說。在臺時嘗與館森鴻倡設「淡社」，其《鳥松閣和集》，錄和韻兩首云：

倡和爭誇筆陣雄　文光四合豔於虹
尋常挂笏看山處　既在名篇詠嘆中
五紀行樂四時天　花月品題詩有權
文采風流人玉立　長松相對共軒然

又報上載其「別嶺上人」七絕一首，云：

兔角元來重幾片　朝三暮四事紛紛

天風掉首人歸去　長揖滹山一片雲

禪味悠然，堪稱佳構也。歿後，後藤新平擬刊《盜泉詩稿》，以行於世，並囑館森鴻書跋於後，有云：「盜泉深嗜詩，自騷雅以下推陳思王包明遠爲巨擘；李太白、蘇子瞻次之；查初白、趙雲崧又次之，而其所爲詩，精神獨運，自出機杼，間有瑰奇飄忽者，終莫掩其艱深拗僻之，蓋學養所造然也。」亦可窺其風格之異矣。

## 五、加藤雪窓

加藤雪窓，本名重任，日本常州人，能詩工畫。少壯以武力自許，畢業於士官學校，執職名古屋及大阪。時平無所用武，後去，乘桴遊北海，贊開拓初政。及日侵臺，秉筆來游。由督府人縣衙，地方善事，參輔甚力。當是時，烽煙未戢，日軍下鄉，肆行暴虐，省民觸嫌蒙辱，甚者致死。雪窓憐之，奔走戎馬間，分別玉石，問民疾苦，臺北士民得以相安無事，其功居多。

來臺期間，卜宅臺北，飲酒賦詩，與水野大路、土居香國、伊藤天民、白井如海、李石樵、陳淑程、黃植亭等二十餘人，創立玉山吟社，每月一會，揚風扢雅，歌頌昇平，以羅致本省人士。其人天眞爛漫不修邊幅，得其所得，適其所適，與館森袖海訂交八九年，過從甚密。光緒三十年（明治三十七年）春，獲病不起，歿於臺北旅寓。遺稿有漢詩五百首，和歌千首，原釘五冊，而亡二冊。館森袖海承其遺囑，與諸同人醵貲刊行於世，題曰：《雪窓遺稿》。其詩附列於下：

竹林啼鶯：

不獨江山誇勝區　庭間風景亦堪娛
竹陰數畝苔三徑　總是君家小版圖

江瀨軒恭步淡堂太守玉礎：

春寒料峭透簾帷　煙竹深深欲曉遲
殘月半窗人未起　帶將宿夢聽黃鸝

又：

不似城中熱　新涼雨外村
祇因苔徑靜　轉覺石泉喧
倚檻雲低水　釣簾月在軒
一游排萬慮　便是主人恩

## 六、土居香國

土居香國，本名通彥，字士順，又號香國花史。學博才敏，文名宿著，世之遊於文苑者，莫不識其名聲。光緒二十一年七月（明治二十八年八月），以日總督府陸軍局郵便局長，奉職於臺。暇則探討臺北山水，唱和名家，觸物感情，以詩記之。寓臺多年，頗多佳構，乃裒之爲卷，付梓頒諸親友，題爲《征臺集》，共分三部，第一部錄踐任時諸友贈章，第二部錄自作，第三部錄在臺友人佳什。其詩清逸，別饒風格，自序「雖無劍影礮火之壯烈，亦可以

見晴日雨夜之甘辛」。其〈乙未八月將之臺灣留別諸詞友〉云：（五首錄一）

萬里山河眼界新　戎軒未可說酸辛
江湖滿地誰知己　臺閣如今自有人
犀甲蛇矛餘草賊　鯤身鹿耳赤王臣
南門鎖鑰儼然在　事定殊邦策善隣

〈十月二十八日書感用戶倉梅室曾見眎韻〉云：

臺南征戰苦　月下舉頭看
浪立窮龍逸　山童巨蟒蟠
瘴煙侵劍氣　毒霧阻兵端
忽駭將星墜　吾懷慘不寬

窮兵黷武之日人，亦知「征戰苦」與「吾懷慘不寬」，可以說是自作自受。其〈歸任偶感〉云：

野馬塵揚戰血痕　版圖美麗賴誰存
武夫白骨邦基礎　俗吏黃金世禍根
潮去潮來魚冷熱　花開花落鳥朝昏
仰頭欲問盈虧事　明月天心皎不言

頗似初唐邊塞詩中征人之無奈。其〈罷官〉詩云：

朝衣換此釣魚蓑　偏喜江湖知己多
笑出府門天地濶　男兒本領是煙波

## 七、澤谷星橋

澤谷星橋，履歷未詳，日侵臺後未幾來臺，奉職法院通譯，初寓臺南、嘉義等地，後遷臺北。詩、畫、篆刻無所不能。尾崎古邨於《臺灣四十年史話》，謂澤谷中年初學篆刻。光緒三十三年（明治四十年），彼寓臺南與村木鬼空、杉板牛魔等人，結社研究篆刻，澤谷尚爲一門外漢，時來借用篆刻器具，學習未幾，驟成大家。其畫則在晚年二十三年間習得者。適有日畫家村雲樸堂來遊，澤谷僅就其講習南宗畫，時僅一二閱月，後潛心自習、居然自成一家。其對藝術具有天才，進步之速，洵非他人所能企及。惜不永壽，因罹肺病，在通譯任中，逝於書院街官舍。其詩不多，但清逸可誦，略列於下：

### 似某印人問篆

生氣勃然方寸中　彫蟲篆刻興無窮
欲尋三代金文字　妙在有情撲拙風

### 偶成：

落寞崎嶇一印癡　平生恬淡少人知
奏刀片石縱橫走　恰似六朝古瘦姿

### 題神樂江萬春先生畫

新綠繞軒幽澗濱　奇山怪石迫如眞
風流簡素一枝筆　知是南遊第一人

## 八、村上淡堂

村上淡堂名義雄，日本熊本市人，日明治二十八年任臺中縣知事，三十一年轉臺北縣知事。在任中建別業於淡水河畔，（其址爲現在環河南路一段將軍廟轉北，舊稱江瀬街）是時與遊墨客甚多。集其唱和編爲乙冊，於日明治三十五年十二月出版，名曰《江瀬軒唱和集》。鹽川一堂畫江瀬軒八勝圖，中村櫻溪題畫，籾山衣洲作序，加藤雪窓跋後，有云：「淡堂村上君，守臺北時，構別墅於江瀬之巷，榜曰『江瀬軒』，公務餘暇常以游息，賦詩記事，聞風而和者甚多。」其〈江瀬軒即事〉云：

竹徑柴門隔市區，吾廬雖小足清娛。
淡江明月屯山雨，總是天然活畫圖。

大正、昭和之後之作品尚有久保天隨、小松天籟、山口東軒、伊藤壺溪、尾崎古邨、西川萱南、豬口鳳庵、柳田陵村等較爲著名。當時之作品多趨於歌功頌德與吟風嘯月。

**【附　註】**

① 連氏家住臺南馬兵營，已歷七世，自被日人毀後，兄弟諸侄分居各處。

② 當時連氏子赴南京，長女寓上海，少女在淡水留學。

## 第五節　大陸旅臺文人之臺灣詩

清末民初，日據之後，來臺之國人，頗多知名之士。或爲亡命，或爲應聘授學，或爲視察。其居留期間，雖甚短促，然與臺灣人士，詩酒相酬，作品不少，茲舉其較具代表之人物與詩。

### 一、章太炎

清末國學大師餘杭章太炎，生平富於民族思想，光緒間，先後任《時務》、《昌言》等報撰述，以言論激烈，見嫉於清廷，乃於光緒二十六年（一九〇〇），由日本駐上海領事介紹於臺灣民政長官後藤新平，避難來臺，任《臺灣日日新報》記者。該報四版日文，二版中文。太炎寓於報社附近，在家撰稿寄往刊載，不常至社。而其爲文，頗爲艱深，主筆木下新三郎常勸其爲淺白文章，太炎不允，且對日本治臺政策，每恣意攻擊，幾不知所居何地，所任何職。後因得罪當局，偕夫人絕裾而去。太炎於光緒二十六年十月來臺，翌年歸國，寓臺數月，時與臺北人士過從，互相酬唱，以寄幽思。《臺灣詩薈》第十三號輯錄〈太炎詩錄〉十二首，寓臺之作雖僅三首，然吉光片羽，亦足以見學人之風貌，〈餞歲〉（玉山吟社課題席上分韻）：

狂走上城隅，城隅無棲翼，中原竟赤地，幽人求未得，

昔我行東越，道至安溪窮，灑淚思共和，共和在海東，
誰令誦詩禮，發豪成奇功，今我行江漢，候騎盈山邱，
借問杖節誰，云是劉荊州，絕甘屬朝賢，木瓜爲爾酬，
至境盤盂書，文采讙田侯，去夕不復顧，迷陽當我路，
不作彭殤念，吾猶戀楕球，短長看日夜，身世等蜉蝣，
殘贅睢陽恨，餘生逝永浮，青陽東國作，春又滿蛉洲。

〈玉山吟社席上即事〉：

唾壺擊破轉心驚，彈指蒼茫景物更，
滿地江湖吾尚在，棋枰聲裡俟河清。

〈寄梁啓超〉：

秦風號長暘，白日忽西匿，南山不可居，啾啾鳴大笛，
河圖日以遠，鴟梟日以怒，安得起槁骨，摻袪共馳步，
馳步不可東，馳步不可西，馳步不可南，馳步不可北，
鑒皇穹黎庶，均平無九服，顧我齊州產，寧能忘禹域，
擊磬一微秩，志屈逃海濱，商容馮馬徒，志在除紂辛，
懷在殷周世，大澤豈無人。

吳立軒於《瑞桃齋詩話》評此詩云：「綽有古音，其筆得風詩比興之體，句中有眼，一篇牢

騷之氣，直欲擊碎唾壺。」

## 二、梁啓超

梁啓超於宣統三年二月二十四日，自日本神戶起程，二十五日泊馬關（今下關），作〈舟中雜興〉云：

明知此是傷心地，亦到維舟首重回，
十七年間多小事，春帆樓下晚濤哀，
滄波一去情何極，白鳥頻來意似闌，
卻指海雲紅盡處，招人應是浙西山，
漢家故是負珠厓，覆水東流豈復西，
我遇龜年無可訴，聽談天寶祇傷悽，
番番魚鳥似相親，滿眼雲山綠向人，
前路欲尋瀧吏問，惜非吾土忽傷神。

「春帆樓」乃李鴻章與日本首相伊藤博文簽定馬關條約之處，後人吳摯甫榜曰：「傷心之地」。往來臺灣日本之船隻必泊此地。任公登臨春帆樓，撫今追昔，眞是「十七年間多少事（乙未至辛亥），有如晚濤哀嘯」也。

梁啓超，字卓如，號任公，別號飲冰室主人，廣東新會縣人。十七歲舉於鄉，爲康有爲最高弟子。光緒戊戌政變，亡命日本。任公治學廣博嚴謹，研究新舊學說，均有獨到之處，非但中國深受其惠，日據下之臺灣亦蒙其澤。其思想影響中國晚近之新文化啓蒙運動，達數十年之久。

任公關懷臺灣，肇始於乙未割臺，時值其赴北京會試，逢馬關和議成，曾代表廣東舉人上書陳時局，力言臺灣不可割。清廷未納，任公義憤填膺，益致力於維新變法，圖挽頹勢，其於〈戊戌政變記〉云：「吾國四千年大夢之喚醒，實自甲午戰敗，割臺灣，償二百兆以後始也。」然大廈已傾，獨木難支，任公猶念念不忘臺灣。

光緒三十三年（一九〇七）任公與林獻堂邂逅於奈良，任公曰：「本是同根，今成異國，滄桑之感，諒有同情。」又曰：

三十年內，中國絕無能力可以救援你們，最好效愛爾蘭人之抗英。在初期，愛爾蘭人如暴動，小則以警察，大則以軍隊，終被壓殺無一倖存。最後乃變計，勾結英朝野，漸得放鬆壓力，繼而獲得參政權，也就得與英人分庭抗禮了。

此言有如夜暗明燈，獻堂聞之，深受感動，此後臺灣之民族運動如六三法撤廢運動、臺灣議會設置運動、臺灣文化協會、臺灣地方自治聯盟等，乃遵循此一溫和路線，從事合法之政治鬥爭，避免流血革命。

宣統三年（一九一一）二月二十八日，任公抵基隆，隨即轉往臺北，下榻於日之丸旅館；時日人深忌臺灣同胞與祖國人士接觸，故任公遊臺期間，倍受日本官方監視。其遊臺消息，林獻堂先生曾刊登於《臺灣日日新報》，並請洪以南、林漢如二先生擔任臺北之招待，時洪氏爲瀛社社長，林氏爲臺灣日日新報漢文記者。三月三日，集遺老百餘人，設宴歡迎，任公〈遊臺第三信〉云：「遺老之相待，有加無已，自顧何以當此，昨日乃集百餘輩，大設歡迎會於臺北故城之薈芳樓，吾席間演說之辭，眞不知如何而可，屬耳在垣，笑顰皆罪耳。」《甘得中先生回憶錄》記其事云：「翌日晚蒞在臺北臺人有志及華僑之歡迎會於東薈芳旗亭，是會也，日官民無一參加，而偵探特務則四伏矣，翁（林獻堂）毫不畏縮，起述歡迎辭，繼而任公致謝辭，兼作一小時之講演，因隔窗有耳，辭意委婉，非細味之，不能知其底蘊……席散後，偵騎四出，追問參加宴會者，與梁某有何交情，或有什麼緣故，間有感到惶恐者，不曰林獻堂，則曰甘得中相邀，我所以參加。在當時臺人之畏警察如虎，以是推委，誠非得已。」是夜，任公賦〈三月三日遺老百餘輩設歡迎會於臺北故城之薈芳樓敬賦長句奉謝〉云：

側身天地遠無歸，王粲生涯似落暉，
花鳥向人成脈脈，海雲終古自飛飛，
尊前相見難啼笑，華表歸來有是非，
萬死一詢諸父老，豈緣漢節始沾衣。
憶附公車昔上書，罪言猶及徙薪初，
珠厓一擲誰當惜，精衛千年願總虛，
曹社鬼謀成永嘆，楚人天授欲何如，
最憐有限哀時淚，更灑昆明刼火餘。

間氣神奇表大瀛，伏波橫海舊知名，
南來蛇鳥延平壘，北向雲山壯肅城，
萬里好風回舶趠，百年麗日照春耕，
誰言鶯老花飛後，贏得胥濤日夜聲。
刼灰經眼塵塵改，華髮侵顛日日新，
破碎山河誰料得，艱難兄弟自相親，
餘生飲淚嘗杯酒，對面長歌哭古人，
留取他年搜野史，高樓風雨紀殘春。

任公宛如民族使節，來臺撫慰飽受異國凌辱十七年之替罪羔羊，臺胞恰似迷途逢親，千愁萬古，一吐爲快，林癡仙和詩云：「披雲睹青天，慰我飢渴腸」，任公之一言一行，均足發聵震聾，然日方「屬耳在垣」，其鬱結之胸懷，無由宣洩，乃以詩代言，蓋詩較委宛含蓄，不易觸犯當局。時臺灣之詩社林立，任公於〈臺灣雜詩〉自註云：「滄桑後，遺老佗傺無所適，相率以詩自晦，所至有詩社，萊園吟社外，瀛社、櫟社、南社等，其最著也。」故任公與詩社諸遺老吟詠唱酬之作甚多，遊臺期間得詩詞凡一百零一首（詩八十九，詞十二）。其影響之深，流傳之速，遠較演說爲大。

三月四日，任公抵臺中，下塌於丸山旅館，中南部遺老與之唱酬，盛況熱烈。傅錫祺〈櫟社沿革志略〉曾記其事。又林南強〈櫟社二十年間題名碑記〉亦記其事云：「時梁任公、湯明水兩先生，亡命海外，適然戾止，觴詠之歡，有逾永和。」任公之遊臺詩，十之八九得於臺中，其〈追懷劉壯肅公〉古風一首，長達六百二十字，最爲可觀。

三月八日，任公下榻於霧峰林獻堂之萊園，與父老講學論世，詩酒酬唱，並聽取各方意見，得悉日本之殖民統治，如狼似虎，臺胞含冤莫申，任公耳聞目睹，乃秉筆直書。其見官方強拆民屋，致使百姓無家可歸，憤而成〈拆屋行〉，詩云：

麻衣病嫠血濡足，負攜八雛路旁哭；窮臘慘栗天雨霜，身無完裙居無屋。自言近市有數椽，太翁所構垂百年；中停雙櫂未滿七，府帖疾下如奔弦。節度愛民修市政，要使比户成殷闐；袖出圖樣指且畫，尅期改作無遷延。懸絲十命但恃粥，力單弗任惟哀憐；吏言稱貸豈無路，敢以巧語干大權；不然官家爲汝辦，率比傍舍還租錢。出門十步九回顧，月黑風淒何處路；只愁又作流民看，明朝捉收官裡去（自註：彼中凡無業遊民，皆拘作苦工）；市中華屋連如雲，哀絲豪竹何紛紛；游人爭說市政好，不見街頭屋主人。

任公又仿白居易〈秦中吟〉，成詩三首，其〈遊臺第四信〉云：「吾旬日來，劌心怵目，無淚可揮，擬仿白香山秦中吟，爲詩數十章記之，今先寫三首，奉寄以當面語。」一爲斗六吏，一爲墾田令，一爲公學校。茲錄其〈墾田令〉：

府帖昨夜下，言將理原隰。自今限名田，人毋過十甲。聞官方討蕃，境土日安集。墾草宜待人，官寧親畚鍤。官云汝母國，齒稠苦地狹。每每此原田，將以世其業。舊田不汝追，帝賚已稠疊。安得非分求，無厭若馮鋏。貴人于于來，生事須長鬣。汝能動四體，自足丐餘汴。吁嗟討蕃軍，巨萬費楮帖。借問安所在，甿隸與蠶妾。舊田責已空，新田取難襲。鬻身與官家，救死儻猶及。悠悠彼何人，哀哀此束濕。

任公於信中並自註云：「右詩不過舉其一、二事，即一事亦不過舉其內容之百一，實則重傷累感，豈筆札所能傳者。」

任公另有〈臺灣雜詩〉（錄第十首）云：

千古傷心地，畏人成薄游。山河老舊影，花鳥入新愁。
人境今何世，我生淹此留。無家更安往，隨意弄扁舟。
桓桓劉壯肅，六載駐戎軒。千里通馳道，三關鞏舊屯。
即今非吾有，持此欲誰論。多事當時月，還臨景福門。
蕩蕩臺中府，當年第一州。桑麻隨地有，城郭入天浮。
江晚魚龍寂，霜飛草木秋。斜陽殘日在，莫上大墩頭。
破曉千峰霧，迢迢爆竹聲。重爲萬里客，又過一清明。
舍館傳新火，兒童報晚晴。故山路幾許，南望涕縱橫。

任公遊臺所作之詩，語多悽惋，頗能激勵臺胞之民族意識。其仿白香山〈秦中吟〉數首，則爲批評日人苛政之作。日據初期，臺灣詩人之作品，大都哀而不壯。任公直言不諱，敢於批評。有助於臺灣詩風之啓迪，其後臺灣之新文學運動亦受任公間接影響。民國二十一年，櫟社創立三十周年，刊行《櫟社第二集》，因集中之詩牴觸當局而遭查禁，此風或因任公之啓示。

## 四、梁令嫻

梁令嫻，梁啓超之女，宣統二年（一九一一），隨父來臺。令嫻有〈侍大人遊臺灣，集霧峰莊林氏萊園，分韻得「舉」字〉：

生小奇他邦，故國勞延佇。遠游得尊親，肯辭山河阻！矧乃賢主人，延客啓別墅；中廚辦豐膳，斗酒呼童煮。自愧非徐孺，乃逢陳仲舉！暮春花正繁，濃陰釀初暑；鵝鴨不相喧，鶯燕自爲侶。有時作勞歌，主客益激楚；信美吾山川，奈何傷離黍！回首望故鄉，相去復幾許！

令嫻受任公之影響，詩中充滿家國之感。

## 四、蘇鏡潭

蘇鏡潭，字菱槎，福建晉江人，光緒舉人。曾署理晉江縣令，後任全閩日報社長。板橋林氏之親戚，民國初二渡來臺，爲林柏壽家庭教師。與林兵爪、林絳秋、林季丞、林小梅、林文訪、連雅堂、謝汝銓、魏清德等，周旋壇坫，頗多佳構。其和小眉而作之《東寧百詠》，尤稱傑作。菱槎爲人，豪放磊落，有天馬行空之概，詩亦如其人。

菱槎之詩，從唐人入手，以其雋永之筆觸，深摯之才思，寫心中之積鬱。其〈中秋獨酌憶雅堂〉云：

敗荻空江斂暮雲，江頭沽酒最思君；十分無過中秋月，總被詩人占九分。

〈次韻答兵爪詞長七絕〉云：

鞭絲鬢影去來潮，東國鶯啼客路遙；一事最堪惆悵處，櫻花憔悴月無聊。

近人王國璠先生評其爲「典麗高華，能得古人之體勢」。

## 五、吳鍾善

與鏡潭併稱而又風格相似者，爲吳鍾善。

鍾善，晉江人，字元甫，號頑陀，狀元吳魯之季子，十歲即以孝聞閭里，光緒九年舉人，曾任廣東石門州判，其父休沐後，解組家居。及父逝，應板橋林氏聘來臺，與陳頑僧等結社酬唱，人稱寄鴻七子。不久回泉，皖人許世英爲福建巡按，曾登門禮謁，欲致先生爲幕府，婉謝之。杜門謝客，日以詩書畫自娛。其文以桐城爲借鑑，晚年竟登方姚之室。詩則上溯謝鮑，下法少陵，爲近代閩南大家。但嫌稍近纖弱，有集十四卷，分爲「侍輶軒集、石門草上下、豐州集、東寧草上下、寄鴻吟、海上集、桐南前後集、弢社詩課」等。另有荷華生詞上下集。總計詩、詞不下一千八百首。〈四十初度〉八首之三云：

北風黃鵠望層霄，紫陌當年匹馬驕，買酒旗亭看畫壁，揚帆滄海賦觀潮；壯懷豈分書生老，長日翻從講席消，虎擲能拏紛戰伐，浮雲一角廣明朝。

妖氣當時熾天毚，割地傷心失赤嵌，屬國三城風不競，遺民廿載恨尤緘，浮天遠破鯤身浪，泛月初歸鹿耳帆，懶向家人謀一醉，酒痕滿漬舊青衫。

來楚楚可憐，令人不忍卒讀。其詩亦有粗豪慷慨之作，然以此類爲佳。

## 六、莊怡華

莊怡華諱棣陰，泉州惠安人，邑廩生。與板橋林本源家爲中表，初客廈門鼓浪嶼林菽莊氏，與施雲舫、許南英、汪杏泉結社吟詠，繼受聘於本源彭記，爲家庭教師。羈臺數十年，功課餘暇，即耽韻學，景仁歸臺中，嘗與莊怡華、連雅堂、謝雪漁、魏清德、劉克明、林文訪，分箋鬥巧，賡揚風雅。其詩雄邁俊逸，鏗鏘可誦，民國二十年享年五十餘歲，歿於臺北。著有《耕餘吟集》，茲列若干於下：

**霪雨遣悶：**

眞成五月欲披裘　雨腳如麻冷迫秋
萬象沈陰天亦病　千山昏黑鳥應愁
頹雲低影全欺樹　積水浮煙半沒樓
賴有對床談侶在　幾回傾倒夜燈幽

**秋　思：**

江皋木落覺秋深　檢點閒愁付苦吟
兩度科名蕉鹿夢　百年辛苦蓼蟲心
不祧斯世惟文字　轉瞬流光便古今
底事窮途猶結習　漫題詩句與雞林

初冬客感：

撞竿傀儡一絲牽　客路崎嶇暗自憐
八口家馳千里遠　一年月剩兩回圓
依人心事投羅鳥　臨老才華逆水船
滿目煙塵望鄉國　飄零怕讀浣花篇

新曆元旦：

婆娑洋外海東頭　猶是朝宗水倒流
建丑重逢般甲子　尊王費讀魯春秋
歸心笑指梁間燕　勞債差憐閣道牛
強說忘年忘不得　客中蓂莢又重週

生日自訟：

拋殘歲月尚勞新　枯木形骸氣不春
得失餘生歸造化　功名斂手讓時人
客邊磨盡男兒志　地下傷多骨肉親
四十八年彈指頃　便教百歷一飇輪

## 七、林輅存

林輅存字景商，邑庠生，福建安溪人，林鶚雲哲嗣。光緒間曾隨父來臺爲樟腦局吏員，居臺北。唐維卿設牡丹吟社，提倡詩學，輅存常隨父唱酬其間，又集同輩另立海東吟社，賡續風雅。乙未臺灣陷日，奉父西渡。民國成立後，歷任國民黨福建選出衆議院議員，廈門暨南局總理。居鼓浪嶼怡園，雅堂遊廈時，與之交遊最篤，故劍花室詩集紀輅存之詩特多。

新竹王石鵬著《臺灣三字經》，景商嘗爲之題詩，其〈題篋盤大著臺灣三字經二首〉云：（篋盤即王石鵬字）

入眼河山處處非，每懷佳客淚沾衣。桑田滄海須臾事，賸得圖經故國歸。

著書豈盡鳴孤憤，愛國從來屬少年，□日若逢玉伯厚，舉杯同注海東篇。

其〈東遊雜詠〉云：

浪跡重尋赤嵌城　白雲無恙海鷗輕
蓬萊幾見逢清淺　衣帶中朝一水橫
天涯海客笑相逢　觸目蓴鱸倍有情
休更東南論時局　千秋灑淚鄭延平

## 八、江庸

江庸號翊雲，福建長汀縣人。清末派至日本，留學於早稻田法制經濟科。畢業、任大理寺評事。民國成立、改充京師高等審判廳推事庭長，升廳長，民國二年擢爲司法部次長，後升總長。民國十八年十月曾至臺灣。錄其佳作於後：

**阿里山神木歌：**

我來臺灣十月末，風光駘蕩臺南天。
木瓜澄黃茉莉紫，山陬水際如春妍。
阿里山高九千尺，萬古無人窮其巔。
氣備四時世所罕，下宜蕉椰中楠楩。
誰鑿鴻濛肆採伐，拳曲擁腫無俾全。
吁嗟老檜汝何幸，巍然無恙刀鋸前。
竟免此身作梁棟，毋乃屈強邀天憐。
獨立空山此何世，風雷日夕相周旋。
枝高葉密望弗及，其上或有鸞鶴眠。
名山生色正賴汝，祝汝壽更三千年。

日月潭雜詩：

行到峰巔路轉平，一潭碧水蕩空明，
蕃家亦有如花女，淒絕人間此杵聲。（杵歌）

木石同居鹿豕游，不知人世幾春秋，
兒家今在湖邊住，門繫當時獨木舟。（蕃村）

日落漁鄉縱棹歌，涼風掠鬢水微波，
菱花初墮菰芽短，欲向磯頭覓釣蓑。（潭上）

涵碧樓[illegible]酒半酣，長廊茗坐剖黃柑，
赤崁到處溪山好，尤愛空冷日月潭。（涵碧樓）

翊雲之詩，如行雲流水，讀之清新可喜。日月潭原名「水沙連」、「水沙簾」、「石湖」、「水裏湖」、「珠潭」。其得名為「日月潭」，據近人張菼之考證，始於北路理番同知鄧傳安於道光三年（一八二三）之〈遊水裏社記〉一文。連橫曾贊美曰：「日月潭之勝冠絕海外，不獨臺灣乏此佳地，即九州之大，少此仙寰。」日據時期已闢為風景區，江庸此詩可知一二。

# 第九章 結 語

## 一、臺灣詩學為中華文化之延續

臺灣爲中國之一省。臺灣本土之原有文學，始於沈斯菴、鄭成功等人之入臺。沈斯菴於明末來臺，即以教讀爲業，當時已有不少華人定居於此。季麒光謂其開臺灣文化風氣之先。後來浙東學派史學家全祖望更譽之爲「海東文獻初祖」。①

沈、鄭等人所傳，不但爲正統之中國文化，且爲高層優秀之中國文化。鄭成功本身即爲明末大儒錢謙益之弟子。鄭氏當時爲抵抗異族（清），力圖恢復明室，以臺灣爲根據地，此乃深受中國傳統倫理精神之熏陶使然。

鄭氏於定臺後，設官立治，撫慰山胞，屯田墾荒，大興文教，中國文化因而大盛於臺灣，臺灣詩學亦於此時萌芽。

其後臺灣文人多爲遊宦之士，而本島讀書人亦鑽研中國之科舉，不但所倡所習與大陸本土讀書人完全一致，所作之詩，其詩格、詩律、詩韻、詩境、詩語、詩貌，全部皆可謂延續三百篇，楚辭、漢賦以及魏晉唐宋之正宗而來，表現著中國傳統詩之「思無邪」及「溫柔敦厚」之精神，與「興、觀、群、怨」之功用。

由於中原文化之全貌均已移植於臺灣，加以臺灣本地「婆娑之洋，美麗之島」之特色，使得詩人作品更爲生動、活潑。

## 二、臺灣詩是先民開發臺灣之奮鬥史

臺灣古爲荒服，我先民篳路藍縷，以啓山林。由明清、日據以至今日，先民慘澹經營之歷程，皆可於詩中見之。其中或寫先住民之生活面貌，如〈土番竹枝詞〉；或寫漢人墾臺之艱辛，如〈逐疫行〉、〈招魂曲〉、〈大甲婦〉；或詠爲保存民族氣節而犧牲之〈寧靖王與五妃〉；或寫漢人化番之艱辛，如吳鳳之殺身以成仁；或寫早期在臺漢人生活之食、衣、住、行、社會動態、宗教信仰；或寫成民族志士，因不甘淪入異族手中之掙扎與呼號，如丘滄海、洪棄生、王友竹之狂歌當哭。……凡此種種，皆是漢人與本島先住民開發此一「婆娑之洋，美麗之島」之奮鬥血淚史。

## 三、士大夫之精神寄託

鄭成功開臺所抱志向爲「反清復明」。其後離鄉背井，渡重洋來臺之士，類皆富於冒險精神，執意開荒拓土，阜物厚生，意志堅強，情緒質樸，趨於實業。因此，臺灣之社會風氣，崇尚勤儉、樸素，絕無奢華可言。而早期知識分子，多爲遊宦之士，後來文人輩出，公餘之暇，唯一之雅好即爲吟詩。羈旅之情、身世之感、抱負之寄、現實之諷、時局之觀、香草美人之思、理想之境、攬勝之樂，……皆發抒於詩中。因吟詩不但可資消遣，亦足以扢揚風雅，遂成爲士大夫之精神寄託與風尚。

## 四、吟詩為臺灣先民以文會友之最佳方式

日據前，讀書人專力於科舉。日據初，由於文人平日所學已無用武之地，唯有詩學獨具興、觀、群、怨之功能，乃借吟詩以發抒鬱悶憤慨；雅集同好，定期或不定期相聚，作擊鉢之吟。或以通訊方式，有詩鐘、有唱和、有聯句，以詩會友，互相切磋，亦得讀書人攻錯之旨。日據末期，詩人之會又轉爲民族運動。則其意義更爲深遠。

## 五、扶持正氣維護中華文化於不墜者唯詩

乙未割臺，臺灣淪陷凡五十年，日人對臺灣同胞大肆推行「皇民化」運動，卻終未得逞，其主要原因爲臺灣之詩學發達、詩風普及、詩社林立。臺灣同胞藉日人並不排斥之「詩」②，以表達其對傳統文化之崇拜、倫理精神之信仰……。於無形中與中國文化維持著根深柢固之情感。且於日常生活中力行中國之傳統倫理精神。連雅堂著《臺灣詩乘》曾自稱：

> 詩乘與詩話異，詩話之詩必論工拙，而詩乘不然，凡有繫於歷史地理風土人情者則采之。

又謂：

> 余竭力搜求，以保遺芳於未墜。

是以臺灣之詩乘，舉凡寶島之山川風物民族精神，皆能於詩中見之，永不磨滅。正如黃純青先生所云：

吾臺淪陷五十年間，扶持正氣，維斯文於垂絕者，唯詩。

張其昀先生謂：「文學與國運息息相關，其在臺灣省尤爲深切著明。」③

由於三百年來之臺灣（指光復前而言），小說、戲劇、散文等文學創作，少之又少。唯一能代表臺灣文學者即是詩。故亦可引伸爲：「詩學與國運息息相關，其在臺灣尤爲深切著明。」因此臺灣詩之發展過程可謂即爲臺灣歷史之發展過程。

**【附註】**

① 全祖望《鮚埼亭集》。

② 日據初，日人藉提倡詩以拉攏臺灣文人。日據末期對臺灣之詩社則存有戒心，《櫟社第二集》之被禁即爲其例。

③ 見張氏新教育論集《臺灣詩人》。

# 參考書目

明史　鼎文書局　民國67年再版
清史　國防研究院　民國50年1月至10月
臺灣通志　臺灣銀行　民國51年
臺灣府志　高拱乾　臺灣銀行　民國49年2月
重修臺灣府志　周元文　臺灣銀行　民國49年7月
重修臺灣府志　范成　臺灣銀行　民國50年11月
臺灣縣志　陳文達　臺灣銀行　民國50年6月
臺灣通志　陳衍　臺灣銀行　民國50年
續修臺灣府志　余文儀　臺灣銀行　民國51年4月初版
鳳山縣志　陳文達　臺灣銀行　民國50年10月
續修臺灣縣志　謝金鑾　臺灣銀行　民國51年6月
諸羅縣志　周鍾瑄　臺灣銀行　民國47年5月
彰化縣志　周璽　臺灣銀行　民國46年8月

| | | | |
|---|---|---|---|
| 噶瑪蘭廳志 | 陳淑均 | 臺灣銀行 | 民國52年3月 |
| 噶瑪蘭志略 | 柯培元 | 臺灣銀行 | 民國50年 |
| 澎湖廳志 | 林豪 | 臺灣銀行 | 民國47年3月 |
| 澎湖紀略 | 胡建偉 | 臺灣銀行 | 民國50年7月 |
| 淡水廳志 | 陳培桂 | 臺灣銀行 | 民國45年12月 |
| 鳳山縣採訪冊 | 盧德嘉 | 臺灣銀行 | 民國49年8月 |
| 重修福建臺灣府志 | 劉良璧 | 臺灣銀行 | 民國50年3月 |
| 金門志 | 林焜熿 | 臺灣銀行 | 民國49年10月 |
| 諸蕃志 | 趙汝適 | 臺灣銀行 | 民國50年9月 |
| 臺灣省通志稿 | | 臺灣省文獻委員會 | 民國43年6月 |
| 臺灣省通志 | | 臺灣省文獻委員會 | 民國57年6月30日 |
| 福建通志列傳選 | 陳衍 | 臺灣銀行 | 民國53年5月 |
| 浙東紀略 | 徐芳烈 | 臺灣銀行 | 民國57年3月 |
| 臺灣通史 | 連橫 | 衆文圖書公司 | 民國68年一版 |
| 臺灣史 | 盛清沂 王詩琅 高樹藩 合著 | 臺灣省文獻委員會 | 民國66年4月30日 |
| 中國的臺灣 | 陳奇祿等 | 中央文物供應社 | 民國69年 |
| 臺灣歷史百講 | 馮作民、休衡道 | 青文出版社 | 民國59年10月第二版 |

| | | | |
|---|---|---|---|
| 臺灣 | 李絜非 | 文海出版社 | 民國67年 |
| 臺灣史事概説 | 郭廷以 | 正中書局 | 民國47年3月2日 |
| 古往今來話臺灣 | 江炳成 | 幼獅文化事業公司 | 民國67年3月 |
| 臺灣三百年 | 張幼雯 | 戶外生活雜誌 | 民國70年 |
| 臺灣三百年 | 關山情 | 戶外生活雜誌 | 民國70年 |
| 中原文化與臺灣 | | 臺北市文獻委員會 | 民國60年10月10日 |
| 臺灣的歷史與民俗 | 林衡道 | 青文出版社 | 民國67年10月第五版 |
| 臺灣史蹟源流研究會講義彙編 | | 中國青年反共救國團（七十二年冬令活動） | |
| 臺灣史蹟源流 | 劉寧顏 | 臺灣省文獻委員會 | 民國70年11月 |
| 徐闇公先生年譜 | 諸家 | 臺灣銀行 | 民國50年10月 |
| 東林與復社 | 諸家 | 臺灣銀行 | 民國57年12月 |
| 臺灣省霧峰林氏族譜 | 林獻堂 | 臺灣銀行 | 民國60年12月 |
| 臺灣詩乘 | 連横 | 臺灣銀行 | 民國49年 |
| 廣臺灣詩乘 | 彭國棟 | 臺灣灣省文獻委員會 | 民國45年4月 |
| 閩海紀要 | 夏琳 | 臺灣銀行 | 民國47年7月 |
| 海東札記 | 朱景英 | 臺灣銀行 | 民國47年5月 |
| 臺灣雜詠合刻 | | 臺灣銀行 | 民國47年10月 |
| 臺陽見聞錄 | 唐贊衮 | 臺灣銀行 | 民國47年11月 |

| | | | |
|---|---|---|---|
| 臺陽詩話 | 王松 | 臺灣銀行 | 民國48年1月 |
| 臺灣紀事 | 吳子光 | 臺灣銀行 | 民國48年2月 |
| 臺灣思慟錄 | 思痛子 | 臺灣銀行 | 民國48年6月 |
| 北郭園詩鈔 | 鄭用錫 | 臺灣銀行 | 民國48年5月 |
| 稗海紀遊 | 郁永河 | 臺灣銀行 | 民國48年4月 |
| 滄海遺民賸稿 | 王松 | 臺灣銀行 | 民國48年6月 |
| 臺灣教育碑記 | | 臺灣銀行 | 民國48年7月 |
| 閩海贈言 | 沈有容 | 臺灣銀行 | 民國48年10月 |
| 瀛海偕亡記 | 洪棄生 | 臺灣銀行 | 民國48年10月 |
| 嶺雲海日樓詩鈔 | 丘逢甲 | 臺灣銀行 | 民國49年8月 |
| 赤嵌集 | 孫元衡 | 臺灣銀行 | 民國47年1月 |
| 臺灣詩錄 | 陳漢光編 | 臺灣省文獻委員會 | 民國60年6月30日 |
| 臺灣詩錄拾遺 | 林文龍編 | 臺灣銀文獻委員會 | 民國68年12月31日 |
| 臺灣詩薈 | 連橫編 | 臺灣銀文獻委員會 | 民國13年 |
| 無悶草堂詩存 | 林朝崧 | 臺灣銀行 | 民國49年2月 |
| 中復堂撰集 | 姚瑩 | 臺灣銀行 | 民國49年9月 |
| 劍花室詩集 | 連橫 | 臺灣銀行 | 民國49年11月 |
| 雅堂文集 | 連橫 | 臺灣銀行 | 民國53年12月 |

| | | | |
|---|---|---|---|
| 張蒼水詩文集 | 張煌言 | 臺灣銀行 | 民國51年6月 |
| 六亭文選 | 鄭兼才 | 臺灣銀行 | |
| 窺園留草 | 許南英 | 臺灣銀行 | 民國51年9月 |
| 臺灣中部碑文集成 | 劉枝萬 | 臺灣銀行 | 民國51年9月 |
| 臺灣三字經 | 王石鵬 | 臺灣銀行 | 民國51年12月 |
| 櫟社沿革志略 | 傅錫祺 | 臺灣銀行 | 民國52年2月 |
| 半崧集簡編 | 章甫 | 臺灣銀行 | 民國53年5月 |
| 潛園琴餘草簡編 | 林占梅 | 臺灣銀行 | 民國53年11月 |
| 臺灣正氣詩選 | 黃仲崙 | 正中書局 | 民國68年1月臺初版 |
| 臺灣先賢著作提要 | 王國璠 | 新竹社會教育館 | 民國63年6月 |
| 甬上耆舊詩三十卷 | 胡文學 | 四庫全書總集類 | |
| 續甬上耆舊一四〇卷 | 全祖望 | 國粹叢書第三集 | |
| 後蘇龕合集 | 施士洁 | 臺灣銀行 | 民國54年11月 |
| 鮚埼亭集選輯 | 全祖望 | 臺灣銀行 | 民國54年10月 |
| 島噫詩 | 盧若騰 | 臺灣銀行 | 民國57年5月 |
| 臺灣詩鈔 | 諸家 | 臺灣銀行 | 民國59年3月 |
| 寄鶴齋選集 | 洪棄生 | 臺灣銀行 | 民國61年8月 |
| 洪棄生先生遺書 | 胥端甫編 | 成文出版社 | 民國59年9月 |

林獻堂先生紀念集　葉榮鐘編　林獻堂先生紀念集編纂委員會　民國49年12月印
鄭成功復臺三百週年紀念專集　海內外鄭氏宗親會編印
沈斯菴先生專集　沈友梅等　寧波同鄉月刊社
鳥松閣唱和集　尾崎秀眞編　臺灣日日新報印刷所　明治39年12月
南雅集　南雅詩社同人編　中央圖書館臺灣分館藏　民國19年
大雅唱和集　鷹取田一郎編　臺灣日日新報　大正10年11月
江瀕軒唱和集　佐江敬義編　中央圖書館臺灣分館藏　明治35年12月
南菜園唱和集　籾山逸撰　中央圖書館臺灣分館藏　明治庚子（一九〇〇年）
東閣唱和集　豬口安喜編　中央圖書館臺灣分館藏　明治2年11月
臺灣擊鉢吟集　陳毓凝編　中央圖書館臺灣分館藏
方豪六十自定稿　方豪　自印本
臺灣文化論集　林熊祥等　中華文化出版事業委員會　民國43年8月初版
臺灣省各地詩社詩友名冊　臺灣省文獻委員會輯
臺灣省詩社詩友名錄　臺灣省文獻委員會輯
日據下臺灣新文學文獻資料選集　李南衡編　明潭出版社　民國68手3月15日
三百年來臺灣作家與作品　王國璠、邱勝安　臺灣時報社
臺灣詩社之研究　王文顏　政大中文研究所碩士論文　民國68年
臺北詩論　王國璠　臺北文獻　民國59年6月

臺灣的詩人　張其昀　中華詩學　二卷一期　民國58年12月　頁四～十
臺灣詩社的淵源與流衍　劉遠智　中華文化復興月刊　十四卷五期　民國70年5月　頁四〇～四三
三百年家國　楊　牧　聯合報　民國68年10月24日～11月25日
臺灣史實話從頭　澎湃　中華日報　民國68年11月12日～12月19日
臺灣詩歌的發展紀要　劉伯鑾　中央日報　民國69年7月8日
櫟社與臺灣詩運　吳　蕤　暢流月刊　三十三卷三期　民國55年3月16日　頁十六～十八
臺灣省通志館館刊　一卷二期　民國37年11月25日　頁二七～二八
臺灣的詩人　曾今可　臺灣文獻　一卷二期
鄭延平之詩文及其有關文藝輯　賴子清　文獻專刊　一卷三期　民國39年8月　頁六五～七一
臺灣歌謠與家庭生活　黃得時　臺灣文獻　六卷一期　民國44年3月27日
劉銘傳之詩　毛一波　文獻專刊　四卷一、二期　民國42年8月27日　頁一二五～一三一
臺灣之寫景詩　賴子清　臺灣文獻　九卷二期　民國47年6月27日　頁五三～八八
臺灣詠物詩　賴子清　臺灣文獻　十卷二期　民國48年6月27日　頁一五五～二〇〇
晴園老人黃純青先生略傳　江夏生　臺灣文獻　十卷二期　民國48年6月27日　頁二〇一～二〇二
內地旅臺文人及其作品　賀嗣章、廖漢臣臺灣文獻　十卷三期　民國48年6月27日　頁三九～五八
古今臺灣詩人社　賴子清　臺灣文獻　十卷三期　民國48年9月27日　頁七九～一一一
清代臺灣詩集彙目　陳漢光、陳陞章臺灣文獻　十卷三期　民國48年9月27日　頁六五～七〇
林鶴年及其子輅存　陳漢光　臺灣文獻　十四卷四期　民國52年12月27日　頁七六～七八

明鄭時期臺灣的學藝　黃玉齋　臺灣文獻　十五卷一期　民國53年3月27日　頁一～八八
清初旅臺學人著作的評介　莊金德　臺灣文獻　十五卷一期　民國53年3月27日　頁八九～一六四
丘逢甲先生之詩　陳漢光　臺灣文獻　十五卷一期　民國53年3月27日　頁二一五～二二〇
許南英的詩詞　毛一波　臺灣文獻　十五卷一期　民國53年3月27日　頁二二一～二二七
許地山生平及其著作　胥端甫　臺灣文獻　十五卷一期　民國53年3月27日　頁二二八～二四四
臺灣文學年表　廖漢臣　臺灣文獻　十五卷一期　民國53年3月27日　頁二四五～二九〇
梁任公遊臺考　黃得時　臺灣文獻　十六卷三期　民國54年9月27日　頁一～六九
日據時期臺灣民族運動　蔡培火　臺灣文獻　十六卷二期　民國54年6月27日　頁一七一～一八六
王忠孝之傳記及其詩文　陳漢光　臺灣文獻　十六卷三期　民國54年9月27日　頁一九二～一九四
李鴻章與臺灣　連文希　臺灣文獻　廿三卷二期　民國61年6月27日　頁六〇～八五
臺胞來源考　劉公木　臺灣文獻　廿四卷四期　民國62年12月27日　頁八六～九一
弘揚臺灣歷史文化　張其昀　臺灣文獻　廿五卷一期　民國63年3月27日　頁一～六
臺灣文學簡介　毛一波　臺灣文獻　廿六卷四期、廿七卷一期（合刊）　民國65年3月27日　頁二四～三〇
臺灣詩薈與臺灣詩報　夢　痕　臺灣文獻　六卷三期　民國44年9月27日　頁六五～七四
臺灣文學史談　毛一波　臺北文物　七卷三期　民國47年10月15日　頁四五～五五
日僑與漢詩　郭水潭　臺北文物　四卷四期　民國45年2月1日　頁九七～一一〇
臺灣日人文學概觀　郭水潭　臺北文物　三卷三期
日人文學在臺灣　劉榮宗　臺北文物　三卷三期

歐劍窗與北臺吟社 陳明 臺北文物 五卷二期與三期合刊 民國46年1月15日 頁九二～九三
南雅詩社 問樵 臺北文物 六卷一期 民國46年9月1日 頁六九～七〇
斐亭吟會、牡丹詩社 賴鴻洲 臺北文物 六卷四期 民國47年6月20日 頁九〇～一〇七
臺灣古代詩文社 賴鴻洲 臺北文物 八卷二、三、四期，九卷一期
五十年來南社的社員與詩 許丙丁 臺南文化 三卷一期 民國42年6月30日 頁四～一七
臺灣詩社之今昔談 方廷豪 藝文誌 一二三期 民國64年12月1日 頁五五～六二
唐景崧與牡丹詩社 林光灝 暢流月刊 廿四卷五期
乙未割臺詩選 曾迺碩 臺灣文獻 十卷四期 民國48年12月27日 頁七一～七二
梁任公遊臺吟集 陳世慶 臺北文物 八卷一期 民國48年4月10日 頁四八～五三
梁任公臺北雜詠拾遺詩壇小卒 臺北文物 四卷四期 民國45年2月1日 頁二四～二六
梁任公遊臺考 黃得時 臺灣文獻 十六卷三期 民國54年9月27日 頁一～六八
日據臺時之皇民奉公運動陳世慶 臺北文物 八卷二期 民國48年6月30日 頁七五～七九
光復前的臺灣文學座談會 聯合報副刊 民國67年10月23日～24日
連橫的生平思想與事業 曾迺碩 臺灣文獻 廿八卷三期 民國66年9月 頁一～一〇
連雅堂先生的民族思想 盧修一 傳記文學 三〇卷四期 民國66年4月 頁三六～三九
臺北市詩社座談會 諸家 臺北文物 四卷四期 民國45年2月1日 頁五～一四
臺灣方志中之選舉表 陳漢光 臺北文物 六卷一期 民國46年9月 頁一一四～一五〇
古往今來話臺北 黃得時 臺北文物 一卷一期 民國41年12月 頁一〇～一四

臺北市文化的過去與現在林熊祥　臺北文物　一卷一期　民國41年12月　頁五～九
復社與幾社對臺灣文化的影響　盛成　臺灣文獻　民國51年
臺灣詠史詩　賴子清　臺灣文獻
揚文會　廖漢臣　臺北文物　二卷四期　民國43年1月20日　頁七七～八二
臺北詩社之概觀　文山遺胤　臺北文物　四卷四期　民國45年2月　頁一～四
劉得三、黃贊鈞詩文選　吳逸生　臺北文物
張純甫及其作品　廖毓文　臺北文物
瀛社記述補遺　林子惠、張作梅、莊幼岳　合著臺北文物　五卷二、三期　民國46年1月
先族叔友竹公事蹟及詩王一剛　臺北文物　七卷二期　民國47年7月　頁四七～五八
林癡仙之詩　毛一波　臺灣文獻　六卷一期　民國44年3月27日　頁三七～五〇
論日月潭的得名年代兼及其諸異名　張菼　臺灣文獻
烏鬼考　伊若　臺北文物　七卷一期　民國47年6月　頁一一〇～一一四
漁舟鼓浪話鹿港　謝浩、王思嘉　臺灣新聞報　民國72年6月17日